❋ 商务部十三五规划教材
❋ 跨境电子商务系列精品教材
❋ 全国外经贸职业教育教学指导委员会规划教材

国际贸易基础

Fundamentals of International Trade

主　编　章安平
副主编　唐春宇　牟群月　邬黄婧伊　李春丽
编　者　刘一展　范越龙　杨子江　顾　捷

中国商务出版社

图书在版编目（CIP）数据

国际贸易基础 = Fundamentals of International Trade/章安平主编 . —北京：中国商务出版社，2017.7

商务部十三五规划教材　跨境电子商务系列精品教材
全国外经贸职业教育教学指导委员会规划教材

ISBN 978-7-5103-1923-5

Ⅰ.①国…　Ⅱ.①章…　Ⅲ.①国际贸易—高等职业教育—教材　Ⅳ.①F74

中国版本图书馆 CIP 数据核字（2017）第 180041 号

商务部十三五规划教材
跨境电子商务系列精品教材
全国外经贸职业教育教学指导委员会规划教材

国际贸易基础
Fundamentals of International Trade
章安平　主编

出　　版：中国商务出版社
地　　址：北京市东城区安定门外大街东后巷 28 号　　邮　编：100710
责任部门：职业教育事业部（010 – 64218072　295402859@ qq. com）
责任编辑：魏　红

总 发 行：中国商务出版社发行部（010 – 64208388　64515150）
网　　址：http://www. cctpress. com
邮　　箱：cctp@ cctpress. com

排　　版：北京科事洁技术开发有限责任公司
印　　刷：北京密兴印刷有限公司
开　　本：787 毫米×1092 毫米　1/16
印　　张：11.5　　　　　　　　字　　数：251 千字
版　　次：2017 年 8 月第 1 版　　　　印　　次：2017 年 8 月第 1 次印刷
书　　号：ISBN 978 – 7 – 5103 – 1923 – 5
定　　价：45.00 元

《跨境电子商务系列精品教材》
丛书编委会

前　　言

2013 年，中国在成为世界第一货物贸易大国之际，提出了"一带一路"的战略构想，构建对外开放新格局。面对外贸发展新机遇和新挑战，提高外贸从业人员素质，培养大批熟悉国际贸易规则、适应外贸发展新业态的高素质技能型外贸人才，成为我国从贸易大国走向贸易强国的关键。

随着跨境电子商务的快速发展，只针对传统外贸人才培养的国际贸易基础类教材已不能适应行业发展的需要。为此，本人结合外贸行业的最新发展形势，组织团队编写了本书。本书呈现以下三个新特点：

1. 融入新型国际贸易方式

本书既介绍传统国际贸易的情况，也介绍跨境电子商务、市场采购贸易等新型国际贸易的情况，做到与时俱进。

2. 系统介绍外贸职业岗位

本书系统全面地介绍了外贸单证员、外贸跟单员、外贸业务员传统外贸企业岗位以及国际货代员、报检员、报关员外贸服务企业主要岗位，也介绍了跨境电商营销专员、跨境电商运营专员和跨境电商服务专员等跨境电子商务主要岗位，体现职业性。

3. 全面实施案例教学模式

本书每一节都以导入案例来展开相应内容的教学，重视对学生知识的应用能力——分析问题和解决问题能力的培养。

本书分为国际贸易的动机与分类、国际贸易的流程与岗位、国际贸易的平台与规则、国际贸易的法律与政策、国际贸易的条例与惯例、国际贸易的组织与关系等六部分内容。

本书既可以作为国际商务类专业的教材，也可以作为外贸从业人员的培训教材。

本书由浙江金融职业学院章安平教授担任主编并统稿，参加编写的人员有：章安平、唐春宇、牟群月、邬黄婧伊、李春丽、刘一展、范越龙、杨子江、顾捷。

本书的编写过程中，得到了全国外经贸行指委常务副主任王乃彦教授和吕红军教授、中国商务出版社钱建初总编辑等领导的悉心指导和帮助，在此一并表示衷心的感谢。

由于编写时间较紧、任务重，难免出现一些疏漏和错误，真诚欢迎各界人士批评指正，以便再版时予以修正，使其日臻完善。

编　者

2017 年 6 月于杭州西湖

目　录

第一章　国际贸易的动机与分类

☞ **知识目标**

- 掌握国际贸易的基本分类
- 掌握跨境电子商务的内涵
- 熟悉国际贸易的动机
- 了解市场采购贸易

☞ **能力目标**

- 能解读各类国际贸易指标
- 能比较跨境电子商务与传统国际贸易

第一节　国际贸易动机

导入案例

我们为什么要开展国际贸易?

公元前138年与公元前119年,汉武帝的使者张骞先后两次出使西域,带回了大量政治经济及社会信息,激活了中国与亚欧大陆广袤地区的商贸活动,由中国主导开拓并跨越两千年历史的陆上"丝绸之路"就此开启。

汉王朝对丝绸之路的开拓不仅仅停留于张骞开拓的两条路线。张骞之后,班超便将丝路延伸到欧洲直达罗马,至此,中国到达欧洲的商路完全接通。而此前旨在对东南亚地区进行贸易的海上丝绸之路也基本建立,远达马来半岛及印度。陆上及海上丝绸之路,以其无可取代的国际交流和商贸作用一直延续到元代,世界也因此见证了华夏文明的辉煌。

1979年改革开放以来的36年间,我国的对外贸易平均每年增长46.4%,GDP增长9.7%。2010年,我国的出口总额超过德国,成为全世界最大的出口国。2013年我国的进出口总额超过美国,成为全世界最大的贸易国。

2013年,习近平主席提出建设"新丝绸之路经济带"和"21世纪海上丝绸之路"

的战略构想。2015 年，我国政府正式发布"推动共建丝绸之路经济带和 21 丝绸之路的愿景与行动"，确立"一带一路"国家战略，我国国际贸易迎来全新的发展机遇。

讨论：我们为什么要开展国际贸易？

国际贸易是国际经济活动的重要组成部分，具有举足轻重的地位。我们为什么要开展国际贸易，中外学者都做出了不同回答。从国际贸易理论视角看，国际贸易动机是基于以下六种学说。

一、资源的绝对匮乏

国际贸易的产生首先是由于各国都存在某些资源的绝对匮乏。与此同时，由于国际分工，各国都会在某些资源的生产上出现剩余，从而产生彼此交换的需求。如在古代，中国盛产丝绸、陶瓷等物品，但香料、象牙等物品匮乏，而通过丝绸之路可以互通有无。又如，住在温带地区的居民要想吃到香蕉、喝上咖啡，最直接的办法就是从生产国进口香蕉和咖啡。通过国际贸易，解决各国因气候条件、资源分布、生产水平等差异而造成的某些资源绝对匮乏。这是人们从事国际贸易的第一个动机和目的。

二、资源的相对匮乏

资源的相对匮乏也称为"绝对生产费用"学说，是由英国古典经济学家亚当·斯密提出来的。他在《国民财富的性质和原因的研究》中认为，如果一件东西在购买时所费的代价比家内生产时小，就永远不会想要在家内生产，这是每一个精明的家长都知道的格言。裁缝不想制作他自己的鞋子，而向鞋匠购买；鞋匠不想制作他自己的衣服，而雇裁缝制作；……如果外国能以比本国自己制造还便宜的商品供应给我们，我们最好就用我们使用自己的产业生产出来的物品的一部分向他们购买。利用本国丰富的资源或专长向国外出口产品或服务，当产品的生产数量和销售量达到一定程度时，将大大降低生产成本，形成规模效应。这是人们从事国际贸易的第二个动机和目的。

三、比较利益说

若 A 国生产的商品都比 B 国便宜，按亚当·斯密的"绝对生产费用"学说，则 A、B 两国间就不可能存在贸易。英国经济学家大卫·李嘉图通过研究发现事实并非如此。他发展了"绝对生产费用"理论，在其名著《政治经济学及赋税原理》中提出了"比较利益"学说。他认为，如果两个人都能制造鞋帽，其中一人在两种职业上都比另一个强一些，不过制鞋时强 1/3，制帽时强 1/5，那么，较强的人专门制鞋，较差的人专门制帽，双方均可获利。他以英国、葡萄牙两国生产酒和毛呢为例，论证了"比较利益"学说，推导出两国劳动生产率的差异而产生的比较利益，揭示了通过国际分工实现这种比较利益即节省社会劳动的可能性。这是人们从事国际贸易的第三个动机和目的。

四、生产要素比例学说

1933 年，瑞典经济学家俄林在其《域际和国际贸易》一书中提出了"生产要素比例"学说。他认为，劳动是不同质的，不同的货物投入的要素是不同的。例如，当市场需求木桶时，制桶匠的工资就要高于铁匠的工资，因为两者的工作是不可相互替代的。即使是在一个充分竞争的市场上同质的劳动，商品的生产也不仅仅取决于劳动本身，而是由生产的诸要素——土地、劳动、资本决定的。不同的商品要求不同的要素投入，而不同国家有不同的要素禀赋，如果相对劳动和资本来说小麦的生产需要更多的土地，那么具有广大土地的国家生产的小麦就可以相对便宜一些。这也是为什么加拿大、阿根廷、澳大利亚等国家出口小麦的原因。另外一方面，如果相对资本和土地来说，生产棉布需要更多的劳动力，拥有大量劳动力的中国、印度则可在制造棉布并在出口方面具有比较利益。这是人们从事国际贸易的第四个动机和目的。

五、技术差异和产品生命周期理论

1966 年，美国经济学家弗农在其《国际投资和产品周期中的国际贸易》一书中提出了"技术差异和产品生命周期"理论。他认为，新产品在其发明阶段，企业拥有暂时的垄断权，很容易进入国际市场，促进进出口贸易增长。其后，产品在其他国家大量生产出来，发明国享受着技术优势的比较利益，等到技术扩散后，发明国的绝对利益消失了，一个新技术的生产周期又开始了。

根据产品生命周期理论，俄林认为，新产品的生命周期可分为三个阶段：

（1）新产品开发阶段。由于开发和改进产品需要大量技术性劳动，因此这一阶段也成为技术密集型时期。

（2）产品成熟阶段。由于开拓市场和资本投入占据主导地位，因此这一阶段也称为资本密集型时期。

（3）标准化产品阶段。这一时期技术稳定，产品又赢得了广大消费者，需要投入大量的原材料、资本和非技术性劳动，开展大规模生产，产品开始进入劳动密集型时期。该阶段，比较利益从拥有大量技术性劳动的国家转移到拥有大量非技术性劳动的国家。

由于各国技术发展水平不同，拥有科技人才和雄厚资本的国家将在国际贸易竞争中享受更多的比较利益。

六、国家相互依赖学说

以上五种动机都是基于完全就业和充分竞争的静态假设，即自由贸易。而事实上，国际贸易往往是自由贸易与保护贸易并重。各国开展国家贸易的动机是相互依存和相互合作的需要。1974 年联合国大会通过的《建立新的国际经济秩序宣言》指出，发达国家的利益同发展中国家的利益不能相互分隔开，发达国家的繁荣是与发展中国家的增长和发展精密关联的。整个国际大家庭的繁荣取决于它的组成部分的繁荣。根据这一观点建立起来的以国家相互依赖为基础的国家相互依赖学说，反对以邻为壑的贸易政策，发达国家应为发展中国家的产品以及服务排除一切关税与非关税壁垒，为发展中国家幼稚工业的建立提供优惠条件；发达国家应尊重并承认各国基于社会制度、经济发展水平不同而存在的差异，允许发展中国家在贸易发展过程中实行程度不同的保护政策。也就是说，以国家间相互依存、相互合作的共识为基础，在大国、小国、富国、穷国一律平等的前提下，国家从事对外贸易的动机应该是实现国家在政治、经济、军事、外交等方面的综合效益。

第二节　国际贸易分类

导入案例

2017 年前 5 个月我国进出口总值 10.76 万亿元，民营企业进出口占比提升

据海关统计，2017 年前 5 个月，我国货物贸易进出口总值 10.76 万亿元人民币，比上年同期（下同）增长 19.8%。其中，出口 5.88 万亿元，增长 14.8%；进口 4.88 万亿元，增长 26.5%；贸易顺差 9940 亿元，收窄 21.1%。

5 月份，我国进出口总值 2.35 万亿元，增长 18.3%。其中，出口 1.32 万亿元，增长 15.5%；进口 1.03 万亿元，增长 22.1%；贸易顺差 2816 亿元，收窄 3.4%。

前 5 个月，我国外贸进出口主要呈现以下特点：

一、一般贸易进出口增长，比重提升

前 5 个月，我国一般贸易进出口 6.11 万亿元，增长 21%，占我国进出口总值的 56.8%，比 2016 年同期提升 0.6 个百分点；其中，出口 3.18 万亿元，增长 12.7%；进口 2.93 万亿元，增长 31.4%；贸易顺差 2433.6 亿元，收窄 58.5%。同期，加工贸易进出口 3.04 万亿元，增长 15.4%，占 28.3%，比 2016 年同期下滑 1.1 个百分点；其中，出口 1.94 万亿元，增长 14%；进口 1.1 万亿元，增长 18%；贸易顺差 8413.9 亿元，扩大 9.2%。

此外，我国以海关特殊监管方式进出口 1.1 万亿元，增长 15.5%，占我外贸总值的 10.2%。其中出口 3341.7 亿元，下降 0.4%，占出口总值的 5.7%；进口 7613.5 亿元，增长 24.3%，占进口总值的 15.6%。

二、对欧美日东盟等市场进出口增长

前 5 个月，欧盟为我国第一大贸易伙伴，中欧贸易总值 1.6 万亿元，增长 16.1%，占我外贸总值的 14.8%。其中，我对欧盟出口 9637.1 亿元，增长 14.6%；自欧盟进口 6319 亿元，增长 18.4%；对欧贸易顺差 3318.1 亿元，扩大 8%。美国为我国第二大贸易伙伴，中美贸易总值为 1.51 万亿元，增长 21.1%，占我外贸总值的 14%。其中，我对美国出口 1.08 万亿元，增长 18.3%；自美国进口 4350.1 亿元，增长 28.5%；对美贸易顺差 6405.1 亿元，扩大 12.2%。

前5个月，东盟为我国第三大贸易伙伴，与东盟双边贸易总额为1.35万亿元，增长23.2%，占我国进出口总值的12.5%。其中，对东盟出口7498.8亿元，增长17.9%；进口5977.6亿元，增长30.6%；贸易顺差1521.2亿元，收窄14.7%。日本为我国第四大贸易伙伴，中日贸易总值8031.9亿元，增长17.5%，占我国外贸进出口总值的7.5%。其中，对日出口3734.5亿元，增长12.8%；自日进口4297.4亿元，增长22%；贸易逆差562.9亿元，扩大1.7倍。

三、民营企业进出口占比提升

前5个月，我国民营企业进出口4.11万亿元，增长21.5%，占我外贸总值的38.1%，较2016年同期提升0.5个百分点。其中，出口2.75万亿元，增长18.2%，占出口总值的46.6%，继续保持出口份额居首的地位；进口1.36万亿元，增长28.6%，占进口总值的27.9%。同期，外商投资企业进出口4.76万亿元，增长14.7%，占我外贸总值的44.2%。其中，出口2.51万亿元，增长11.8%，占出口总值的42.8%；进口2.25万亿元，增长18.2%，占进口总值的46%。

此外，国有企业进出口1.85万亿元，增长31.6%，占我外贸总值的17.2%。其中，出口6195亿元，增长13%，占出口总值的10.5%；进口1.24万亿元，增长43.5%，占进口总值的25.3%。

四、机电产品、传统劳动密集型产品仍为出口主力

前5个月，我国机电产品出口3.37万亿元，增长14.2%，占出口总值的57.3%。其中，电器及电子产品出口1.47万亿元，增长12.2%；机械设备9884.4亿元，增长13.2%。同期，服装出口3888.4亿元，增长8.3%；纺织品2996.7亿元，增长8.6%；家具1401.2亿元，增长12.5%；鞋类1334.1亿元，增长14.2%；塑料制品1069.2亿元，增长22.1%；箱包743.6亿元，增长19.6%；玩具522.7亿元，增长54.8%；上述7大类劳动密集型产品合计出口1.2万亿元，增长12.8%，占出口总值的20.3%。此外，肥料出口917万吨，减少10.4%；钢材3419万吨，减少25.7%；汽车35万辆，增加40.2%。

五、铁矿砂、原油和天然气等大宗商品进口量价齐升

前5个月，我国进口铁矿砂4.45亿吨，增加7.9%，进口均价为每吨545.2元，上涨64.8%；原油1.76亿吨，增加13.1%，进口均价为每吨2671.5元，上涨54.6%；煤1.12亿吨，增加29.6%，进口均价为每吨593.4元，上涨90.7%；成品油1269万吨，减少4.3%，进口均价为每吨3285.6元，上涨40.6%；天然气2551万吨，增加13.2%，进口均价为每吨2214.2元，上涨8.3%；初级形状的塑料1164万吨，增加13.2%，进口均价为每吨1.15万元，上涨12.6%；钢材567万吨，增加6.5%，进口均价为每吨7326.2元，上涨13.4%；未锻轧铜及铜材184万吨，减少20.3%，进口均价为每吨4.35万元，上涨30.1%。

此外，机电产品进口2.12万亿元，增长14.7%；其中汽车47万辆，增加25%。

资料来源：2017-06-08《中国海关》杂志

讨论：国际贸易有哪些分类？国际贸易涉及哪些统计指数？

随着国际贸易的快速发展，其分类也越来越多，其统计指标也越来越全面。

一、国际贸易的基本分类

（一）按从事贸易角度分类

1. 对外贸易

对外贸易是指一个国家或地区同其他国家或地区进行商品和服务交易活动。日本、英国等一些岛国也称对外贸易为海外贸易。广义的对外贸易包括货物和服务的对外贸易，狭义的对外贸易不包括服务的对外贸易。

2. 国际贸易

国际贸易是指国家或地区之间商品和服务的交换活动，是世界各国或地区之间分工的表现形式，它反映了世界各国或地区在经济上的相互联系。国际贸易是从世界范围内来看这种商品和服务的交换活动，由各国或地区的对外贸易构成的，它是世界各国或地区对外贸易的综合。

（二）按商品形态分类

1. 有形贸易

有形贸易，也称货物贸易，是指实物商品的进出口。

2. 无形贸易

无形贸易，也称服务贸易，是指无形商品的国际交换活动，主要包括运输、金融、旅游、技术转让等贸易。

（三）按贸易形式分类

1. 一般贸易

一般贸易是指国内企业单边进口或单边出口货物的交易形式。

2. 加工贸易

加工贸易是指国内企业从境外进口全部或部分原辅材料、零部件、元器件、配套件或包装物料等，经加工或装配后，将成品或半成品复出口的交易形式，主要包括来料加工和进料加工两种贸易方式。

（四）按统计标准分类

1. 总贸易

总贸易是指以货物进出国境作为统计标准的对外贸易。凡是进入一国国境的货物列为总进口，离开一国国境的货物列为总出口，总出口加上总进口为该国的总贸易额。中国、美国、英国、日本、澳大利亚等国采用进出国境作为对外贸易统计标准，即采用总贸易体系。

2. 专门贸易

专门贸易是指以货物进出关境作为统计标准的对外贸易。凡是进入一国关境的货物列为总进口，离开一国关境的货物列为总出口，总出口加上总进口为该国的总贸易额。德国、法国、意大利等国采用进出关境作为对外贸易统计标准，即采用专门贸易体系。

（五）按商品流向分类

1. 出口贸易

出口贸易是指本国生产或加工的商品输往境外市场销售。

2. 进口贸易

进口贸易是指将境外市场购买的商品在本国市场销售。

3. 过境贸易

过境贸易是指甲国经过本国国境向乙国运送商品的贸易行为。

（六）按第三国是否参加贸易分类

1. 直接贸易

直接贸易是指商品生产国与消费国不通过第三国进行买卖商品的贸易。

2. 间接贸易

间接贸易是指商品生产国与消费国通过第三国进行买卖商品的贸易。

3. 转口贸易

商品生产国与消费国通过第三国进行买卖商品的贸易，对第三国来说就是转口贸易。

二、跨境电子商务

（一）内涵

传统国际贸易是指分属不同关境的交易主体，通过线下开展货物和服务的国际商业活动。

跨境电子商务（以下简称"跨境电商"）是指分属于不同关境的交易主体，通过电子商务手段将传统进出口贸易中的展示、洽谈和成交环节电子化，并通过跨境物流及异地仓储送达商品、完成交易的一种国际商业活动。我国跨境电商主要分为跨境B2B（Business-to-Business）贸易和跨境零售两种模式。

1. 跨境B2B贸易

跨境B2B贸易是指分属不同关境的企业对企业，通过电商平台达成交易、进行支付结算，并通过跨境物流送达商品、完成交易的一种国际商业活动，现已纳入海关一般贸易统计。目前，中国跨境电商市场交易规模中B2B跨境电商市场交易规模占总交易规模的90%以上。

2. 跨境零售

跨境零售包括跨境B2C（Business-to-Customer）和跨境C2C（Customer-to-Customer）。

（1）跨境B2C

跨境B2C是指分属不同关境的企业直接面向消费个人开展在线销售产品和服务，通过电商平台达成交易、进行支付结算，并通过跨境物流送达商品、完成交易的一种国际商业活动。跨境B2C模式下，我国企业直接面对国外消费者，以销售个人消费品为主，物流方面主要采用邮政物流、商业快递、专业及海外仓储等方式，其报关主体是邮政或快递公司，目前大多还未纳入海关登记。

（2）跨境 C2C

跨境 C2C 是指分属不同关境的个人卖方通过第三方电商平台发布产品和服务售卖产品信息、价格等内容，个人买方进行筛选，最终通过电商平台达成交易、进行支付结算，并通过跨境物流送达商品、完成交易的一种国际商业活动。

案例 1.1

跨境电商改变了我们的生活

美国东部时间早上 9：00，纽约的进口贸易商业务员朱迪打开电脑，看到她上周在阿里巴巴国际站（alibaba.com，全球最大的跨境电商）发布的采购，已经有超过 10 个中国供应商发来了报价，提出可以提供对应的商品。当她看到有两家供应商拥有较高的信用保障额度，不假思索地立刻回复了自己的进一步要求和付款条件。不久之后，这批货物的通关、结汇、退税、物流环节将由一个名叫"阿里巴巴一达通"的综合服务部门全部承担；如果供应商备货需要周转资金，还可以向一达通申请贷款。

此时在杭州已是深夜。刘老板对自己经营的小便利店进行了盘点。他发现食品、酒类和母婴类的进口商品近期很热销，但在传统的进口商品渠道很难拿到价格合理的一手货，而通过一些批发市场的采购又容易买到质次价高的货品。于是他关注了 1688 上的进口商品专区，拿到了来自好几个国家的商品。通过国外商家和保税区商家的入驻及服务，平台缩短了进口商品供应链条和进货门槛，让中小微零售企业也能享受到便利化的全球商品采购服务。

同一时间在莫斯科，下班不久的娜塔莎正在逛全球速卖通的俄文页面，想为自己买一些中国深圳产的手机壳。她看到如果下单成功，将会在半个月内到达。她使用了国际支付付款方式，用自己的信用卡给账户充了值。在俄罗斯人常逛的购物网站中，很多人的首选是来自中国的速卖通，采购圣诞礼物也是如此。

此时在上海，王女士还在逛亚马逊平台，她发现美国 Coach 品牌包正在搞活动，于是开心地为自己挑选起来。

以上这些故事都有一个共同的主题，就是"跨境电商"。朱迪所涉及的是跨境 B2B 电商及对应的外贸综合服务，刘老板体验了进口 B2B 电商，娜塔莎和王女士的网购触及了跨境电商零售。今天，这些故事已经在世界上多个地方发生，我们的生活中正不可避免地接触到跨境电商这一新兴业态。

（二）比较

跨境电商与传统国际贸易相比，受到地理范围的限制较少，受各国贸易保护措施影响较小，交易环节涉及中间商少，因而价格低廉，利润率高。但同时也存在明显的通关、结汇和退税障碍，贸易争端处理不完善等劣势。通过对两者进行对比，可以看出其中的差异，如表 1 - 1 所示。

表 1-1 跨境电商与传统国际贸易对比

	传统国际贸易	跨境电商
交易主体 交流方式	面对面,直接接触	通过互联网平台,间接接触
运作模式	基于商务合同的运作模式	需借助互联网电子商务平台
订单类型	大批量、少批次、订单集中、周期长	小批量、多批次、订单分散、周期相对较短
价格、利润率	价格高、利润率相对低	价格实惠、利润率高
产品类目	产品类目少、更新速度慢	产品类目多、更新速度快
规模、速度	市场规模大但受地域限制,增长速度相对缓慢	面向全球市场,规模大,增长速度快
交易环节	复杂(生产商—贸易商—进口商—批发商—零售商—消费者),涉及中间商众多	简单(生产商—零售商—消费者或生产商—消费者),涉及中间商较少
支付	正常贸易支付	需借助第三方支付
运输	多通过空运、集装箱海运完成,物流因素对交易主体影响不明显	通常借助第三方物流企业,一般以航空小包的形式完成,物流因素对交易主体影响明显
通关、结汇	按传统国际贸易程序,可以享受正常通关、结汇和退税政策	通关缓慢或有一定限制,无法享受退税和结汇政策(个别城市已尝试解决)
争端处理	健全的争端处理机制	争端处理不畅,效率低

归纳来看,与传统国际贸易对比,跨境电商具有以下五大新特征。

1. 多边化

多边化是指跨境电商贸易过程相关的信息流、商流、物流、资金流已由传统的双边逐步向多边的方向演进,呈网状结构。跨境电商可以通过 A 国的交易平台、B 国的支付结算平台、C 国的物流平台,实现其他国家间的直接贸易。而传统国际贸易主要表现为两国之间的双边贸易,即使有多边贸易,也是通过多个双边贸易实现的,呈线状结构。

2. 小批量

小批量是指跨境电商相对于传统国际贸易而言,单笔订单大多是小批量,甚至消费者订单。这是由于跨境电商实现了单个企业之间或单个企业与单个顾客之间的贸易,跨境电商比传统贸易方式下产品类目多、更新速度快、具有海量商品信息库、个性化广告推送、支付方式简便多样等优势,并且由于掌握更多的顾客数据,跨境电商企业更能设计和生产出差异化、定制化的产品,更好地为顾客提供服务。

3. 高频度

高频度是指跨境电商实现了单个企业或消费者能够即时按需采购、销售或消费。传统国际贸易模式下,信息流、资金流和物流是分离的,而跨境电商可以将信息流、资金流和物流集合在一个平台上完成,而且可以同时进行,因此相对于传统国际贸易而言,交易双方的交易频率大幅度提高。

4. 透明化

透明化是指跨境电商不仅可以通过电子商务交易与服务平台，实现多国企业之间、企业与最终消费者之间的直接交易，而且在跨境电商模式下，供求双方的贸易活动可以采用标准化、电子化的合同、提单、发票和凭证，使得各种相关单证在网上即可实现瞬间传递，增加贸易信息的透明度，减少信息不对称造成的贸易风险。特别是传统国际贸易中一些重要的中间角色被弱化甚至替代了，国际贸易供应链更加扁平化，形成了制造商和消费者的"双赢"局面。通过电子商务平台，跨境电商大大降低了国际贸易的门槛，使得贸易主体更加多样化，大大丰富了国际贸易的主体阵营。

5. 数字化

数字化有两层含义，一是越来越多的传统国际贸易借助于电子化平台开展，传统的贸易环节相关信息也更好地以无纸化的方式呈现；二是随着信息网络技术的深化应用，数字化产品的品类和贸易量快速增长，且通过跨境电商进行销售或消费的趋势更加明显。与之相比，传统的国际贸易主要存在于实物产品或服务中。

（三）意义

1. 有利于传统外贸企业转型升级，对保持我国外贸稳增长具有深远意义

受世界经济复苏态势缓慢及国内劳动力价格上涨、人民币升值等成本要素上升和贸易摩擦加剧等因素影响，我国外贸增速显著下滑，连续两年增速在个位数徘徊，传统外贸企业遇到前所未有的困境。大力发展跨境电商有助于在成本和效率层面增强我国的进出口竞争优势，提高外贸企业的利润率；同时，随着电商渠道的深入渗透，可以使企业和最终消费建立更畅通的信息交流平台，对企业及时掌握市场需求、调整产品结构、提升产品品质、树立产品品牌、建立电商信用体系，从而增强我国外贸的整体竞争力，对稳定外贸增长起到重要作用。

2. 跨境电商是促进产业结构升级的新动力

跨境电商的发展，直接推动了物流配送、电子支付、电子认证、信息内容服务等现代服务业和相关电子信息制造业的发展。目前，我国电商平台企业已超过 5000 家，一批知名电商平台企业、物流快递、第三方支付本土企业加快崛起。更加突出的是，跨境电商将会引发生产方式、产业组织方式的变革。面对多样化、多层次、个性化的境外消费者需求，企业必须以消费者为中心，加强合作创新，构建完善的服务体系，在提升产品制造工艺、质量的同时，加强研发设计、品牌销售，重构价值链和产业链，最大程度地促进资源优化配置。

3. 跨境电商有利于中国制造应对全球贸易新格局

跨境电商带给出口导向型的中国制造企业的不仅仅是多了一条外贸销售渠道，也不只是全新产业链利润分配格局，而是实现品牌升级、沿微笑曲线向两端拓展，中国制造实现产业模式转变的绝佳机会。一方面中国与发达国家在电子商务领域第一次处在同一起跑线上，未来在国家政策的支持下，相关环节日趋成熟和完善，中国外贸可以借助电子商务的发展继续在全球领跑。另一方面，借助电子商务模式短、平、快的特点，缩小中国制造业与发达国家之间的差距，实现从中国制造向中国创造的转变。

💬 案例1.2

传统安防企业转型跨境电商

深圳网易盛世科技原本是安防行业里一家传统的外贸公司，2006年涉足传统外贸，主营报警器、网络摄像机等安防产品。2008年金融危机时，公司业务严重下滑，步履维艰，看到电商火热，遂涉足淘宝。2010年下半年入驻敦煌网平台，转型跨境电商。之后公司慢慢获得了新生，目前长期占据着敦煌网安防品类排名第一的位置，店铺复购率接近30%，电商月销售额达到50万美元，入驻平台销售比例为敦煌网70%，速卖通30%。

促成公司转型的重要原因是看到国际采购形式转变，在经济不景气的情况下，采购商不再像以往一样一次采购几百上千单，而更倾向于小批量高频次地采购。而这种采购形式恰恰是跨境电商所擅长的。在转型过程，网易盛世遇到的最大问题是上游供应商的不支持，他们认为这样的形式很不现实，往往不屑一顾。但是近两年，随着网易盛世采购量的不断加大，这种情况得到了很大的好转。现在供应商经常会来打听市场上哪些产品卖得好。能够接触到终端消费者，是网易盛世的最大优势，他们经常把顾客的反馈传达给厂家，厂家再对产品做出调整。

从传统外贸转型到跨境电商，给网易盛世带来的最大好处是利润率的提升，目前其利润率已从5%上升到了近30%。

三、市场采购贸易

（一）基本概况

1. 内涵

市场采购贸易是指由符合条件的经营者在经国家商务主管等部门认定的市场集聚区内采购的、单票报关单商品货值15万（含15万）美元以下并在采购地办理出口商品通关手续的贸易方式。

2. 特点

市场采购贸易主要具有三个特点：

（1）单向性。市场采购贸易仅限于出口贸易，不含进口贸易。

（2）普遍性。境内外企业和个人均可向商务主管部门申请获得从事市场采购贸易的经营资格。

（3）特定性。市场采购贸易仅指货物贸易，且仅限于经国家相关部门认定的市场集聚区作为市场采购贸易的实施平台，国家海关特殊监管区域除外。其特定性体现在特定区域、特定主体、特定通关地三个方面。特定区域是指市场采购贸易实施的区域范围特定为经认定的市场集聚区；特定主体是指从事市场采购贸易的对外贸易经营者，需经过市场积聚区所在地商务主管部门办理市场采购贸易经营者备案登记；特定通关地是指市场采购贸易方式下货物通关出口必须在采购地办理出口通关手续。

3. 实施要件

（1）以市场采购贸易综合管理平台为依托，各部门实施监管。

（2）建立完善的市场采购贸易体系。

（3）实施负面清单制度。

4. 不适用的出口商品

（1）国家禁止、限制出口的商品。

（2）未在经认定的市场聚集区内采购的商品。

（3）未经市场采购商品认定体系确认的商品。

（4）使用现金结算的商品。

（5）贸易管制主管部门确定的不适用市场采购贸易方式的商品。

5. 与其他贸易方式的主要区别

（1）海关监管方式不同。如"一般贸易"海关监管方式代码为"0110"，"旅游购物"海关监管方式代码为"0139"，而"市场采购"海关监管方式代码为"1039"。

（2）税收政策不同。市场采购贸易出口的货物直接免征增值税（包括以增值税为计税依据的城建税、教育费附加和地方教育附加等），在征收方式上采取不征不退的方式，即市场集聚区的市场经营户未取得或无法取得增值税发票的货物均可以市场采购贸易方式出口。

（二）义乌模式

探索建立市场采购新型贸易方式，实施与此相适应的监管措施和办法，是国务院批准义乌开展国际贸易综合改革试点的核心内容。

1. 义乌小商品市场国际化和政府监管之间的矛盾

义乌小商品市场经过 30 多年的发展，业已成为全国性的小商品流通中心、展示中心、信息中心、配送中心。同时又是全球最大的小商品集散地和我国最大的小商品出口基地。义乌市场商品已经出口到 215 个国家和地区，市场外向度达 60% 以上。同时，义乌市场对外延伸对接功能不断加强，与市场对接的国际小商品集散地已扩大至世界各地。

目前有来自 100 多个国家和地区的 1360 多家外国企业常驻义乌代表机构、10000 多名外商常驻义乌采购小商品。联合国难民署采购中心、家乐福亚洲采购总部义乌办事处等一批高端商业资源集聚在义乌。出现了一些具有义乌特色的外贸形态，如一头在义乌采货，一头在国外市场销货、供货、结算一条龙的跨国外销方式；国外商务机构与华侨代理商组成的外贸组织方式；培植虚拟品牌接轨国际商业买家的外贸方式等。伴随着义乌小商品出口的不断增长，发展外贸出口与政府职能部门加强对市场的监管之间的矛盾长期存在。一方面通关效率低下成为社会关注的焦点；另一方面，利用小商品走私夹带禁、限货物和侵犯知识产权的违法行为屡有发生，给小商品出口带来不利影响。如何实现"管得住、通得快"，是摆在管理者面前的一道难题。

义乌小商品贸易具有单笔规模小、贸易主体多、交易频繁等特征，与我国现行的一般贸易和加工贸易两种贸易方式迥然不同，出口集装箱多为拼柜，一般都有十几种以上的产品，多的时候有上百种，极易导致单货不符、逃避通关单等违规行为。以海关为例，在不同时期先后对其实施了多种不同的监管方式，力求实现监管与效率的统一。2003年以前，义乌小商品出口主要在口岸报关，主管地海关主要采取"门到门"监管方式以方便企业报关。2003年初，针对小商品出口成倍增长的状况，杭州海关和宁波海关达成了深化跨关区通关改革的共识，提出了"一个市场，共同管理；两个海关，无障碍通关"构想，实行了"异地报关、口岸放行"的监管方式。同时，主管地海关还针对部分守法企业，探索小商品外贸仓库实施集中监管的模式。

2004年12月开始，杭州海关对小商品实行了"提前报关、进场验放"的集中监管模式。2007年杭州海关实施了小商品"出口监装＋集中式验放"模式、小商品真实清单申报制度等9项措施。上述监管措施的改进，都是把小商品出口当作一般贸易商品进行监管，是监管部门在当时体制内的优化和改进，但依然存在归类难、核价难、成本高、效率低等种种弊端。

2. "旅游购物模式"的是与非

为加快义乌小商品通关速度，海关总署给义乌市场"量身定做"监管方式，决定自2007年9月1日起，小商品出口适用"旅游购物模式"。首先，明确贸易性质，规定外国旅游者或国内贸易公司在义乌市小商品市场采购出口、不申请出口退税和外汇核销、采用集装箱装运出口的义乌小商品，监管方式为"旅游购物商品"。其次，简化申报手续、提高通关效率。针对出口小商品品种繁杂、货值较低、难以进行逐项申报，以及市场直接采购、人民币现金付款的特点，实施小商品出口申报以"章"为单位的简化归类办法，将8000多个税则号的商品简化到98个，报关出口一个集装箱时要填上百个税则号的现象基本不再出现。"旅游购物模式"出台对当时的义乌小商品出口无疑是一场政策及时雨，暂时缓解了通关效率的矛盾。但这场外贸出口的及时雨仅仅是湿润地皮，广大企业还是"喊渴"。

旅游购物模式几年来的实施，也暴露出其内在的局限性，主要有以下几个方面的问题：一是这种模式依然是一种权宜之计。旅游购物的本意是指游客在旅游目的地或在旅游过程中购买商品的活动以及在此过程中附带产生的参观、游览、品尝等一切行为。一般是在旅游过程中产生的一种购买自用或赠送物品等以非营利为目的的行为。海关总署把这一模式借用过来，涵盖那些通过旅游渠道，携带外币现钞、外币票据，经海关核验放行入境，到外汇指定银行兑换成人民币和经海关核验放行的境外携入人民币，在国内市场进行商品采购、报验、报关并将所购货物运回国内进行销售的贸易行为。但是义乌的客商多数并非来旅游的，小商品出口更多的是经营行为，借道旅游购物名不副实。名不正则言不顺。二是适用范围对出口贸易制约明显。根据《旅游购物货运出口监管操作规程》，"旅游购物商品"是指外国旅游者或外商采购货值在5万美元以下（含5万美元），以货物运输方式出口的小批量订购的货物。对于这类商品的出口申报，海关将采取简化归类。也就是说每单旅购贸易生意只能是5万美元以下，而实际上一个集装箱的货物货值一般都在30万美元以上，继续沿用这一模式严重制约了小商品出口的做大做强。三是涉及税务的出口退税等问题一直无法解决。海关旅游购物模式监管政策与其他部门政策不匹配，相互矛盾乃至打架时有发生。根据国家税务总局文件规定，旅游购物贸易不能申报出口退税，外贸企业未向税务机关申报出口退税的货物，企业须按税率17%向税务部门缴纳增值税。潜在征税风险严重挫伤了旅游购物企业的出口积极性，有些旅游购物企业不得已采取了低报出口货值、人为降低出口额的办法。外汇核销也一直是困扰旅游购物贸易发展的难题，海关规定企业在报关出口时必须出具出口收汇核销单。国家现行的外汇核销政策规定，企业在外汇核销时必须同时出具外汇携带证等6种材料，现实操作中旅游购物贸易企业只能从外商手中购买外汇携带证。

3. 加快探索市场采购贸易方式

市场本身发展要求更为高效的要素流通机制，同时市场又必须借助监管、市场标准的制定来实现规范化运作。义乌小商品贸易的实际呼唤新的更加符合经济规律的监管方式。探索建立市场采购这一新型贸易方式，还原义乌小商品贸易的本来面目，是制度变革从单兵突进到一揽子解决。不仅是义乌发展的实际需要，也是中国小商品市场发展的需要。2012年1月，国务院办公厅印发《推进浙江省义乌市国际贸易综合改革试点重点工作分工方案》（国办函〔2012〕15号），把建立"市场采购"新型贸易方式列为整个改革试点工作的第一项和重点工作，由商务部牵头，会同发展改革、财政、海关、税务、工商、质检、外汇等部门。

如何通过"市场采购"新型贸易方式的建立，实现"管得住、通得快"，是义乌国际贸易综合改革试点的核心点所在。在"市场采购"新型贸易方式试行之际，与之相配套的试行政策相继出台，工商、检验检疫、海关、税务、外汇等部门进行了职能创新，充分利用先行先试权，为义乌外贸的各个环节提供便利，支持市场采购贸易。

（1）工商方面。工商部门可以颁发专门从事市场采购贸易的营业执照，门槛低或几乎无门槛。例如，外商投资合伙企业仅仅通过备案登记即可获得合法外贸权，以前需要通过外贸公司代理的经营户纷纷成为外贸主体，积极性大增。

（2）检验检疫方面。实行"采购地检验"制度，相比原有的"产地检验"制度，该制度更加适应义乌"买全球，卖全球"的贸易模式；同时采用有别于传统工业品管理的信用管理和分类管理模式，提高了监管效率，保证了质量，也节省了成本。

（3）海关方面。采用综合监管制度，实行信息化、系统化管理，推出了适应小商品出口的分类通关，多数规范守法的小商品出口由系统"自动放行"，通关效率极大的提高；同时开辟了"义乌—舟山"、"义乌—温州"区域直通车，将转关模式下的"二次报关"简化为"一次通关"。

（4）税务方面。市场经营户以"市场采购"贸易方式委托出口的货物免征增值税，试行外贸公司留存"委托代理出口货物协议书"、"海关出口报关单"备查。

（5）外汇方面。试行外贸公司以"市场采购"贸易方式出口，既可以由试行外贸公司收结汇，也可以由其代理出口的个人收结汇。

（三）发展趋势

2015年7月22日，国务院办公厅《关于促进进出口稳定增长的若干意见》（国办发〔2015〕55号）提出：将市场采购贸易试点范围扩大到江苏海门和浙江海宁。

2015年9月28日，八部委"关于推进市场采购贸易方式试点工作的函"（商贸函〔2015〕728号），提出了加快推进部署的要求。

2015年11月3日，江苏省政府办公厅《关于印发江苏海门叠石桥国际家纺城市场采购贸易试点工作实施方案的通知》，确定了市场集聚区范围为江苏海门叠石桥国际家纺城和通州南通家纺城。

2016年4月20日召开的国务院常务会议指出，外贸是国民经济重要组成部分和推动力量。促进外贸回稳向好，对保持经济平稳运行和升级发展，具有重要意义。会议提出，要扩大跨境电商、市场采购贸易方式和外贸综合服务企业试点，支持企业建设境外营销和服务体系，培育外贸自主品牌。

2016年5月，国务院印发的《关于促进外贸回稳向好的若干意见》提出，着力优化外贸结构，开展并扩大跨境电商、市场采购贸易方式和外贸综合服务企业试点。

2016年8月16日召开的国务院常务会议指出，面对复杂严峻的国际市场环境，各地区、各部门贯彻落实国家促进外贸稳定增长和提质增效的系列政策，取得积极成效，我国对外经济持续发展。但当前外需低迷，制约外贸增长因素较多。下一步要加大已有政策落实力度，推动进出口企稳回升。会议提出，要改革完善与新业态、新模式相适应的体制机制，扩大跨境电商、市场采购贸易方式、外贸综合服务企业等试点，培育发展新动力。

2016年9月27日，按照国务院《关于促进外贸回稳向好的若干意见》要求，商务部会同发展改革委、财政部、海关总署、税务总局、工商总局、质检总局、外汇局等部门将江苏省常熟服装城、广东省广州花都皮革皮具市场、山东省临沂商城工程物资市场、湖北省武汉汉口北国际商品交易中心、河北省白沟箱包市场等5个市场纳入第三批市场采购贸易方式试点单位。

四、国际贸易的统计指标

（一）对外贸易额

对外贸易额，也称为对外贸易值，是指用金额表示的一国对外贸易，用以说明一国对外贸易的总规模。

一国在一定时期（通常为一年）内从国外进口商品的全部价值，称为进口总额或进口总值；一定时期内（通常为一年）一国向国外出口商品的全部价值，称为出口总额或出口总值，两者相加即为进出口总额或进出口总值，即对外贸易额。世界各国的进出口总额之和为国际贸易额。

（二）贸易差额

贸易差额是指一国在一定时期（通常为一年）内出口总额与进口总额之间的差额，用来表明一国对外贸易的收支状况。如果出口总额大于进口总额，称为贸易顺差；反之，称为贸易逆差。如果出口总额等于进口总额，称为贸易平衡。

（三）对外贸易依存度

对外贸易依存度是指一国对外贸易额占其国民生产总值（GNP）或国内生产总值（GDP）的比重，是反映对外贸易在一国国民经济中所处地位的重要指标。其计算公式为：

对外贸易依存度＝对外贸易额/国民生产总值或国内生产总值

（四）贸易条件

贸易条件指数通常用来反映贸易条件的改善程度，用得最多的是净贸易条件。净贸易条件是指一国在一定时期（通常为一年）内出口商品价格指数与进口商品价格指数之比。其计算公式为：

净贸易条件指数＝出口价格指数/进口价格指数×100

（五）对外贸易和国际贸易的地理方向

1. 对外贸易的地理方向

对外贸易的地理方向，又称为对外贸易地区分布或国别结构，是指一国在一定时期（通常为一年）内对外贸易额地区分布和国别分布状况，即一国出口商品的去向和进口商品的来源，从而反映一国与其他国家间经济贸易的关联程度。

2. 国际贸易的地理方向

国际贸易的地理方向，又称为国际贸易地区分布，是指从国际贸易角度反映在一定时期（通常为一年）内各个国家或地区、国家集团、大洲在世界贸易中所占的地位，即世界贸易的国别和洲别分布状况。计算方法可以计算各国（地区、国家集团、大洲）的进口总额、出口总额、进出口总额分别在世界进口总额、出口总额、进出口总额的比重。

（六）对外贸易和国际贸易的商品结构

1. 对外贸易的商品结构

对外贸易的商品结构是指在一定时期（通常为一年）内各类商品进出口贸易在一国进出口贸易中的构成，用各类商品的进出口贸易额在一国对位贸易额中所占的比重来表示。

2. 国际贸易的商品结构

国际贸易的商品结构是指在一定时期（通常为一年）内各类商品在整个国际贸易中的构成，用各类商品的进出口贸易额在整个世界进出口贸易额中所占的比重来表示。

课后练习

一、判断题

1. 按亚当·斯密的"绝对生产费用"学说，若 A 国生产的商品都比 B 国便宜，则 A、B 两国间仍然存在贸易。（　　）

2. 商品生产国与消费国通过第三国进行买卖商品的贸易，对第三国来说，就是过境贸易。（　　）

3. 跨境 B2C 是指分属不同关境的企业直接面向消费个人开展在线销售产品和服

务，通过电商平台达成交易、进行支付结算，并通过跨境物流送达商品、完成交易的一种国际商业活动。（　　）

4. 市场采购贸易方式适用于进出口贸易。（　　）

二、单项选择题

1. 生产要素比例学说是（　　）提出的。

A. 亚当·斯密　　　　　　　　　B. 大卫·李嘉图

C. 俄林　　　　　　　　　　　　D. 弗农

2. 以下哪个国际贸易统计指标反映一国对外贸易额占其国民生产总值（GNP）或国内生产总值（GDP）的比重。（　　）

A. 贸易条件　　　　　　　　　　B. 对外贸易依存度

C. 国际贸易的地理方向　　　　　D. 对外贸易的地理方向

3. 最早试行市场采购贸易方式的地方是（　　）。

A. 广东广州　　　　　　　　　　B. 浙江义乌

C. 江苏海门　　　　　　　　　　D. 湖北武汉

三、问答题

1. 跨境电子商务和传统国际贸易的区别在哪里？

2. 市场采购贸易有哪些特点？

第二章　国际贸易的流程与岗位

🔍 学习目标

☞ **知识目标**

- 掌握传统国际贸易进出口业务流程
- 熟悉跨境电子商务进出口业务流程
- 了解市场采购贸易基本业务流程
- 熟悉外贸单证员、外贸跟单员、外贸业务员岗位的含义
- 熟悉外贸业务员的岗位要求
- 熟悉跨境电商营销专员、跨境电商运营专员、跨境电商客服专员岗位的含义
- 了解国际货代员、报检员、报关员岗位的含义

☞ **能力目标**

- 能根据不同的交易条件判断业务的先后次序
- 能区分不同国际贸易岗位的工作任务

第一节　国际贸易流程

🔍 导入案例

签订外贸合同后，外贸公司能马上与国内工厂签订购销合同吗？

福建宫平进出口有限公司与加拿大的 Kike Co., Ltd. 签订了 56000 美元的雪地靴出口合同。支付条款规定，合同签订后 15 天内，进口商用电汇支付 30% 货款，收到货物后 30 天内支付余款。

福建宫平进出口有限公司签订出口合同后，马上与国内工厂福州曙光制鞋厂签订购销合同，开始雪地靴的生产。

讨论：福建宫平进出口有限公司的业务操作流程是否存在问题。

国际贸易流程是国际贸易从业人员从事国际贸易工作的路径，熟悉国际贸易流程是国际贸易从业人员做好国际贸易工作的前提条件。下面分别介绍传统国际贸易出口

业务流程、传统国际贸易进口业务流程、跨境电子商务的进出口业务流程和市购采购贸易基本业务流程。

一、传统国际贸易出口业务流程

为了详细介绍出口业务流程，本书重点介绍 CIF 术语条件下自营出口业务流程，然后补充说明代理出口业务时出口业务流程的不同之处。

（一）自营出口业务流程

自营出口业务流程包括出口准备、磋商签约、出口履约和出口善后四个阶段，见图 2 - 1。

1. 出口准备

出口商在出口准备阶段，要熟悉出口商品，了解其国内外市场行情，通过国内外展销会、网络等有效途径寻找国外客户，选择若干信誉好、生产能力强又有合作意向的国内供货企业，为顺利开展出口业务提供稳定的货源保障。

2. 磋商签约

（1）出口磋商

出口磋商工作一般包括发盘、还盘、接受三个工作任务。当出口商收到进口商的询盘后，如果询盘商品是新商品，需查询出口商品的 HS 编码、监管证件代码、出口退税率等信息。如果该商品是禁止出口商品，则业务到此结束；如果该商品出口需办理相关批件，只要能办到批件，业务可以继续，否则业务到此结束。

出口商一方面与国外客户进行磋商，同时也与国内供货企业进行磋商。磋商内容包括商品的价格、质量、数量、包装、运输、保险、付款、检验、争议与索赔、不可抗力、仲裁等。

（2）出口签约

如果是新客户，在出口签约之前，出口商需通过询盘函的分析、客户网络信息的查询、出口信用保险的授信等方式，调查客户资信，以免上当受骗。

出口商与进口商通过几轮磋商，就出口价格及相关条款达成协议后，双方签订出口合同。

3. 出口履约

（1）审证和改证

在信用证结算方式下，出口商要根据合同仔细审核信用证条款。若信用证中存在不合理条款，应要求进口商向开证行提出改证。

（2）签订国内购销合同和备货生产

在信用证结算方式下，出口商确认信用证条款无误后，与国内供货企业签订国内购销合同。在装运前 T/T 结算方式下，出口商收到进口商的预付款后，与国内供货企业签订国内购销合同。在其他结算方式下，出口商在签订出口合同后，直接与国内供货企业签订国内购销合同。签订国内购销合同后，国内供货企业开始备货生产，出口企业要做好生产跟单工作。

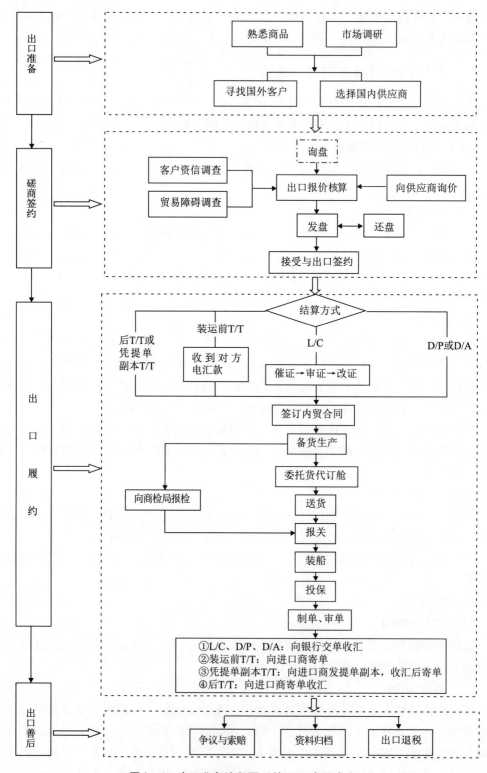

图 2-1 出口业务流程图（按 CIF 术语成交）

（3）货物出运

根据国内供货企业备货情况，出口商通过国际货代企业向船公司办理租船订舱工作。（CFR 术语时，也需办理租船订舱工作；在 FOB 术语时，无租船订舱工作。）配舱成功后，安排货物装箱和集港工作。如果出口货物为法定检验商品，出口商还需办理出口报检工作。

然后，出口商委托国际货代企业办理出口报关工作，海关同意放行后，装船出运。

在出运前，出口商向保险公司办理投保手续，保险公司同意承保后，签发保险单据。（在 FOB 和 CFR 术语时，无投保工作任务。）

（4）制单、审单和收汇

出口商根据信用证或合同的单据要求制作或办理相关单据，然后审核单据，使其达到单证一致或单约一致、单单一致。

在信用证结算方式下，出口商在交单期内向开证行指定的银行进行交单收汇；在 D/P 或 D/A 结算方式下，向托收行交单委托收汇；在装运前 T/T 结算方式下，向进口商直接寄单；在凭提单副本 T/T 结算方式下，收到进口商付汇后寄单；在后 T/T 结算方式下，向进口商寄单后收汇。

4. 出口善后

若出现争议，出口商需妥善处理争议，使损失降到最低；若顺利收汇，向国税局办理出口退税（若有），然后给进口商书写善后函，为下一笔业务奠定基础。

出口业务结束后，出口商需把单证、信用证、合同等资料进行归档。

（二）代理出口业务流程

与自营出口业务流程相比，代理出口流程不同之处在于：增加了出口商与委托人签订委托代理出口协议工作，减少了签订出口合同及之前的工作环节，减少了出口退税工作环节，这两部分工作由委托方办理。阿里巴巴国际站的"一达通"业务实际上是代理出口。

二、传统国际贸易进口业务流程

为了详细介绍进口业务流程，本书重点介绍 FOB 术语条件下自营进口业务流程，然后补充说明代理进口业务时进口业务流程的不同之处。

（一）自营进口业务流程

自营进口业务流程包括进口准备、磋商签约、进口履约和进口善后四个阶段，见图 2-2。

1. 进口准备

进口业务员通过有效途径搜集产品信息，搜集国际市场与国内市场信息，搜集国内外客户信息，分析进口商机可行性，书写可行性调研报告。

2. 磋商签约

（1）进口磋商

进口磋商工作包括询盘、发盘、还盘、接受四个工作任务。一般情况下，是由进

国际贸易基础

口商先向出口商进行询盘。进口商在价格核算时，要特别关注进口关税、进口环节增值税、进口环节消费税等税费情况。

（2）进口签约

当进口商与出口商就进口达成协议后，双方签订进口合同。同时，进口商与国内购货企业签订国内销售合同。

3. 进口履约

（1）办理进口批件

在进口业务中，进口商往往需要向商务部、海关等有关部门办理自动进口许可证、免税证明等进口批件。

（2）开证和改证

在信用证结算方式下，进口商要按进口合同规定的开证时间向银行办理开证申请，开证申请时，须向银行提交开证申请书、进口合同副本和其他规定文件等。当进口商或出口商需修改信用证条款时，进口商需向开证行办理改证手续。

在装运前 T/T 结算方式下，进口商需通过银行向出口商电汇合同规定的预付款；在凭提单副本 T/T、后 T/T、D/P 和 D/A 结算方式下，办理进口批件后直接进入租船订舱工作。

（3）进口订舱

根据出口商备货情况通知，进口商通过货代公司向船公司办理租船、订舱等托运工作。配舱成功后，向出口商发装船指示，让出口商准备发货。（CFR 和 CIF 术语时，无租船订舱工作。）

（4）进口投保

进口商可在装运前与保险公司签订进口货物预约保单，待收到出口商装运通知后向保险公司正式投保；或在收到出口商装运通知后向保险公司办理投保手续，保险公司同意承保后，签发保险单据。（CIF 术语时，无投保工作任务。）

（5）对外付款

在信用证结算方式下，进口商审单无误后，向开证行付款赎单；在装运前 T/T 结算方式下，收到出口商寄单；在凭提单副本 T/T、后 T/T 结算方式下，收到出口商寄单后付款；在 D/P 或 D/A 结算方式下，向代收行付款或承兑后取单。

（6）接货

进口商接到到货通知后，凭付款换取的正本提单或副本提单加换单保函或凭"电放保函"至船代处换取提货单。

（7）进口报检和报关

对于法定检验商品，必须在规定的期限内向商检局提交入境货物报检单和其他随附单据办理进口报检。检验通过后，商检局在报关单上盖"已接受登记"章后，海关凭此验放。

检验通过后，凭进口货物报关单和随附单据向海关办理报关手续。海关查验通过后，进口商向海关缴纳相关进口税费，海关放行，提取货物。

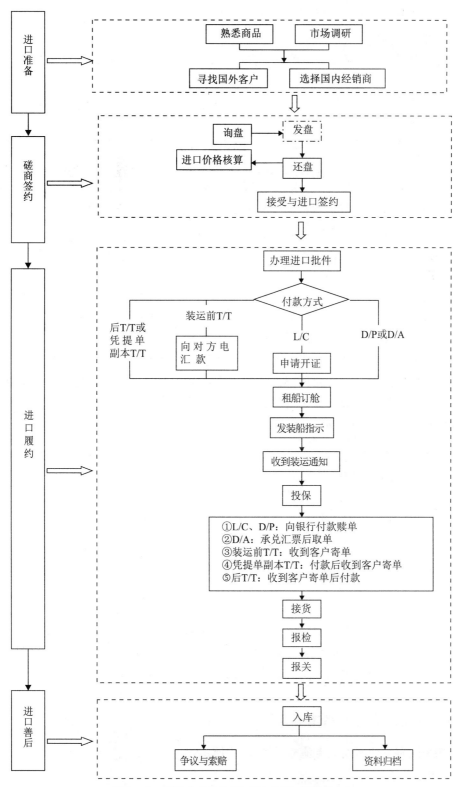

图 2－2　进口业务流程图（按 FOB 术语成交）

4. 进口善后

（1）争议与索赔

在发生合同违约、货物遇险等意外事件时，进口商需处理争议与索赔工作。

（2）资料归档

进口业务结束后，进口商需把单证、信用证、合同等资料进行归档。

（二）代理进口业务流程

与自营进口业务相比，代理进口业务流程不同之处在于：若委托人自己对外磋商并签订进口合同，则进口企业减少了签订进口合同及之前的工作，增加了签订委托代理进口协议、开证前向委托人收取保证金等工作；若委托人没有国外客户，委托进口企业寻找国外客户并进行进口磋商签订进口合同，则增加了签订委托代理进口协议、开证前向委托人收取保证金等工作环节。

三、跨境电子商务进出口业务流程

从跨境电商出口业务流程看，生产商或制造商将生产的商品在跨境电商企业的平台上上线展示，在商品被选购下单并完成支付后，跨境电商企业将商品交付给物流企业进行投递，经过两次（出口国和进口国）海关通关商检后，最终送达消费者或企业手中，也有的跨境电商企业直接与第三方综合服务平台合作，让第三方综合服务平台代办物流、通关商检等一系列环节，从而完成整个跨境电商交易的过程。跨境电商进口的业务流程除了与出口业务流程的方向相反外，其他内容基本相同。跨境电商的进出口业务流程如图 2-3 所示。

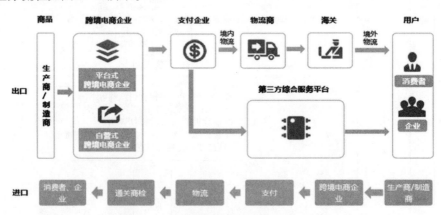

图 2-3　跨境电子商务的进出口业务流程

资料来源：2014 年中国跨境电商行业研究报告，艾瑞咨询

四、市场采购贸易基本业务流程

市场采购贸易的基本业务流程见图 2-4 所示。

1. 采购订货

境外采购商或其委托的外贸公司与市场经营户签订订单或购物清单，预付定金，并要求市场经营户在其指定的收货截止日前，将货物送至指定地点。

2. 委托收货

境外采购商委托外贸公司利用自有外贸仓库或租用外贸仓库验货收货。

3. 订仓装箱

外贸公司委托货代公司向船公司预订船期和仓位，并联系集卡，将多种货物组柜装箱。

4. 报检报关

外贸公司委托报检公司到检验检疫部门报检，并领取通关单，再委托报关公司报关。

5. 查验施封

在获得海关放行单后，将货物运至义乌海关监管点接受查验（抽检）、施封。

6. 转关放行

将货物运至口岸海关，并在办理转关转检手续后，进入港区，装船出运。

7. 免税备案

外贸公司向国税部门提交资料，办理出口货物免税备案手续。

8. 办理结汇

外贸公司向外汇管理部门提交资料，办理结汇手续。

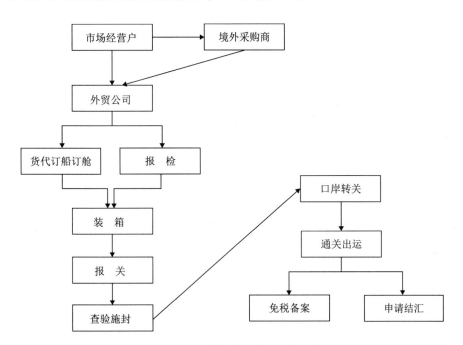

图 2-4　市场采购贸易的基本业务流程

第二节　国际贸易岗位

🔍 导入案例

外贸企业有哪些主要岗位？

以下是某人才招聘岗位某一天的部分外贸岗位招聘信息：

☐	**外贸业务员** 杭州下城区　｜不限　｜无	4000~5000
☐	**外贸专员** 急 杭州西湖区　｜大专以上　｜无	2500~3000
☐	**外贸跟单员** 杭州滨江区　｜不限　｜无	**面议**

讨论：请结合国际贸易业务流程，谈谈外贸企业有哪些主要岗位？

随着我国对外贸易的快速发展，国际贸易种类越来越丰富，外贸企业岗位的分工越来越细，不同规模的外贸企业也有不同的外贸岗位设置。

一、传统外贸企业主要岗位

传统外贸企业依据进出口业务流程和国际贸易从业人员的工作任务分为以下几个岗位。

（一）岗位内涵

1. 外贸单证员

外贸单证员是指在进出口贸易履约过程中，主要从事审证、开证、订舱、报检、报关、投保、结汇等业务环节的单证办理、制作和审核工作的操作型外贸从业人员。

2. 外贸跟单员

外贸跟单员是指在出口贸易履约过程中协助外贸业务员开展原材料、生产进度、产品质量、产品包装等跟踪处理的外贸从业人员。

3. 外贸业务员

外贸业务员是指在进出口业务中，从事寻找客户、贸易磋商、签订合同、组织履约、出口退税、处理争议等进出口业务全过程操作和管理的综合性外贸从业人员。

（二）岗位关系

在外贸企业中，外贸业务员与外贸单证员、外贸跟单员组成一个团队，共同完成进出口贸易工作。外贸单证员和外贸跟单员是外贸业务员的左膀右臂，共同协助外贸业务员做好履约工作。

从这三个岗位的工作任务来看，外贸单证员完成的是若干个业务点的工作；外贸跟单员完成的是其中一条业务线的工作；外贸业务员完成的是一个业务面的工作。可见，要想成为一名合格的外贸业务员，先要能熟悉外贸单证员工作和外贸跟单员工作流程。实际工作中，有一些外贸企业特别是小企业往往不设外贸单证员和外贸跟单员岗位，其单证和跟单工作是由外贸业务员兼任。当外贸业务员的业务量到一定程度上，外贸企业给外贸业务员配上一个外贸业务助理，由其负责单证和跟单工作。因而对外贸业务员的要求就大大高于外贸单证员和外贸跟单员，外贸业务员都要在一定程度上兼备外贸单证员和外贸跟单员要具备的知识和能力。

（三）岗位要求

由于外贸业务员在外贸企业中是个综合性外贸人才，且市场需求最大，下面重点介绍外贸业务员的岗位要求。

1. 职业素质要求

外贸业务员应具备爱国精神、守法意识、忠诚品质、团队精神、诚信品质、敬业精神、责任意识、开拓精神等职业素质，见图 2 - 5。

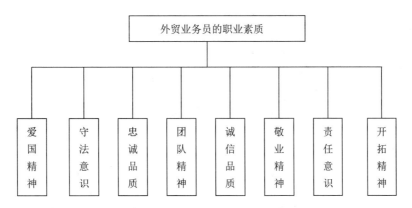

图 2 - 5　外贸业务员的职业素质

（1）爱国精神

外贸业务员要热爱祖国，维护祖国的尊严。

（2）守法意识

外贸业务员要遵纪守法，遵循外经贸法规。

（3）忠诚品质

外贸业务员要忠诚企业，维护企业的利益。

（4）团队精神

外贸业务员要以大局为重，与同事精诚合作。

（5）诚信品质

外贸业务员对待客户，要做到诚实与守信。

（6）敬业精神

外贸业务员要吃苦耐劳，热爱外贸业务岗。

（7）责任意识

外贸业务员要一丝不苟，做好每一个环节。

（8）开拓精神

外贸业务员要积极进取，不断开拓新市场。

2. 职业能力要求

外贸业务员应具备市场营销能力、商务谈判能力、函电处理能力、业务操作能力、综合管理能力、信息处理能力、人际沟通能力、持续学习能力等职业能力，见图 2-6。

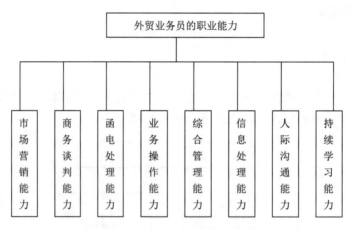

图 2-6 外贸业务员的职业能力

（1）市场营销能力

能主动寻求市场机会，把握客户心理，培养和开发客户群体；能利用各种方式和方法进行企业和产品宣传，树立品牌意识，扩大企业和产品的知名度；服务热情、周到，在诚信、平等互利基础上与客户建立长期的、良好的、稳定的贸易关系。

（2）商务谈判能力

能敏锐洞察谈判对方的心理，具备高度预见能力和很强的应变能力；能熟练地运用各种谈判技巧，遵循"不卑不亢，互惠互利"的谈判原则，用外语进行出口业务谈判和进口业务谈判，并能最终达成双赢的贸易协议。

（3）函电处理能力

能用外语准确地撰写建立业务关系、询盘、发盘、还盘、接受、催证、改证等业务处理函电。

（4）业务操作能力

能快速准确进行进出口成本核算；能科学合理签订内外贸合同；能办理催证、开证、审证、改证业务；能督促协调供货方及时保质保量进行货物生产；能及时安排运输、报检、报关和投保业务；能办理内外货款结算；能办理外汇核销和出口退税；能处理各种贸易争议。

（5）综合管理能力

能有效地进行信用风险管理和汇率风险管理；能合理地进行进出口融资管理；能成功地进行客户的开发和维护管理；能系统全面地进行整个出口业务和进口业务操作管理。

（6）信息处理能力

能收集、筛选、分类、统计和汇总外贸信息；能运用邮件、网页等各种方式传播外贸信息；能熟练运用外贸业务软件进行外贸业务处理；能进行外贸信息的立卷归档。

（7）人际沟通能力

能与国内外客户、生产部门、工程部门、品质部门、储运部门、单证部门、财务部门等工作人员在顺畅的沟通和交往中，建立、保持和发展一种友好的可持续的业务关系。

（8）持续学习能力

不仅每天要及时更新资讯，跟上时代发展的节奏，更要通过不断学习补充自己外贸相关知识。只有这样，外贸业务员才能及时捕捉到机会、预见未来商机和顺利处理各项业务。

3. 专业知识要求

外贸业务员除了要掌握好英语和计算机基本知识之外，还应熟悉和掌握商品基础知识、外贸业务知识、生产管理知识、国际营销知识、国际金融知识、外贸法规政策、国际贸易惯例、国际经贸地理、外贸业务礼仪等专业知识，见图2-7。

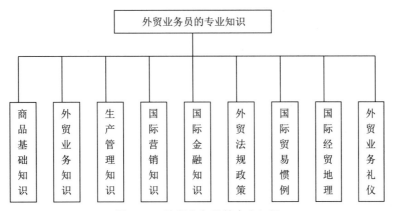

图2-7 外贸业务员的专业知识

（1）商品基础知识

了解商品基本理论，熟悉经营商品的性能、品质、规格、标准、包装、用途、生产工艺和原材料等知识。

（2）外贸业务知识

了解国际贸易基础理论，熟悉各种国际贸易方式和进出口业务流程，掌握价格术语、支付方式、运输、保险、检验、索赔、仲裁、不可抗力等外贸基础知识；掌握外贸磋商谈判、签订内外贸合同、开证审证、订舱投保、报检报关、收汇付汇、外汇核销、出口退税、争议解决等进出口业务操作知识。

（3）生产管理知识

了解和熟悉工厂生产管理的基本知识，包括制订生产计划、原材料采购管理、仓库管理、生产管理、品质管理等。

（4）国际营销知识

了解国际营销基本原理，熟悉各种国际营销方法和技巧。

（5）国际金融知识

熟悉外汇汇率基本知识和我国现行汇率制度，掌握结售汇业务、汇率风险规避、进出口贸易融资等操作知识。

（6）外贸法规政策

了解我国的专利法、商标法等有关外贸的规定，熟悉我国对外贸易法、合同法、海关法、进出口关税条理、进出口商品检验法、进出口货物原产地条例等。

（7）国际贸易惯例

了解《英国票据法》和《日内瓦统一法》，熟悉《国际贸易术语解释通则》（INCOTERMS® 2010）、《托收统一规则》（URC522）、《见索即付担保函统一规则》（URDG458），掌握《联合国国际贸易销售合同公约》和《跟单信用证统一惯例》（UCP600）条款的含义和实际运用。

（8）国际经贸地理

了解各贸易国家或地区的政治、经济、文化、宗教、地理、风土人情、消费水平以及有关进出口方面的法律法规和规定。

（9）外贸业务礼仪

熟悉着装礼仪、见面礼仪、举止礼仪、会谈礼仪、餐饮礼仪、通讯礼仪等外贸业务礼仪。

二、其他外贸企业主要岗位

（一）跨境电商企业的主要岗位

1. 跨境电商营销专员

跨境电商营销专员是指通过跨境电商平台开展寻找客户、贸易磋商、签订合同等涉外营销工作的操作型外贸从业人员。

2. 跨境电商运营专员

跨境电商运营专员，也称为外贸专员，是指通过跨境电商平台开展选品、定价、策划、推广执行等运营工作的操作型外贸从业人员。

3. 跨境电商客服专员

跨境电商客服专员是指通过跨境电商平台与境外消费者交流沟通、引导消费、促成订单、售后维护等服务工作的操作型外贸从业人员。

（二）外贸服务企业的主要岗位

1. 国际货代员

国际货代员是指国际货运代理企业专门为外贸企业提供租船订舱服务的操作型外贸从业人员。

2. 报检员

报检员是指代理报检企业专门为外贸企业提供进出口商品报检服务的操作型外贸从业人员。

3. 报关员

报关员是指代理报关企业专门为外贸企业提供进出口商品报关服务的操作型外贸从业人员。

课后练习

一、判断题

1. 只要有国外客户购买，外贸企业可以出口任何商品。（　　）

2. 签订出口合同之后，外贸企业就可以直接与国内工厂签订国内购销合同。（　　）

3. 在任何进口情形下，进口企业都无需向保险公司办理保险。（　　）

4. 外贸单证员完成的是若干个业务点的工作；外贸跟单员完成的是其中一条业务线的工作；外贸业务员完成的是一个业务面的工作。（　　）

5. 跨境运营专员是指通过跨境电商平台与境外消费者交流沟通、引导消费、促成订单、售后维护等服务工作的操作型外贸从业人员。（　　）

二、单项选择题

1. 以下哪项工作不属于进口履约工作？（　　）

A. 进口订舱　　　　B. 进口报检　　　　C. 进口报关　　　　D. 资料归档

2. 以下哪项业务不属于外贸单证员的工作任务？（　　）

A. 制作出口单证　　　　　　　　B. 办理出口单证

C. 审核信用证　　　　　　　　　D. 签订出口合同

第三章 国际贸易的平台与规则

学习目标

知识目标

· 掌握展会的概念和类型
· 熟悉跨境电商平台
· 熟悉各平台的规则
· 了解跨国采购的途径

能力目标

· 能根据公司和产品的实际情况来选择展会
· 能分析跨境电商的不同模式
· 能根据各平台的规则分析提炼注意事项

第一节 国际贸易交易平台

导入案例

做外贸去哪些平台找客户呢?

(来自网络 BBS 的求助)

问:——我们公司想做外贸,用什么平台起步比较好呢?

——我是外贸新人,老板叫我写开发信,可是我不知道去哪里找到潜在的客户资源啊?

答:——有很多方法的!可以在 google 上搜索关键词,还有黄页之类的!也可以注册免费平台发布产品,运气好的时候也能碰到对口的客户!都可以去试试!

——有一些外贸 B2B 平台像敦煌网,还有一些国际买家数据库平台,例如 kompass 等,也有一些专门搜索海外买家的网站玛雅国际买家资料数据仓库此类的。

资料来源:福步外贸论坛 http://bbs.fobshanghai.com/thread-3586363-1-1.html

案例评析:许多外贸新人不知道如何寻找客户,其实找客户的渠道很多,比如参加展会、注册跨境 B2B 和 B2C 平台会员、跨国采购、GOOGLE 搜索关键词、商会和贸促会介绍以及一些国际买家数据库平台等。但是，不能以为参加这些平台客户就会自动送上门来了，做事情得主动，只有认真地对待每一种平台，尤其掌握了潜在客户的采购特点，才会达到你想要的效果。下面，我们将重点来分析展会、跨境电商和跨国采购这三种平台。

一、展会平台

（一）展会的概念

展会主要指在固定或一系列的地点、特定日期和期限里，通过展示达到产品、服务、信息交流的社会形式。从广义上讲，它可以包括所有形式的展览会；从狭义上讲，展会主要指贸易和宣传性质的展览，包括交易会、贸易洽谈会、展销会、看样订货会等。展会为企业提供了一个很好的商业机会，具有快速反馈高效率、高质量的市场信息高效传播特点，一个知名的展会实际上就是一次行业年会，从行业协会到产业链的各个环节均被聚集在一个时空里，是行业信息量的大潮到来之际，是行业海量信息的巅峰时刻，同时汇聚着行业最有影响力的媒体。

参加展会是企业最重要的营销方式之一，也是企业开辟新市场的首选方式。通过参加进出口商品展览会，出口企业可以迅速全面地了解国际市场行情，与国外客商洽谈产品出口合同或相关合作事宜。许多企业正是借助出口商品展览这个渠道，向国外客户试销新产品、推出新品牌，同时通过与世界各地买家的接触，了解谁是真正的客户以及行业的发展趋势，最终达到开发客户、推销产品的目的。

（二）展会的类型

展会的分类考虑两个方面：一是展会的内容，包括展会的性质、内容、所属行业等；二是展会形式，包括展会规模、时间、地点等。

1. 按展会性质分，有贸易和消费两种。

贸易性质的展会是为产业即制造业、商业等行业举办的展会，展会的主要目的是交流信息、洽谈贸易；消费性质的展会基本上都展出消费品，展会的主要目的是直接销售。一般来说，展会的性质由展会组织者决定，可以通过参观者的成分反映出来：对工商界开放的展会是贸易性质的展会，对公众开放的展会是消费性质的展会。

2. 按展会内容分，有综合展会和专业展会两种。

综合展会指包括全行业或数个行业的展会，也被称作横向型展会，如工业展、轻工业展；专业展会指展示某一行业甚至某一项产品的展会，如钟表展。专业展会的突出特征之一是常常同时举办讨论会、报告会，用以介绍新产品、新技术。

3. 按展会规模分，有国际展、国家展、地区展、地方展，以及单个公司的独家展。

规模是指展出者和参观者的所代表的区域规模而不是展览场地规模。不同规模的展会有不同的特色和优势，应根据企业自身条件和需要来选择。

4. 按展会时间分，有定期和不定期两种。

定期的有一年四次、一年两次、一年一次、两年一次等。不定期展会则是视需要和条件举办，分长期和短期。长期展可以是三个月、半年、甚至常设，短期展一般不超过一个月。在发达国家，专业贸易展会一般是三天。在英国，一年一次的展会占总数的 3/4。展会日期受财务预算、订货以及节假日的影响，有旺季、淡季。根据英国展览业协会的调查，3—6 月及 9—10 月是举办展览的旺季，12—1 月以及 7—8 月为举办展会的淡季。

5. 按展会场地分，有室内场馆展和室外场馆展两种。室内场馆多用于展示常规展品的展览会，比如纺织展、电子展。室外场馆多用于展示超大超重展品，比如航空展、矿山设备展。

（三）选择展会

最近几年，国内外的展会五花八门越来越多，常常让外贸企业无从下手。一般来说，企业在选择展览会时，应结合参展目的重点考虑以下几个因素。

1. 展会的知名度

会展业发展至今，每个地区或行业都已形成了自己具有全球知名度的展会，成为买家争相前往的场所。中国在全球最著名的展览会就是中国进出口商品交易会（俗称广交会），另外还有华交会（上海）、义博会（义乌）。国外的如德国的法兰克福春秋季消费品博览会、意大利米兰的国际家居及消费品展、汉诺威的工业博览会等。通常来讲，展会的知名度越高，吸引的参展商和买家就越多，成交的可能性也就越大。当然，名气大的展览会往往收费较高，但效果一般也会好过那些不知名的展会。

2. 展会的内容

现代展览业的一大特点是日趋专业化，同一主题的展览会可细分为许多小的专业展。假如你是一家纽扣生产商，可以考虑参加服饰配件展，如香港亚洲国际博览馆每年举办的"环球资源香港流行服饰配件展"，就是一个不错的选择，每年春、秋两届的展会汇集来自中国及亚洲区域的数百家优质供应商和上万家海外客商，带给出口企业巨大的商机。但如果你是一家其他五金配件的生产厂商，选择的展会更多，如"德国科隆五金展"、"法兰克福中东（迪拜）国际五金工具展"等都可以成为你的目标，重要的是应该先了解一下展会的内容，以确定是否适合。

3. 公司自身实力

企业应该根据自己公司的实力来决定是参加国内展会还是国外展会，费用高的展会还是费用低的展会。相对来说国外展会上买家的质量与得到订单的机会都会大于国内展会，尤其是国外知名的行业展会，而费用高的展会获得的机会往往也高于费用低的展会，但这些费用高的展会，不是一般企业可以承受的。

4. 展会时间

参展的时间既要与业务工作的安排相匹配，又要注意产品的开发情况。因为任何产品都具有自己的生命周期，也就是要经历一个开发、引进、成长、成熟、衰退的阶段。对于普通产品而言，在开发和引进阶段，展会有事半功倍的效果；到了衰退阶段，展会往往会劳而无功。

案例 3.1

健身器材热销广交会？

2013 年初，韩国兴起女子保健、健美热，凡是可以瘦身、美容养身的器具类产品特别好销。上海某公司根据客户的要求，在浙江的温州、金华、宁波等地相继开发了一系列的产品，包括健臂滑轮、按摩腰带、足浴按摩器等，曾在两届广交会其公司展位前出现排队订购的现象。但是到产品推出后的第三届广交会，有许多出口企业相继展示类似产品，韩国客户也络绎不绝，然而回去后却少有真正的订单。参展企业都很纳闷，后来才发现原来是因为此类产品在用户使用后发现效果并不理想，产品的生命周期已从成熟走向了衰退。这些参展企业由于没有考察清楚产品的消费者使用反馈情况，从而没有判断正确展品的生命周期，在产品的衰退阶段选择展会，劳而无功。不但浪费了开发费用，而且白白地错过了广交会这一难得的展示资源的机遇。

（四）典型展会平台简介

1. 广交会

广交会（Canton Fair）的全称是中国进出口商品交易会，创办于 1957 年春季，每年春秋两季在广州举办，迄今已有 60 年历史，是中国目前历史最长、层次最高、规模最大、商品种类最全、到会采购商最多且分布国别地区最广、成交效果最好、信誉最佳的综合性国际贸易盛会。

广交会每届按照行业划分为三期，每期 5 天。第一期为电子及家电类、五金工具类、机械类、车辆及配件类、建材类、照明类、化工产品类、能源类等；第二期为日用消费品类、礼品类、家居装饰品类等；第三期为纺织服装类、鞋类、办公箱包及休闲用品类、医药及医疗保健类、食品及土特产品类等。在短短的 5 天时间里，中小出口商在平均 9 平方米/间的一间或多间摊位上展览产品。

参加广交会的门槛比较高，以沿海地区为例，只有上年度成交额达到 150 万美元的流通型外贸企业（非流通型为 75 万美元）才有资格向当地外经贸部门提出申请。不过，广大的中小型企业可以采用与有资格参展的外贸公司联营的方式参展，但费用不菲，数万至十余万不等。当然也可通过展团以临时参展代表的身份进去了解行情动态。正因为参加的成本较高，反过来也彰显了企业实力，客户较为信任。当场展示实物样品、直接洽谈价格和交易细节，这些都是促进贸易的有利条件。

截至第 120 届，广交会累计出口成交约 12335 亿美元，累计到会境外采购商约 783 万人次。目前，每届广交会展览规模达 118 万平方米，境内外参展企业超过 2.4 万家，210 多个国家和地区的近 20 万名境外采购商与会。

广交会历经 60 年改革创新发展，经受各种严峻考验从未中断，加强了中国与世界的贸易往来，展示了中国形象和发展成就，是中国企业开拓国际市场的优质平台，是贯彻实施我国外贸发展战略的引导示范基地，已成为中国外贸第一促进平台，是中国外贸的晴雨表和风向标，是中国对外开放的窗口、缩影和标志。广交会的详细情况，可以访问官方网站 http：//www. cantonfair. org. cn 了解更多信息。

2. 华交会

华交会（East China Fair ）的全称是华东进出口商品交易会，由中华人民共和国商务部支持，上海市、江苏省、浙江省、安徽省、福建省、江西省、山东省、南京市、宁波市等9省市联合主办，每年3月1日—5日在上海举行。华交会是中国规模最大、客商最多、辐射面最广、成交额最高的区域性国际经贸盛会。

自1991年以来，华交会已成功举办了27届。第26届华交会在上海新国际博览中心举行，展览面积达11. 5万平方米，标准展位5480个。设5大专业主题展：服装服饰展、纺织面料展、家庭用品展、装饰礼品展、现代生活方式展，参展企业3153家。境外展商分别来自日本、韩国、意大利、澳大利亚、马来西亚、埃及、波兰、尼泊尔、巴基斯坦、印度、印尼、越南、泰国、克什米尔、中国香港和中国台湾等16个国家和地区。第26届华交会有来自全世界114个国家和地区的21454名客商和国内14645名专业客户到会洽谈，出口成交总额达23. 1亿美元。而第27届华交会展览面积12. 09万平方米，比上届增加近6000平方米，展位总数5670个（含16个服务展位）。到会境外客商22140人，来自110个国家和地区，客商总数比上届略增3. 2%。亚洲客商占80. 14%，比上届增长2. 77%。其中，日本客商累计到会9231人，占41. 69%，比上届增长1. 85%，仍是到会客商最多的国别地区。累计成交23. 17亿美元，比上届增加0. 28%。自2012年以来，华交会出口成交一直下降，2017年首次止跌回升。

3. 汉诺威工业博览会

汉诺威工业博览会（HANNOVER MESSE）是世界顶级的专业性贸易展览会，每年一届，始创于1947年8月，经过半个多世纪的不断发展与完善，已成为当今规模最大的国际工业盛会，被认为是联系全世界技术领域和商业领域的重要国际活动。

汉诺威工业博览会荟萃了各个工业领域的技术，引领着世界工业的创新与发展，是"世界工业发展的晴雨表"，并且已经发展成为全球工业贸易的旗舰展和影响力最为广泛的国际性工业贸易展览会。

展览主要包括工业零部件和分承包技术展、工业自动化展、能源展、空压与真空技术展、管道技术展、风能展、电厂技术展、数字化工业展、动力传动技术展、表面处理技术展、微电子技术展和研究技术展等。

2016年展会净展出面积19. 8万多平方米，有来自75个国家和地区的5200多家厂商参展，接待专业观众达19万人次。2017年汉诺威工业博览会将以完整的工业产业链为主线，依托展会平台，展出工业自动化展、动力传动及控制技术展、能源展、空压及真空技术展、数字化工厂展、工业零部件与分承包技术展、研究与技术展等七个主题产品。

汉诺威工业博览会一次又一次的向世界证明了在世界领先科技盛事的地位。汉诺威工业博览会的效果也已经超出了所有参展商和观众的预期。它是全世界企业通向国际市场的大门。

4. 意大利米兰春季国际家居及消费品展

意大利米兰春季国际家居及消费品展（HOMI）源于 Macef 国际消费品展览会，始于 1964 年，每年春秋两届，至今已有 50 多年历史，是欧洲三大消费品展之一。Macef Milano 是全世界最顶级的致力于日常生活用品和家居摆设的国际性展览，是了解市场行情与国际流行趋势、订购各国产品的重要渠道。数十年来，Macef 一直是美丽的意大利之家的化身，拥有着世界闻名的独特风格。随着装饰家庭空间的方式发生了巨大改变，从 2013 年开始，Macef 正式升级更名为 HOMI，并推出了 HOMI 全球系列品牌展会。

HOMI 启用世界顶尖家具展（SALONE INTERNAZIONALE DEL MOBILE）创意团队，结合 Macef 展传统版块，为升级版更添亮眼内容。除了保留 Macef 展的经典元素如厨房、桌面、室内装饰、礼品、珠宝等产品，HOMI 还另新增家具、纺织、户外、儿童用品及设计师概念产品。2016 年 9 月由米兰国际展览公司主办的 HOMI 展会圆满落幕，此次展会的主题是引领崭新的生活方式，为期四天的 HOMI 展面积达到 80000 平方米，展会共有 1500 家企业参展（15% 来自意大利以外的国家），为到场的 94000 位观众（其中 15000 名观众来自意大利以外的国家）展示了最新的生活家居用品流行趋势。

另外，线上服务是 HOMI 的另一特色，买家在提交申请后须在线上选择 6 家感兴趣的展商作为其在现场的目的洽谈对象，而同时也提供了 EMP（Exhibition Matching Program）系统，内含翔实的买家及展商信息，双方在展前便可以据此进行交流，方便互相了解，使沟通更为高效。主办方将根据展商及买家的交流需求制定一系列服务，包括顶级国际买家的邀请。主办方将根据业内影响力结合展商推荐，邀请全球数百家顶级专业买家观展及采购，同时也吸引了全球著名的经销商前来。

二、跨境电商平台

（一）跨境 B2B 平台

B2B 跨境电商或平台所面对的最终客户为企业或集团客户，提供企业、产品、服务等相关信息。目前，中国跨境电商市场交易规模中 B2B 跨境电商市场交易规模占总交易规模的 90% 以上。在跨境电商市场中，企业级市场始终处于主导地位。代表企业有阿里巴巴国际站、环球资源网、中国制造网、敦煌网等。

1. 阿里巴巴国际站

阿里巴巴国际站（alibaba.com）成立于 1999 年 9 月，是中国最早的互联网公司，也是目前全球最大的 B2B 交易平台，见图 3-1。

作为中国电子商务的领军企业，阿里巴巴一直以来成绩显著。然而在 2015 年之前，与淘宝、天猫的在线交易的相比，阿里巴巴 B2B 业务却始终停留在信息撮合阶段。也就是说，阿里巴巴国际站经过 15 年的发展，还是停留在信息展示平台阶段，海外买家和中国供应商的后续跟进和交易通过传统的外贸流程完成，无法形成交易闭环，交易数据不能沉淀，导致海外买家无法利用数据有效判断买家诚信，中国供应商也无法利用买家数据来判断是否为有效询盘。

2014年开始，阿里巴巴国际站平台开始推行一达通平台（One Touch）服务，通过集约化服务，为外贸企业提供快捷、低成本的通关、外汇、退税以及配套的金融、物流服务，用电子商务平台的方式解决外贸企业流通环节的难题，让企业回归到本质，专注于产品和服务。2015年，在一达通平台推广一年后，阿里巴巴正式在国际站平台推出了信用保障体系（Trust Assurance），阿里巴巴国际站服务全面升级，携手供应商和买家构建诚信市场。

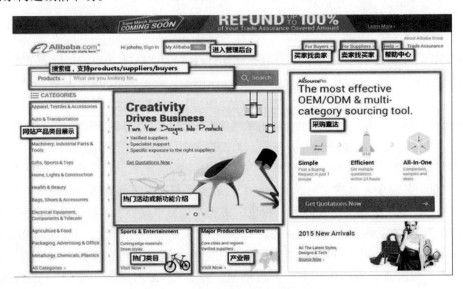

图 3-1　阿里巴巴国际站首页功能区

2. 环球资源网

环球资源网是一家领先业界的多渠道 B2B 媒体公司，致力于促进大中华地区的对外贸易。公司的核心业务是通过一系列英文媒体，促进大中华地区的出口贸易；同时，通过一系列中文媒体，协助海外企业在大中华地区行销。环球资源网一方面为全球买家提供采购信息，另一方面为供应商提供整合营销服务。通过环球资源，超过967000名活跃买家在复杂的海外市场上进行有效益的采购。同时，供应商借助环球资源提供的各种有效媒体，向遍布超过240个国家和地区的买家推广和销售产品。环球资源网提供业界最全面的贸易媒体和出口推广服务，包括14个网站、13本月刊及18本数字版杂志、超过80本采购资讯报告以及每年在9个城市举行20个专业的贸易展览会。每年，来自逾262000家供应商的超过470万种的产品信息，通过环球资源的各种媒体到达目标买家。仅在环球资源网（http：//www.globalsources.com），买家社群每年向供应商发出的采购查询就已经超过1亿9200万宗。环球资源拥有40年促进国际贸易的成功纪录，公司在全球超过60个城市设有办事机构。环球资源植根中国大陆也已近30年，在中国超过40个城市设有销售代表办事机构，并拥有约2700名团队成员，通过中文杂志和网站服务超过200万读者。

环球资源企业网站是新一代的网上采购平台，具备全面的搜索结果和已核实供应商体系两大特色。分为面向产品、面向买家、面向供应商、国际资讯和线下交易几个模块，见图3-2。关注"价值"的对口买家可以通过专业行业细分的贸易平台，充分满足买家采购所需。供应商通过注册认证可以进行广告投放和内贸推广。

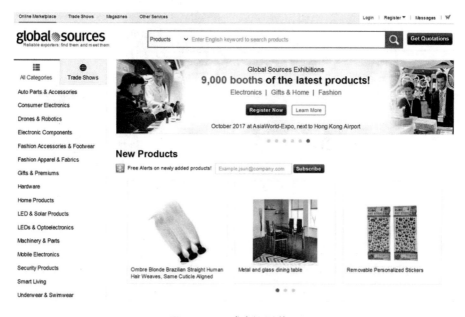

图3-2 环球资源网首页

网站整体风格简洁、清爽，广告投放也十分慎重，对用户的采购导向性不强，网站缺乏整体性，各模块页面风格各异。针对有明确采购目标的用户群，环球资源针对高端客户的定位、经营策略和服务价格对于国内大批中小外贸企业来说望而兴叹，每年10万元以上的外文杂志广告投放价格并非一般小型出口企业能够承受。即使投放了广告，在较高的心理预期下，可能与实际投资收益效果有所偏差。网站交易安全性建设完善，环球资源通过已核实供应商体系，帮助供应商迅速赢得买家信任。

3. 中国制造网

中国制造网是一个中国产品信息荟萃的网上世界，面向全球提供中国产品的电子商务服务，旨在利用互联网将中国制造的产品介绍给全球采购商。已稳定运营十多年，成为数百万用户信赖的综合性电子商务网站。中国制造网（Made-in-China. com）诞生于1998年，是由国内前沿的运营综合型第三方B2B电子商务平台的企业——焦点科技股份有限公司创建。焦点科技股份有限公司建立中国制造网旨在将中国制造的产品通过互联网平台介绍给全球采购商，为国内中小外贸企业搭建一座"走出国门"的桥梁，提供一个可以向世界推销其商品的"大商场"。可以说，中国制造网是中小外贸企业的综合服务商。

中国制造网致力于建立一个国际化网络平台将"中国制造"远销海外，让更多的全球采购商更清楚地了解中国供应商及其产品。中国制造网注重外贸市场的发展，设有中英文以及繁体中文三种网站页面，见图 3 - 3。

图 3 - 3　中国制造网首页

4. 敦煌网

敦煌网 2004 年正式上线，是中国国内首个实现在线交易的跨境 B2B 平台，以中小额外贸批发业务为主，开创了"成功付费"的在线交易佣金模式，免卖家注册费，只有在买卖双方交易成功后才收取相应的手续费，将传统的外贸电子商务信息平台升级为真正的在线交易平台。

目前，敦煌网已经具备 120 多万家国内供应商在线，2500 万种商品，遍布全球 224 个国家和地区的 550 万卖家的规模，每小时有 10 万买家实时在线采购，每 3 秒产生一张订单。敦煌网提供第三方网络交易平台，中国卖家通过商铺建设、商品展示等方式吸引海外买家，并在平台上达成交易意向，生成订单，可以选择直接批量采购，也可以选择先小量购买样品，再大量采购。并且提供货源、海外营销、在线支付和国际物流、保险、金融、培训为一体的供应链整合服务体系，实现一站式外贸购物体验。

敦煌网的优势在于较早推出增值金融服务，根据自身交易平台的数据为敦煌网商户提供无须实物抵押、无须第三方担保的网络融资服务。虽然速卖通后续也推出过类似产品，但时间上晚于敦煌网。敦煌网在行业内率先推出 APP 应用，不仅解决电商交易中的沟通问题和时差问题，而且还打通了订单交易的整个购物流程。

（二）跨境 B2C 平台

跨境 B2C 电商所面对的最终客户为个人消费者，针对最终客户以网上零售的方式，将产品售卖给个人消费者。代表企业有速卖通、亚马逊、兰亭集势、wish 等。

1. 速卖通

速卖通（AliExpress）于 2010 年 4 月正式上线，是阿里巴巴花 1 亿美元打造的国际化交易平台，它借鉴国内"天猫"的成功模式，将国内的 B2C 模式复制到国外，形成了新型的 B2C 外贸平台，见图 3 - 4。它是帮助中国中小企业接触终端批发零售商，小批量多批次快速销售，拓展利润空间而全力打造的融合订单、支付、物流于一体的外贸在线交易平台。业务有 B2B 模式和 B2C 模式，但主要是 B2C 模式，达到业务总量的 65%。此平台适合体积较小，附加值较高的产品，覆盖了包括 3C、服装、家居、饰品等共 30 个一级行业类目，主要有服装服饰、手机通讯、鞋包、美容健康、珠宝手表、消费电子、电脑网络、家居、汽车摩托车配件、灯具等优势行业。

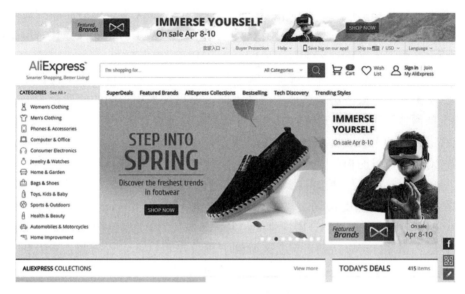

图 3-4　速卖通网首页

同其他 B2C 跨境电商企业相似，速卖通也主要采取搜索引擎、网站联盟、邮件营销和社会化营销等营销方式拓展海外市场，吸引海外用户。速卖通作为 B2C 跨境电商交易的平台，主要职责是服务于平台上的买卖双方。此外，速卖通还为 B2C 跨境电商交易提供了快速、便捷的交流方式，从而实现信息的高效传递。除了可以使用国际通用工具 e-mail。此外，速卖通还开发了"trade message"软件，被称为国际版"阿里旺旺"，平台上所有的买卖双方均可通过该软件进行交易洽谈。

速卖通平台上的卖家作为独立的经营主体，一般是由自己联系货运公司发货。由于卖家的规模较小，所以一般不会自建跨境物流网络，一般都会选择第三方跨境物流。目前，速卖通支持的跨境物流服务商包括 UPS、EMS、TNT、FedEx、DHL、中国邮政、香港邮政和顺丰速运等。而且为了降低卖家快递成本，在 2014 年"双 11"中，速卖通尝试与北京邮政合作，支持卖家在 24 个国家用平邮的方式给买家邮寄包裹，一共 20 多块钱的运费去掉挂号费只要十几块钱，大大提高了低价商品的毛利。卖家可以根据各服务商的优势航线以及产品特征，选择合适的物流，也可以与买家进行协商，选择对自己或是对买家方便的物流。如果卖家每个月的走货量大，会获得一定的物流折扣，这会提升卖家的价格优势，扩大其利润空间。一般来说，速卖通交易中最常使用的是 DHL、UPS 和 EMS 三种方式。

值得注意的是，2017 年 1 月 1 日起，平台将关闭个人账户转为企业账户的申请入口，所有新账户必须以企业身份注册认证。同时，平台在 2017 年启动全行业商标化。

从 1 月 1 日开始，新发产品的"品牌属性"必须选择商标。

2. 亚马逊

亚马逊公司是美国最大的一家网络电子商务公司，位于华盛顿州的西雅图，是网络上最早开始经营电子商务的公司之一。亚马逊成立于 1995 年，一开始只经营网络的书籍销售业务，现在则扩大了范围相当广的其他产品，已成为全球商品品种最多的网上零售商和全球第二大互联网公司，在公司名下，也包括了 AlexaInternet、a9、lab126 和互联网电影数据库（Internet Movie Database，IMDB）等子公司。

亚马逊以优质的仓储物流系统能够和售后服务体系闻名于世，除了自营业务外并对第三方卖家开放。根据卖家选择的服务不同，亚马逊采用不同的收费模式。卖家在亚马逊全球网站开店，亚马逊将收取平台月费和交易佣金，无交易则不收取交易佣金。选择亚马逊物流的卖家加收仓储和物流费用。自主配送的卖家选择的配送服务必须符合亚马逊对服务质量的相关要求。

亚马逊的优势在于品牌国际影响力和优质的买家服务体系，以及领先的国际物流仓储服务。亚马逊在北美市场提供 FBA 服务（FBA 是 Fulfillment by Amazon 的简称，"由亚马逊完成"即由亚马逊仓库提供的代发货业务），能实现 2—3 天到货，最快次日送货；在欧洲市场，可以帮助卖家实现欧洲五国（英国、法国、德国、意大利、西班牙）的同一仓储和物流服务，并可配送欧盟其他国家，方便卖家向亚马逊欧洲网站的顾客提供本地化客户服务以及快捷的送货服务。亚马逊平台提供免费的站内推广服务，以及向消费者精准的商品推荐服务，见图 3 – 5。

图 3 – 5　亚马逊中文网首页

3. 兰亭集势

兰亭集势成立于 2007 年，是整合了供应链服务的在线 B2C 企业，拥有一系列的供应商，并拥有自己的数据仓库和长期的物流合作伙伴。兰亭集势的目标用户主要定位于全世界中小零售商，包括线上零售商、线下零售商等。同时由于大部分产品对订单没有最低数量限制，兰亭集势也可以批发的价格向普通消费者提供商品零售。兰亭以国内的婚纱和 3C 产品为主，毛利相对来说比较低，但业务量多，盈利主要来源于制造成本的低廉与价格差。随着中国制造业成本的攀升以及外贸 B2C 市场逐步被发掘，兰亭的盈利空间会受到挤压。现在，兰亭集势年销售额在 10 亿元人民币左右。

兰亭集势的企业宣言是"One World One Market"，公司目标是通过创新的商业模式、领先的精准网络营销技术、世界一流的供应链体系，为全世界中小零售商提供一个基于互联网的全球整合供应链。在近期规划上，兰亭集势希望能把多年来精心打造的配送体系、本地化体系、客户支持体系以及数据分析系统开放出来，为卖家所用。同时，随着国家对跨境电商的重视与扶持，兰亭集势已经与多地合作，走通了跨境电商出口退税流程。在不久的将来，平台商家也有望自动享受到跨境电商的出口退税政策优惠。此外，基于现有顾客群和中国产品的特点，兰亭集势的开放平台将开始专注于服装品类，以 15% 分成方式与商家结算，不收取年费，见图 3 - 6。

图 3 - 6　兰亭集市网首页

4. Wish

作为较新的电商平台 Wish，不得不说它是跨境电商移动端平台的一匹黑马，从下面几个数据我们就可以看出它到底有多"黑"：凭借仅 50 个人的团队，它只用了三年时间，就成为北美最大的移动购物平台，95% 的订单量来自移动端，89% 的卖家来自中国，APP 日均下载量稳定在 10 万左右，注册用户数超过 3300 万，日活跃用户 100 万，重复购买率超过 50%，向卖家收取高达 15% 的佣金费率……一组组令人尖叫的数据亮瞎了许多人的眼，也让 Wish 在中国跨境电商中迅速蹿红，见图 3 - 7。

Wish 的优势在于坚持追求简单直接的风格，不讨好大卖家，也不扶持小卖家，全部通过技术算法将消费者与想要购买的物品连接起来。卖家入驻门槛低，平台流量大，成单率高，利润率远高于传统的电商平台。与 PC 端展开差异化竞争，利用移动平台的特点，卖家不必以牺牲产品价格来取胜。

图 3 – 7 Wish 平台的 LOGO

三、市场采购贸易平台

由于市场采购贸易方式在各试点单位仍处于不断发展,不断改进的过程之中。相对而言,市场采购贸易方式在义乌的改革更加到位,以下内容以义乌为例进行讲解。

(一) 市场采购贸易主体

根据国家八部委试行市场采购贸易方式的文件精神,开展市场采购贸易需要先进行"市场采购贸易经营者备案登记",目前试行阶段,主体适用范围是指注册地在义乌的外贸流通企业,经义乌市商务局进行"市场采购贸易经营者备案登记"后,取得市场采购贸易资格,在海关、检验检疫、国税、外管等部门备案后即可开展市场采购贸易各项业务。

(二) 市场采购贸易联网信息平台

市场采购贸易联网信息平台(以下简称联网信息平台)是经商务部、国家发改委、财政部、海关总署、税务总局、工商总局、质检总局、国家外汇管理局 8 部委同意(商贸函〔2013〕189 号)建设的涵盖市场采购贸易各方经营主体和贸易全流程的综合管理系统,是国际贸易公共服务平台,提供出口政策咨询、外贸风险预警、报关、报检、免税备案、个人贸易国际收支申报、个人贸易外汇结算等国际贸易"一站式"服务。

(三) 市场采购贸易经营者备案流程

1. 申请条件

办理市场采购贸易经营者备案登记,应当符合以下条件:

(1) 经工商登记注册,且注册地在本市的外贸流通经营主体;

(2) 已办理对外贸易经营者备案登记或已取得外商投资企业批准证书。

2. 办理程序

对外贸易经营者(即外贸公司)申请办理市场采购贸易经营者备案登记的流程是:

(1) 登录"联网信息平台",填写相关表格,进行市场采购贸易资质申请;

(2) 凭电脑上下载的申请表到商务局行政审批窗口办理市场采购贸易经营者备案

登记；

（3）商务局备案后，到浙江电子口岸制作"KEY"；

（4）由商务局报送海关注册成功后，即可登录"联网信息平台"从事市场采购贸易。

3. 具体操作

（1）登录市场采购贸易联网信息平台（http//www. ywtrade. gov. cn 或登录"义乌购"点击导航栏"联网平台"进入），正确填写《市场采购贸易经营者备案登记表》后，网上提交。

（2）点击"登记表打印"，打印自动生成的《市场采购贸易经营者备案登记表》，由法定代表人或负责人签字盖章后，携纸质表格到国际贸易服务中心商务局窗口办理"市场采购贸易经营者备案登记"。

（3）并将以下材料交至国际贸易服务中心商务局窗口：

①营业执照（副本）原件及复印件（营业执照经营范围须包含货物进出口、技术进出口）；

②组织机构代码证书（副本）原件及复印件；

③《对外贸易经营者备案登记表》原件及复印件，如为外商投资企业，则提交《外商投资企业批准证书》原件及复印件；

④法定代表人（负责人）身份证原件及复印件（2份）。

（4）凭《市场采购贸易经营者备案登记表》、企业法定代表人身份证复印件1份至国际贸易服务中心一楼浙江电子口岸窗口制作 ikey。

（四）市场采购贸易供货商备案

市场采购贸易供货商是指在市场集聚区内，为市场采购贸易提供货物的经营户。

市场采购贸易供货商为市场集聚区内已办理市场采购贸易供货商备案登记的经营户，包括拥有市场摊位经营权的经营户、市场内租赁摊位的经营户和各专业街的经营户。

第二节　国际贸易交易规则

导入案例

产品描述含知名商标摊上事儿

3C 产品一直是各大跨境电商平台的热销产品，正因如此，其知识产权投诉也是一直居高不下，3C 产品中容易被投诉的品牌主要为 Samsung、Apple、Spigen 和 Motorola。2015 年 8 月，深圳一手机卖家在 Ebay 平台上传品牌为"MIZO"的一款手机产品，其产品描述设置为"Camera Android smart phone NOTE3 NOTE4 Mobile phone"，上传的产品图片中未出现任何知名手机品牌商标（见图 3－8）。由于该款手机外观时尚，价格合理，很快成了店铺爆品。然而，此时卖家突然发现该款手机产品被删除了，同时收到平台邮件，告知由于该产品描述中使用了 Samsung 的商标词"NOTE4"遭权利人投诉而被冻结账户。

产品描述：Camera Android smart phone NOTE3 NOTE4 Mobile phone

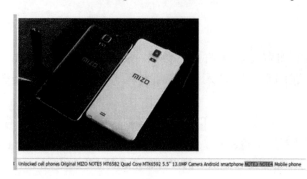

图 3 - 8

案例分析：该案例中，这个深圳手机卖家违反了什么国际贸易交易规则？

通过上一节的介绍，我们了解了开发外贸客户可以通过参加展会、注册跨境电子商务平台或者跨国采购等方式进行，甚至可以多平台同时应用，只要企业选对适合自己的平台。然而，无论选择哪一种平台，都需要遵循相应的平台规则。平台规则对于整个平台交易的透明有序稳定和可持续运行至关重要。平台规则既能明确商家的入驻门槛，也能明晰平台与入驻商家之间责任界限，妥善保护交易各方的合法权益，同时对于更为高效、迅捷地应对投诉、打击各类违法违规的交易行为，特别是知识产权侵权行为也有重大意义，值得我们予以重点研究和关注。

一、展会规则

展会是企业展示自身形象、实力和企业文化的重要舞台和窗口，也是企业获取商机的重要场合。展会平台规则的完善与否能反映展会的层次和规范程度，也能影响展会的长远可持续发展。对参展企业来说，展会平台规则主要集中在参展企业资格、展品管理规定、知识产权规则以及展位使用这几个方面。下面以广交会为例来展示展会的相关规则。

（一）广交会参展企业资格标准

（1）依法取得法人营业执照和外贸经营者备案登记证明，并已办理进出口企业代码。

（2）广交会统计口径下企业出口金额须达到最低标准，见表 3 - 1。

表 3 - 1 广交会企业出口金额须达到的最低标准

地区	企业类型	金额（万美元）
沿海	流通型	150
沿海	非流通型	75
中部及东北	流通型	75

续　表

地区	企业类型	金额（万美元）
中部及东北	非流通型	40
西部	流通型	40
西部	非流通型	20

（注：广交会统计口径下的出口额是指中国海关统计的一般贸易和进料加工贸易出口额中，扣除非看样成交产品如大米、大豆、原油、成品油、煤炭、焦炭、金属及非金属矿产品、烟草等后的出口额）

（3）具有与所申请参展展区对应、负责该展区管理的相关商（协）会会员资格。

（4）属下列情况之一的企业禁止参展：

①商务部向社会公告的违规违法企业，在公告期内禁止参展。

②国家工商、海关、税务、质检、外汇、环保、药监等部门通报的违规违法企业，在处罚期限内禁止参展；无处罚期限的，从处罚之日起连续六届禁止参展。

③因违规转让或转租（卖）广交会展位、涉嫌展品质量与贸易纠纷投诉、知识产权侵权等行为违反大会相关规定，并处于被取消参展资格处罚期限内的企业。

④因拒不服从大会管理、破坏展览秩序等其他行为，被大会认为对广交会声誉或正常运营造成较大不良影响，被取消参展资格的企业。

（5）参展展品要求

属下列情况之一的展品禁止参展：

①《中国进出口商品交易会参展展品范围（出口展）》规定之外的展品。

②不符合《中华人民共和国产品质量法》、《中华人民共和国进出口商品检验法》及其他有关出口产品质量法律法规规定的展品。

③涉及商标、专利、版权，但未取得合法权利证书或使用许可合同的展品。

④在商务、出入境检验检疫机构、药品等质量监督管理部门有不良记录且未经复检合格的展品。

⑤被司法机关、仲裁机关或知识产权行政管理机关认定侵权的展品。

（6）参展企业须承诺接受和遵守广交会出口展的有关条款和管理规定，包括《广交会出口展展位使用责任书》、《中国进出口商品交易会出口展参展须知》、《中国进出口商品交易会出口展服务指南》等。

（二）广交会参展展品管理规定

1. 参展商品

广交会展品（包括展位内摆放的产品及张贴的宣传图片、发放的资料，下同）须是参展企业或经参展企业许可由联营（供货）单位提供的产品（物品），并符合以下规定：

（1）由参展企业对参展展品进行登记。

（2）展品不得跨展区摆放（即未按《中国进出口商品交易会参展展品范围》要求摆放）或摆放于展位净展览面积之外。

（3）凡涉及商标、专利、版权、质量认证的展品，参展企业须取得合法权利证书或使用许可合同（以下统称权利证书）。

（4）由供货单位提供的展品，参展企业和供货单位须在参展前签订书面展品参展协议（协议内容包括：展品类别，展品参展的展位号，商标、专利、版权、质量认证条款及时效等，并附相应合法权利证书复印件）。口头协议一律无效。

凡不符合以上规定的展品，视为违规展品，禁止参展，由此产生的责任与后果由参展企业承担。

2. 展品管理

（1）参展企业负责对所属展位展品进行管理。

①参展企业的展位负责人在广交会举办期间须携带以下展品资料：展品清单；《商标、专利、版权、质量认证情况备案清单》及商标、专利、版权、质量认证的合法权利证书（复印件）；如联营（供货）单位共同参展，参展企业与供货单位签订的展品参展协议书（正本）。

②广交会期间各展位负责人须每日对本展位展品进行检查，如发现来历不明的展品，要立即向所属商（协）会和交易团书面报告，并立即撤下展台。

③如展位更换负责人，代替人须逐项核实确认展品及展品资料，并对展位展品负责。

（2）广交会期间各商（协）会组织展品检查组负责检查广交会有关展区参展展品摆放情况，并将检查及处理情况报大会业务办。各交易团负责对本团参展展品进行检查。广交会业务办监督管理、保卫办予以协助配合。

3. 对涉嫌违规展品查处程序及处理

（1）对侵犯知识产权的展品，按照《涉嫌侵犯知识产权的投诉及处理办法》处理。

（2）对跨展区摆放或摆放于展位净展览面积之外的展品由各相关进出口商（协）会认定，并根据本办法第3条第（6）款的规定给予处罚。

（3）对虚打质量认证标牌的展品及其他不属于知识产权范围的违规展品，由各相关进出口商（协）会在交易团的协助下给予认定，并根据本办法第3条第（6）款的规定给予处罚。

（4）对展品进行检查时，检查单位（检查人）应向参展企业（展位负责人或当事人）出示证件。检查单位负责对检查时发现的违规情况作现场记录和现场处理，并将现场记录和处理情况于当日报广交会业务办。

（5）检查单位对展品进行检查时，参展企业（当事人）须按要求提供有关资料，说明情况，并对检查记录确认签字。对拒检者，其展品视为违规展品，并根据本办法第3条第（6）款的规定给予处罚。

（6）对出现违规展品的参展企业，分别给予下列处罚：

①已查明属违规的展品，按以下两类情况处罚：

属超出展位范围摆放的展品，由参展企业在当天自行完成整改，将该展品放入展位范围内或清理出展场，在当天不自行整改的，由广交会指定机构暂扣或统一清理出展场，统一清理出展场的运费，及暂扣期间产生的管理费、保管费等所有费用，由参展企业所在交易团和参展企业自行承担。如受场地限制等特殊因素无法整改的，对超出正常展位摆放范围的展览面积，按所在展区每平方米展位费的三倍予以罚款。

除上述情况外，其他违反参展展品管理规定的展品，由参展企业立即自行撤下，不自行撤下的由广交会指定机构予以暂扣或没收。

②拒不执行上述处罚的，视情节轻重再给予下列追加处罚：通报批评；取消其两届广交会参展资格，对性质严重的永久取消其参展资格。

（7）举报人或当事人如对处理有异议，可向广交会申诉或依照有关法律、法规进行申诉。

（三）广交会知识产权规则

1. 总则

为加强广交会期间知识产权保护，维护正常交易秩序，保护参展企业和知识产权权利人的合法权益，根据国家有关法律、行政法规和规章制定广交会知识产权规则，仅适用于在广交会期间发生在展馆内的涉嫌侵犯知识产权（以下简称"涉嫌侵权"）的投诉及处理。

广交会通过交易团与参展企业签订《广交会展位使用责任书》，约定知识产权保护条款，各参展企业应当在广交会上严格履行承诺的知识产权保护义务。

2. 投诉管理

（1）广交会业务办设立的知识产权和贸易纠纷投诉接待站（以下简称"投诉站"）负责当届、当期的知识产权相关内容投诉及处理。广交会邀请政府有关知识产权行政执法部门或相关机构派员以专家身份驻会参加投诉站的工作，投诉站根据专家意见对投诉做出处理。各交易团、商（协）会应当做好展前及展中的知识产权自查自纠工作，并配合投诉站，对涉嫌侵权且拒绝配合投诉站查处的参展企业进行教育和处理。

（2）广交会参展企业对其展品、展品包装、宣传品及展位的其他展示部位拥有知识产权或有授权的，应当带上相关的权属证明文件或权属证明文件和授权文件前来参展，以备必要时接受大会的检查。

（3）投诉人如按照本办法向广交会提出投诉，并要求广交会对被投诉人按本办法处理，应当同意支付广交会各相关单位因处理该投诉而引致的费用，投诉不成立的，投诉人应赔偿被投诉人可能因此造成的损失。

3. 投诉程序

（1）持有参加当届广交会有效证件的与会人员，在展馆内发现展位上陈列摆放的展品、展品包装、宣传品及任何展示部位涉嫌侵权，可到投诉站投诉。对不通过投诉站，擅自与涉嫌侵权方进行交涉而影响展馆秩序的，按违反大会展场秩序管理规定处理。

（2）投诉人投诉，应当首先向投诉站出示权属证明文件或权属证明文件和授权文件。有关文件经投诉站工作人员审验有效后，投诉人应按要求填写《提请投诉书》。

（3）上届投诉站处理过的知识产权投诉而本届再次发现的同一侵权个案，投诉人还应出示在上届广交会闭幕后通过法律途径跟踪处理的法律文件。投诉人不能出示相关文件的，投诉站可以不予受理。投诉站一般不受理同一投诉人就同一知识产权向同一被投诉人提出的重复投诉。

（4）投诉站收到《提请投诉书》后，即安排投诉站工作人员处理投诉。被投诉人应以在广交会正式备案的参展企业代表协助投诉站处理投诉事宜。

（5）投诉站对个案查处过程中，被投诉人应协助投诉站工作人员对被投诉物品进行查验。经查验认定被投诉物品涉嫌侵权后，被投诉人应当立即出示证据以证明其拥有被投诉内容的合法权属，做出不侵权的举证。

（6）被投诉人不能当场对涉嫌侵权的物品做出"不侵权"有效举证的，投诉站工作人员对涉嫌侵权的物品作暂扣或撤展处理。同时被投诉人应立即签署《承诺书》，承诺自被认定涉嫌侵权起，如不能提供有效举证，不再展出该涉嫌侵权物品。《承诺书》一式两份，分别由被投诉人和投诉站保存。

（7）被投诉人对投诉站的处理结果有异议的，可在一个工作日内（以广交会会场作息时间表为准）到投诉站提出不侵权的补充举证。举证有效的，投诉站立即允许其继续展出被投诉物品；举证无效或不作补充举证的，维持原处理决定。

（8）当届广交会结束后，投诉站应及时将当届受到广交会处理的涉嫌侵权参展企业名单分别抄送相关交易团和商（协）会备案。

4. 处理办法

（1）发生在展位上的涉嫌侵权行为，由在广交会正式备案分配使用该展位的参展企业承担责任并接受大会的处理。联营企业涉嫌侵权的行为比照参展企业进行处理，名单一并送交易团。

（2）投诉站按本办法规定程序对知识产权投诉进行处理，不能做出"不侵权"有效举证的参展人，被认定为"涉嫌侵权"企业，投诉站终止其涉嫌侵权物品展出。方式包括参展人自撤涉嫌侵权物品及投诉站暂扣涉嫌侵权物品。

（3）投诉站对发生涉嫌侵权行为的参展企业进行电脑记录备案并报交易团。一个企业在一期广交会内涉嫌侵权3个以上权属号的，予以交易团通报。对在同一展区内，连续两届或两年内累计三届发生专利、版权涉嫌侵权行为或累计两届发生商标侵权行为的参展企业，进行交易团通报。获两次通报企业，按侵权摊位占该参展企业摊位比例扣减或取消该企业六届广交会参展摊位，并进行大会通报。

（4）被投诉人（参展商）对投诉站的查处工作拒绝合作的、态度恶劣的，在劝说无效的情况下，投诉站可以会同大会保卫处收缴当事人的参展证件，并可视情节轻重对该企业进行交易团通报、大会通报、酌情扣减其下一届广交会摊位或直接取消下一届参展资格。

（5）投诉站对涉嫌侵权物品做出处理后，如发现涉嫌侵权参展企业在同一展位再次展出同样的涉嫌侵权物品，大会可立即没收该展位全体业务人员的参展商证。

（6）有生效的司法判决或行政裁决认定为侵权而又将其侵权展品、展品包装、宣传品等摆上广交会展位的；或曾被取消多届广交会参展资格，恢复参展后又再一次涉嫌侵权的，将永久取消该企业的广交会参展资格并进行大会通报。

（7）对在同届广交会期间，涉及10家企业以上同时侵犯1个权属号的（即大面积侵权），视情况进行大会通报，并送相关交易团和商（协）会备案。

5. 术语释义

（1）这里的知识产权包括版权及相关权利、商标权、专利权。

（2）参展企业是指在广交会正式备案使用展位的参展企业（即展位楣板所列公司）。直接涉嫌侵权企业为该参展企业本身/子公司/联营单位/供货单位/协作单位的，本办法涉及的"处理办法"所列各项对涉嫌侵权企业的处理，除由该参展企业承担外，相关涉嫌侵权企业比照参展企业一并处理。

（3）联营企业是指与参加广交会的流通型企业有联合经营或供货关系的非流通企业。

（4）证明文件是指证明知识产权权属文书，包括国家有关法律、法规中要求的证明文件，以及投诉站根据实际情况要求投诉人或被投诉人出示的证明文件。

投诉站建立档案系统，对每届广交会的有关投诉数据进行统计分析，并将每期情况向有关部门进行通报。

（四）广交会出口展位使用主要管理规定

1. 展位使用要求

（1）各省、自治区、直辖市、计划单列市和部分城市商务主管部门负责组织本地区企业以地方交易团形式参展。商务部外贸发展事务局组织中央企业以中央企业交易团形式参展。

（2）广交会出口展展位仅限已经审核合格并获得参展展位的企业（简称参展企业）使用。

（3）参展企业须如实在广交会网络管理系统进行备案登记，按广交会规定使用展位，并承担相应的责任。

（4）广交会严禁违规转让或转租（卖）展位，以及展览期间空置展位。展位实际使用者须与展位楣板标明的参展企业一致。

（5）交易团负责本团展位使用的管理，并与本团参展企业签订广交会出口展展位使用责任书。

（6）参展企业指定专人负责展位使用。展位负责人须为该展位参展企业正式工作人员并具有广交会核发的当届参展商证。

（7）参展企业每届广交会按规定时间将展位负责人情况录入广交会网络管理系统。每位展位负责人只能负责本企业在某一展区的一个或多个连片展位，工作时间必须在岗，并有责任配合相关部门对出口展展位使用情况进行检查。

（8）流通型企业在申请某一展区的展位数量超过1个时，可与有联合经营或供货关系的非流通企业（联营/供货单位）共同参展（联营参展），并须一并提交有关材料。同一展区最多可申请与两家非流通企业共同参展。通过审核并获得参展展位后，流通型企业为参展企业，非流通企业为联营（供货）单位。

（9）联营参展时，展位楣板上只允许列明参展企业名称，同时由中国对外贸易中心（以下简称外贸中心）制作包括联营（供货）单位信息的参展证明。参展企业不得以任何名义向联营（供货）单位收取超出正常展位费用的任何费用。

（10）品牌展区禁止企业联营参展。

2. 展位使用的监督检查

（1）相关商（协）会会同地方商务主管部门和外贸中心组成出口展展位联合检查组（简称展位检查组），对违规转让或转租（卖）出口展展位情况进行检查。大会政工办、业务办可视需要派员参加。展位检查组职责由大会政工办、业务办拟定，并监督指导。

（2）大会政工办负责违规转让或转租（卖）出口展展位的初步认定，以及展位归属纠纷案件的接收和跟踪处理；大会业务办负责展位归属、展位空置、违规转让或转租（卖）出口展展位的认定与处理。大会政工办和业务办每届广交会的工作时间为4月10日至当届广交会闭幕和10月10日至当届广交会闭幕。

（3）筹展及参展期间出现的展位归属纠纷，按以下程序处理：展位归属纠纷相关交易团报大会政工办；大会政工办接案后通知大会业务办核查纠纷展位归属，业务办向政工办出具归属认定书；大会政工办负责形成、下发展位归属纠纷处理决定，跟踪处理过程并将处理结果反馈相关交易团；如认定为违规转让或转租（卖）展位的，转大会业务办下发处理通知；大会保卫办负责执行处理决定，确保所认定参展企业的正常参展，会同证件中心收缴违规人员证件并将违规人员及单位列入办证黑名单，严格禁止违规人员处理期内进馆，必要时协调公安机关强制执行。同时，扣减违规办证单位的自下届起连续4届的办证数量，按违规证件种类和数量相应扣减。

3. 展位违规使用的认定

（1）存在以下情况的，视为违规转让或转租（卖）展位：以非参展企业的名义对外签约；在出口展展位内派发或展示非参展企业的宣传资料，包括印有非参展企业名称的名片、宣传非参展企业或其产品的网站、光盘或纸质材料等；以任何方式将出口展展位转让、转售、分包、分租；未报、虚报、假报出口展展位负责人，或未按要求办理出口展展位负责人变更手续；参展企业无法提供与广交会备案登记企业信息资料相符的广交会参展证明牌或其他证明材料；经展位检查组确认的其他违规转让或转租（卖）展位的行为。

（2）联营参展存在以下情况的，也视为违规转让或转租（卖）展位：参展企业向联营（供货）单位收取超出正常展位费用的其他费用；一个联营展位内联营（供货）单位超过1家的；在出口展展位内派发或展示非参展企业或非备案联营（供货）单位的宣传资料，包括印有非参展企业或非备案联营（供货）单位名称的名片、宣传非参展企业或非备案联营（供货）单位或其产品的网站、光盘或纸质材料等；参展企业未在出口展展位内摆放包括联营（供货）单位信息的参展证明；联营参展超出流通型企业与非流通型企业联营类型限制范围；经展位检查组确认的其他违规转让或转租（卖）展位的行为。

（3）在展览期间无企业参展的空置展位，经大会现场服务监督检查组初步认定后，由大会业务办确认并处理。因不可抗力造成展位空置，须由交易团书面说明原因，经确认后可免于处理。

4. 展位违规使用的处理

（1）对违规转让或转租（卖）出口展一般性展位的参展企业，按以下办法处理：取消从下届起连续4届在违规所属出口展区的参展资格并相应扣减所属交易团展位基数，至下次展位基数重核时为止；处理结果在《广交会通讯》上通报；取消所属交易团获得当届组展表彰对象的资格。

（2）对违规转让或转租（卖）出口展品牌展位的参展企业，取消其从下届起连续15届在违规所属出口展区品牌展位的参展资格，并取消其相应届数内在违规所属出口展区品牌展位的评选资格。

（3）对被认定违规空置展位的参展企业，按以下办法处理：空置一般性展位，取消其从下届起连续两届广交会的参展资格，并相应扣减相关交易团出口展展位基数，有效期至下次各交易团出口展一般性展位基数重核为止；空置品牌展位，其空置展位所在展区的品牌展位全部收回重新安排，直至下次品牌重新评审为止；取消空置展位所属交易团获得当届组展表彰对象的资格；空置展位的展位费全额收取，不予退回。

（4）对有企业违规使用出口展展位的交易团，将予以重点检查；对当届有超过1家企业违规使用出口展展位的交易团，在《广交会通讯》上通报批评。

（5）主动报告或主动查处本团违规转让或转租（卖）出口展展位行为以及展位归属纠纷的交易团，免予通报批评，不扣减其出口展展位基数。

（6）查处回收的出口展品牌展位，按出口展品牌展位安排办法安排，有效期至下次品牌展位重新评审前为止；查处回收的一般性展位，在当届广交会组展工作获表彰的交易团范围内安排，有效期为下次各交易团出口展一般性展位基数重核为止。查处回收展位有其他特殊安排的情况除外。

二、跨境电商规则

跨境电商将成为国际贸易发展最为可期的增长点，但是在蓬勃发展的同时，新类型纠纷也层出不穷。这就需要跨境电商平台不断制定、完善相应规则，如知识产权规则、禁限售规则等，以促进平台的健康平稳发展。下文将主要以阿里巴巴国际站为例作具体展开。

（一）阿里巴巴国际站知识产权规则

1. 知识产权侵权行为

阿里巴巴国际站用户不得利用网站服务从事侵犯他人知识产权的行为，包括一般侵权行为和严重侵权行为。

一般侵权行为包括在所发布的商品信息或店铺、域名等中不当使用他人商标权、著作权等权利，发布、销售商品涉嫌不当使用他人商标权、著作权、专利权等权利，所发布的商品信息或所使用的其他信息造成其他用户的混淆或误认。

严重侵权行为包括发布、销售未经著作权人许可复制其作品的图书、音像制品、软件，发布、销售非商品来源国的注册商标权利人或其被许可人生产的商品。

2. 知识产权侵权行为的处理

（1）一般侵权行为的处理见表 3 - 2。

表 3 - 2 一般侵权行为的处理

触发原因	处理
图片盗用投诉	首次投诉 5 天内算一次（不扣分），第六天开始，每次投诉成立扣 6 分，一天内若有多次投诉扣一次分。时间以投诉结案时间为准。
权利人投诉	首次投诉 5 天内算一次（不扣分），第六天开始，每次被同一知识产权投诉成立扣 6 分，一天内若被同一知识产权多次投诉成立扣一次分。时间以投诉受理时间为准。
平台抽样检查	每退回或删除 1 次扣 0.2 分，一天内扣分不超过 6 分；发布涉嫌侵权的品牌衍生词和发布涉嫌侵权信息且类目错放的，每退回或删除 1 次扣 2 分，一天内扣分不超过 12 分：

对应的账号处理标准（除特别说明外，阿里巴巴国际站全站的罚分累加计算）见表 3 - 3。

表 3 - 3 对应的账号处理标准

扣分累计	处理方式	备注
6 分	严重警告	邮件通知
12 分	搜索屏蔽 7 天 & 旺铺屏蔽 7 天	邮件通知和系统处罚
24 分	搜索屏蔽 14 天 & 旺铺屏蔽 14 天	
36 分	搜索屏蔽 21 天 & 旺铺屏蔽 21 天	
48 分	关闭账号	/

（1）分数按行为年累计计算，行为年是指每项违规行为的扣分都会被记 365 天。已被关闭账号处罚的除外。

（2）用户累计罚分达到 24 分或以上的，阿里巴巴有权拒绝或限制用户参加阿里巴巴国际站的各类推广、营销活动或产品/服务的使用。

（3）下架商品在投诉举报及平台抽样检查范围之内，如有违规会按照相关规则处罚。

（4）如用户违规情节特别严重，阿里巴巴有权立即单方解除合同、关闭账号且不退还剩余服务费用；并有权做出在阿里巴巴国际站及/或其他媒介进行公示、给予关联处罚及/或永久不予合作等的处理。

（2）严重侵权行为的处理见表 3 - 4。

表 3 - 4 严重侵权行为的处理

被投诉情况	累计被投诉次数	处理方式
首次被投诉，5 天内算一次	1 次	严重警告
第二次被投诉	2 次	搜索屏蔽 7 天 & 旺铺屏蔽 7 天
第三次被投诉	3 次	搜索屏蔽 14 天 & 旺铺屏蔽 14 天或关闭账号
第四次被投诉	4 次	关闭账号
注意：若被投诉方被同一权利人的同一知识产权累计投诉 3 次，账号会直接被关闭。		

3. 知识产权侵权处罚规则解读

（1）2015 年 4 月 1 日新规则正式实施前已产生的处罚将如何处理？

一般知识产权侵权行为不做调整，新规则上线之前已产生的一般侵权处罚积分不受影响，将继续进行累计。新规则上线之后，就严重侵权行为，之前已产生的严重侵权处罚不累计至新规则处罚体系中。

（2）被知识产权权利人投诉后，该如何处理？

当用户被权利人主张的知识产权发起投诉之后，平台会第一时间告知，用户须进行知识产权学习。用户在接到每一次投诉通知时，都应立即进行处理，即如认为未侵权，则请在投诉系统中发起反通知；如确认侵权，则请自查侵权信息，并对发布的其他涉嫌侵犯他人知识产权的产品信息及时进行删除处理。

（3）品牌列表参考

https：//service. alibaba. com/supplier/faq_detail/14465882. htm

（二）阿里巴巴国际站禁限售规则

阿里巴巴国际站平台禁止发布任何含有或指向性描述禁限售信息。任何违反本规则的行为，阿里巴巴有权依据《阿里巴巴国际站禁限售规则》（2017 年 5 月 9 日修订版）进行处罚。用户不得通过任何方式规避本规定、平台发布的其他禁售商品管理规定及公告规定的内容，否则可能将被加重处罚。处罚原则及具体扣分标准参考链接（阿里巴巴国际站禁限售商品目录）

1. 违禁信息列表

平台用户不得在阿里巴巴国际站平台发布任何违反任何国家、地区及司法管辖区的法律规定或监管要求的商品。

平台禁止发布或限制发布的部分信息列表见表 3 - 5，仅供用户参考。但不能保证完整性、及时性和准确性。平台有权利根据法律规定、监管要求及平台自身规定对下列信息做增删和修改。同时，平台用户有义务确保自己发布的商品没有违反任何司法管辖区的要求。

除非特殊说明，阿里巴巴国际站的禁限售规则同时适用于信息发布及《阿里巴巴国际站交易服务协议》中规定的线上交易行为。

若中文版与英文版公告、公告内容与阿里巴巴平台其他规则存在差异，或有其他不尽详细事宜，阿里巴巴拥有最终解释权。

表 3 - 5 平台禁止发布或限制发布的部分信息列表

（一）毒品、易制毒化学品及毒品工具【解读】	
1. 麻醉镇定类、精神药品、天然类毒品、合成类毒品、一类易制毒化学品	严重违规，扣 48 分
2. 二类易制毒化学品、类固醇	一般违规，6 分/次
3. 三类易制毒化学品	一般违规，2 分/次
4. 毒品吸食、注射工具及配件	一般违规，2 分/次
5. 帮助走私、存储、贩卖、运输、制造毒品的工具	一般违规，1 分/次

6. 制作毒品的方法、书籍	一般违规，1 分/次
（二）危险化学品【解读】	
1. 爆炸物及引爆装置	严重违规，扣 48 分
2. 易燃易爆化学品	一般违规，6 分/次
3. 放射性物质	一般违规，6 分/次
4. 剧毒化学品	一般违规，6 分/次
5. 有毒化学品	一般违规，2 分/次
6. 消耗臭氧层物质	一般违规，1 分/次
7. 石棉及含有石棉的产品	一般违规，1 分/次
8. 剧毒农药	一般违规，1 分/次
9. 烟花爆竹、点火器及配件（限售）	一般违规，0.5 分/次
（三）枪支弹药【解读】	
1. 大规模杀伤性武器、真枪、弹药、军用设备及相关器材	严重违规，扣 48 分
2. 仿真枪及枪支部件	一般违规，6 分/次
3. 潜在威胁工艺品类	一般违规，2 分/次
（四）管制器具【解读】	
1. 刑具及限制自由工具	一般违规，6 分/次
2. 管制刀具	一般违规，6 分/次
3. 严重危害他人人身安全的管制器具	一般违规，6 分/次
4. 弩	一般违规，6 分/次
5. 一般危害他人人身安全的管制器具	一般违规，2 分/次
（五）军警用品【解读】	
1. 制服、标志、设备及制品	一般违规，2 分/次
2. 限制发布的警用品（限售）	一般违规，0.5 分/次
（六）药品【解读】	
1. 处方药、激素类、放射类药品	一般违规，6 分/次
2. 特殊药制品	一般违规，6 分/次
3. 有毒中药材	一般违规，2 分/次
4. 口服性药及含违禁成分的减肥药、保健品	一般违规，2 分/次
5. 非处方药（限售）	一般违规，0.5 分/次
（七）医疗器械【解读】	
1. 医疗咨询和医疗服务	一般违规，6 分/次
2. 三类医疗器械（限售）	一般违规，0.5 分/次
（八）色情、暴力、低俗及催情用品【解读】	
1. 涉及兽交、性虐、乱伦、强奸及儿童色情相关信息	严重违规，扣 48 分
2. 含有色情淫秽内容的音像制品及视频、色情陪聊服务、成人网站论坛的账号及邀请码	严重违规，扣 48 分
3. 含真人露点及暴力图片	一般违规，2 分/次
4. 原味产品	一般违规，0.5 分/次
5. 宣传血腥、暴力及不文明用语	一般违规，0.5 分/次
（九）非法用途产品【解读】	
1. 用于监听、窃取隐私或机密的软件及设备	一般违规，6 分/次
2. 信号干扰器	一般违规，6 分/次

3. 非法软件及黑客类产品	一般违规，2分/次
4. 用于非法摄像、录音、取证等用途的设备	一般违规，2分/次
5. 非法用途工具（如盗窃工具、开锁工具、银行卡复制器）	一般违规，2分/次
6. 用来获取需授权方可访问的电视节目、网络、电话、数据或其他受保护、限制的服务的译码机或其他设备（如卫星信号收发装置及软件、电视棒）；	一般违规，2分/次
（十）非法服务【解读】	
1. 政府机构颁发的文件、证书、公章、勋章，身份证及其他身份证明文件，用于伪造、变造相关文件的工具、主要材料及方法	严重违规，扣48分
2. 单证、票证、印章、政府及专门机构徽章	严重违规，扣48分 一般违规，6分/次
3. 金融证件、银行卡，用于伪造、变造相关的工具、主要材料及方法；洗黑钱、非法转账、非法集资	严重违规，扣48分 一般违规，2分/次
4. 涉及伪造证件类及金融类证件的相关敏感信息	一般违规，6分/次
5. 个人隐私信息及企业内部数据；提供个人手机定位、电话清单查询、银行账户查询等服务	一般违规，2分/次
6. 法律咨询、彩票服务、医疗服务、教育类证书代办等相关服务	一般违规，2分/次
7. 追讨服务、代加粉丝或听众服务，签证服务（代办签证服务限售）	一般违规，0.5分/次
（十一）收藏类【解读】	
1. 货币、金融票证，明示或暗示用于伪造、变造货币、金融票证的主要材料、工具及方法；	严重违规，扣48分 一般违规，6分/次 或0.5分/次
2. 虚拟货币（如比特币）	一般违规，6分/次
3. 金、银和其他贵重金属	一般违规，2分/次
4. 国家保护的文物、化石及其他收藏品	一般违规，2分/次
（十二）人体器官、保护动植物及捕杀工具【解读】	
1. 人体器官、遗体	严重违规，扣48分
2. 重点和濒危保护动物活体、身体部分、制品及工具	一般违规，2分/次
3. 鲨鱼、熊、猫、狗等动物的活体、身体部分、制品及任何加工机器	一般违规，2分/次
4. 重点和濒危保护植物、制品	一般违规，1分/次
（十三）危害国家安全及侮辱性信息【解读】	
1. 宣扬恐怖组织和极端组织信息	严重违规，扣48分
2. 宣传国家分裂及其他各国禁止传播发布的敏感信息	严重违规，扣48分
3. 涉及种族、性别、宗教、地域等歧视性或侮辱性信息	一般违规，2分/次
4 其他含有政治色彩的信息	一般违规，0.5分/次
（十四）烟草【解读】	
1. 成品烟及烟草制品	一般违规，6分/次
2. 电子烟液	一般违规，6分/次
3. 制烟材料及烟草专用机械（限售）	一般违规，0.5分/次
（十五）赌博【解读】	
1. 在线赌博信息	一般违规，2分/次

2. 赌博工具	一般违规, 2分/次
（十六）制裁及其他管制商品【解读】	
1. 禁运物	一般违规, 2分/次
2. 其他制裁商品	一般违规, 2分/次
（十七）违反目的国产品质量技术法规/法令/标准的、劣质的、存在风险的商品【解读】	
1. 经权威质检部门或生产商认定、公布或召回的商品；各国明令淘汰或停止销售的商品；过期、失效、变质的商品、无生产日期、无保质期、无生产厂家的商品	一般违规, 2分/次
2. 高风险及安全隐患类商品	一般违规, 1分/次

2. 违规处理

平台有权根据发布信息本身的违规情况及会员行为做加重处罚或减轻处罚的处理。

恶意行为包括但不限于采用对商品信息隐藏、遮挡、模糊处理等隐匿的手段，采用暗示性描述或故意通过模糊描述、错放类目等方式规避监控规则，同时发布大量违禁商品，重复上传违规信息，恶意测试规则等行为。对于恶意违规行为将视情节的严重性做加重处罚处置，如一般违规处罚翻倍，或达到严重违规程度，将关闭账号。

一般违规加重处罚：对于被认定为恶意行为的一般违规将做加重处罚处理（如发现同类重复违规行为，二次处罚分数加倍）

账号处罚标准见表3-6，除特别说明外，阿里巴巴国际站全站的罚分累加计算。

表3-6 账号处罚标准

累计罚分	处罚方式	备注
6分	严重警告	邮件通知
12分	搜索屏蔽7天 & 旺铺屏蔽7天	
24分	搜索屏蔽14天 & 旺铺屏蔽14天	邮件通知和系统处罚
36分	搜索屏蔽21天 & 旺铺屏蔽21天	
48分	关闭账号	

分数按行为年累计计算，行为年是指每项违规等级的扣分都会被记365天。已被关闭账号处罚的除外。

用户累计罚分达到24分或以上的，阿里巴巴有权拒绝或限制用户参加阿里巴巴国际站的各类推广、营销活动或产品/服务的使用。

用户违规情节特别严重（包括但不限于采用对商品信息隐藏、遮挡、模糊处理等隐匿的手段规避平台管理，经平台合理判断账号使用人本人或其控制的其他账号已因严重违规事件被处罚，账号使用人本人或其控制的其他账号被国内外监管部门立案调查或虽未立案但平台有理由认为有重大嫌疑等等严重影响平台管理秩序或造成一定负面影响的情况），阿里巴巴有权立即单方解除合同、关闭账号且不退还剩余服务费用；并有权做出在阿里巴巴国际站及/或其他媒介进行公示、给予关联处罚及/或永久不予合作等的处理。

处罚执行期间，停止处罚积分累计，请做好排查删除。

（1）一般违规，一天内（即首次违规处罚时间起24小时内）累计扣分不超过12分。经平台合理判断，会员存在恶意行为或对平台造成恶劣影响的除外。

（2）严重违规，每次扣48分，关闭账号。

（3）全部在线商品及下架商品均在"平台抽样检查"范围之内，如有违规会按照相关规则处罚。

（4）以上商品列举并没有尽录全部不允许在阿里巴巴国际站展示的商品。

（5）阿里巴巴国际站亦将不时予以调整。

（三）如何预防知识产权侵权

在传统的国际贸易活动中，大多是国外卖家采取大批量订货的方式完成，进口商通常在进口商品前主动进行知识产权调查和风险防范，进行知识产权的把关，国内出口商虽然没有过多关注知识产权问题，但也不太会存在知识产权侵权风险。然而，与传统的外贸模式不同，跨境电商中，卖家以中小企业为主，甚至是很多自然人，他们往往缺乏有关知识产权方面的专业知识，而面对的国外买家也具有不特定性，因此知识产权问题变得更为突出。

近几年，通过人民法院受理的电子商务知识产权纠纷案件来看，案件数量呈逐年上升趋势、其中又以侵犯"商标权和著作权"的知识产权案件为最多。根据跨境B2C平台eBay的统计数据，中国跨境电商企业在eBay平台完成的跨境交易中，投诉率为5.8%，而全球平均水平为2.5%，我国的企业被投诉率远远高于国际水平，甚至一些国际大型电商平台专门针对中国跨境电商企业指定了准入的歧视性条款，需要支付更高的平台佣金或者实施相比其他电商企业更严厉的侵权处罚措施。

目前跨境电商侵权主要表现在以下几个方面。首先是现行网络假货横行，侵犯商标权的现象大量发生；其次是在网络产品的传播方面，擅自使用其他网站的LOGO、图片、视频、原创内容等，或者模仿其他网站模板，采用相似域名等行为，这对消费者造成了严重误导，同时也对侵权的品牌带来了负面的影响；此外是网络诈骗，主要表现在恶意钓鱼或者欺诈网站，其主要通过技术手段来制作钓鱼网站，通过低价、广告等形式来诱导消费者进行消费。

1. 阿里巴巴国际站等平台对知识产权侵权行为的认定

首先必须在了解知识产权的具体权利类型的基础上，知晓哪些行为属于知识产权侵权以及一些常见的知识产权侵权形态。同时，商家还应做好商品来源管理，平台也应积极加以应对。

知识产权包含有著作权、商标权、专利权、企业名称权、字号权、商业秘密、知名商品特有名称、包装、装潢等，对应的专门法律有著作权法、商标法、专利法、反不正当竞争法等。阿里巴巴国际站平台严禁用户未经授权发布、销售涉及侵害第三方知识产权的商品。知识产权侵权行为包括但不限于以下三类：

（1）著作权侵权：即未经著作权人同意，亦无法律依据，擅自使用他人作品，侵害他人著作权合法权能的行为。

（2）商标侵权：即未经商标权人许可，在注册商标核定使用的相同商品上使用相同商标，或在相同商品上使用近似商标、在类似商品上使用相同或近似商标且容易引起相关公众混淆误认的行为，以及其他法律规定如销售商标侵权商品等损害商标权人合法权益的行为。

（3）专利侵权：未经专利权人许可，为生产经营目的，以制造、许诺销售、销售等方式实施有效专利，且缺乏阻止侵权的有效抗辩事由的行为。

知识产权侵权行为主要包括但不限于以下表现形态：

（1）在产品标题、描述或店铺名称中使用知名品牌名称或衍生词，或明示或暗示模仿某知名品牌；

（2）产品图片中含有知名品牌名称或衍生词、标识或相似标识，使用图片处理工具遮掩全部或部分标识；

（3）模仿知名品牌代表性图案、底纹和款式的疑似产品；

（4）卖家产品链接被知识产权所有人或拥有合法权利授权的第三方投诉，未能提供有效、合理的证明或反通知；

（5）音像制品，中国大陆会员需提供相关政府部门颁发的音像制品经营许可证，未能提供的；

（6）原设备厂商软件、学术软件等，需提供相关政府部门颁发的有效销售许可证明，未能提供的；

（7）其他侵犯第三方知识产权的行为。

2. 商家应积极做好产品来源管理

在我国电子商务快速发展的今天，也伴随滋生了电商平台上的山寨和假冒侵权问题。这种行为目前在国内可能可以取得高于侵权成本的收益，但随着我国知识产权制度的日益完善，打击力度的不断加强，从长远发展来看，在产品的选择上，还是应该严格遵守知识产权保护规则，选择合法产品进行销售。

此外，根据我国商标法或专利法规定的合法来源抗辩制度，平台上的销售商若能妥善、有效保存进货依据，即有可能证明所销售侵权产品的合法来源。在面临侵权指控时，有很大机会只需停止销售，因有合法来源而免于赔偿，这也是加强商品来源管理重要性的体现。

随着电子商务的推广发展，也有一些新型的知识产权形式随之产生，如多媒体作品、数据库、网页设计等受著作权保护的对象和计算机技术等受专利法保护的发明创造等。参与电子商务的权利人拥有的权利内容也逐渐发生了变化，如作者对其作品享有信息网络传播权等。企业在经营活动中还需要会识别新类型的知识产权，并树立起充分尊重知识产权的意识，尽量避免不恰当地使用各种技术手段而导致的知识产权侵权。

3. 加大跨境电商平台对相关知识产权内容事前审查的力度

首先，电商平台应加强对用户身份的审查。如某个网络用户声称其为某知名品牌的网络代理商或授权商，跨境电商平台应要求其提供相关证明文件，并对该文件的真实性向权利人进行核实。如果资料确为伪造，电商平台应禁止该用户入驻。其次，跨境电商平台还应加强对于特定情形下商品信息的审查。如对于知识产权知名度极高、被控侵权产品事实极为明显的情形，例如侵权信息处于网站首页、其他主要页面或其他可为电商平台明显所见的位置、电商平台对侵权信息进行了特别的推荐或编排等。电商平台应主动对商品信息进行审查，而不必等接到权利人的投诉通知再处理。如电商平台未履行事前审查，应与侵权者对权利人承担连带责任。

4. 建立企业跨境电商风险审查机制

（1）加强对通知删除规则的研究和灵活应用

通知删除规则可以帮助权利人有效、快速制止侵权。对于被投诉的网络卖家而言，如果一被投诉就立刻遭受删除链接的制裁，会有失平台商的信誉，影响平台做大。从删除链接给卖家造成的损失来看，商品信息一旦被删除，卖家不仅无法销售该商品，更可能在瞬息万变的竞争中丧失交易机会、降低用户评价和信用度，进而给其带来致命打击。

跨境电商平台可以在接到权利人发来的投诉通知后，对通知中提及的侵权事实发生的可能性进行审查和判断，对于侵权可能性较大的，应在一定期间内采取相应措施，并将该通知转发给所涉的网络卖家。网络卖家在接到该通知后，可以在一定期间内，向电子商务平台发出反通知，由电子商务平台对通知与反通知进行综合审查判断，对于构成侵权可能性较大的，电子商务平台应继续采取删除、断链措施。对于构成侵权可能性不大的，应立即采取恢复链接等措施。无论如何应在接到通知或反通知的第一时间向对方转发。经过一轮通知与反通知，电子商务平台势必按照一方的意见采取了相应措施。对此，如果另一方提出异议并对跨境电商平台提起诉讼，平台商可以其接收到的通知及反通知材料等证明做到了普通经营者应尽的审查义务。

（2）用大数据思维监控海量商品信息的知识产权合法性

跨境电商经营者，尤其是大型综合平台服务商，可以自己开发系统软件，用大数据的思维筛选、抓取涉嫌侵犯知识产权的商品或者卖家信息，或者引入知识产权服务对其网络平台上的海量商品知识产权信息进行自我审查，并适时向相关人员发出侵权可能的提示信息、改进措施、扣分制度。对于确认侵权并拒不改正的卖家给予断链处罚，以警示和维护平台产品的正品信息形象，同时建立宽严适度的商品信息准入制度。

5. 建立跨境电商知识产权预警和保护平台

在政府层面，搭建集"风险预警、投诉举报、纠纷解决、信息发布、咨询指引"等功能于一体的面向社会各方主体的跨境电商知识产权预警和保护平台，为相关方的信息沟通、传递提供有效渠道，及时有效打击互联网领域侵犯知识产权的行为。筹建电子商务知识产权侵权预警中心、电子商务知识产权侵权纠纷解决中心。搭建知识产权法律法规与标准数据库、知识产权数据库、知识产权案件数据库、知识产权专家与机构数据库四个基础数据库。依托平台，有效整合侵权假冒相关法规、标准、主体信息、产品信息、知识产权信息、案例、专家等基础资源，立足打击网络环境下侵犯知识产权与制售假冒伪劣商品行为，面向社会提供开放式专业化公共服务。依托风险预警、举报投诉、监督查处、维权保护、咨询指引等功能模块，通过网上网下联动进行一体化统筹监管，实现对跨境电商侵犯知识产权行为的打击治理。

三、市场采购贸易规则

(一) 关于市场采购贸易监管办法及其监管方式有关事宜的公告

为促进浙江省义乌市市场采购贸易的健康稳定发展，规范对市场采购贸易的管理，根据《中华人民共和国海关法》和其他有关法律、行政法规，海关总署于 2014 年 7 月发布《关于市场采购贸易监管办法及其监管方式有关事宜的公告》。

（1）市场采购贸易方式是指由符合条件的经营者在经国家商务主管等部门认定的市场集聚区内采购的、单票报关单商品货值 15 万（含 15 万）美元以下、并在采购地办理出口商品通关手续的贸易方式。

以下出口商品不适用市场采购贸易方式：国家禁止、限制出口的商品；未在经认定的市场聚集区内采购的商品；未经市场采购商品认定体系确认的商品；使用现金结算的商品；贸易管制主管部门确定的不适用市场采购贸易方式的商品。

（2）地方政府应当将经国家商务主管等部门认定的市场集聚区范围及其商品城、专业市场和专业街名称和地址对外公告，同时向海关备案，并对备案信息的真实性负责。

（3）从事市场采购贸易的对外贸易经营者，应当在向市场所在地商务主管部门办理市场采购贸易经营者备案登记后，按照《中华人民共和国海关对报关单位注册登记管理规定》（海关总署令第 221 号）在海关注册登记。

（4）对外贸易经营者对其代理出口商品的真实性、合法性承担责任，负责对代理出口商品信息在市场采购商品认定体系中的录入，并通过认定体系提交商户予以确认。经市场采购商品认定体系确认的商品信息应当通过市场采购贸易综合管理系统与海关实现数据联网共享，海关依托市场采购贸易综合管理系统，对市场采购贸易出口商品实施监管。

（5）以市场采购贸易方式出口的商品，申报时在报关单"发货单位"栏除应填写对外贸易经营者单位名称外，需一并在"备注栏"填写采购人的身份信息（姓名、国籍和身份证或护照号码）。申报时除按规定提交相关纸质报关单证或电子数据信息外，一并提交完整的装箱清单、商户与采购人进行商品交易的原始单据、采购人身份证件复印件等纸质单证或电子数据信息。

（6）以市场采购贸易方式出口的商品，每票报关单随附的商品清单所列品种在 10 种以上的可按以下方式实行简化申报：对符合规定的商品，以中华人民共和国进出口税则中"章"为单位进行归并；每"章"按价值最大商品的税号作为归并后的税号，价值、数量等也相应归并。

有下列情形之一的商品不适用简化申报：属于出口货物通关单管理的；需征收出口关税的；海关另有规定不适用简化申报的。

适用简化申报措施的商品，对外贸易经营者及其代理人在向海关申报时应当提交市场采购贸易出口商品清单。

（7）市场采购贸易出口商品应当在符合《中华人民共和国海关监管场所管理办法》

规定要求的海关监管场所内办理商品出口手续。监管场所经营单位发现涉嫌走私违规行为的，应当主动报告海关。

（8）对于跨关区转关出口的市场采购贸易出口商品，对外贸易经营者或其代理人应当在采购地海关办理转关出口手续，并在出境地海关办理转关核销手续。

（9）对于跨关区转关出口的市场采购贸易出口商品，应当由在海关注册登记的承运人承运。出境地海关负责市场采购贸易商品出口转关运输的途中监管。

（10）采购地海关是指经认定的商品城、专业市场和专业街所在地的主管地海关。本公告中的市场集聚区是指各类从事专业经营的商品城、专业市场和专业街。

（11）增列海关监管方式代码"1039"，全（简）称"市场采购"，仅限于在义乌市市场集聚区（范围为义乌国际小商品城、义乌市区各专业市场和专业街）内采购的出口商品。

（二）义乌市市场采购贸易供货商备案实施细则（试行）

根据商务部等八部委联合发布《关于同意在浙江省义乌市试行市场采购贸易方式的函》（商贸函〔2013〕189号）、海关总署《关于市场采购贸易监管办法及其监管方式有关事宜的公告》（2014年第54号）和《义乌市人民政府关于印发〈义乌市市场采购贸易综合管理办法（试行）〉的通知》（义政发〔2014〕47号）精神，为落实供货商备案工作，2015年3月制定《义乌市市场采购贸易供货商备案实施细则（试行）》。

市场采购贸易供货商是指在市场集聚区内，为市场采购贸易提供货物的经营户。市场采购贸易供货商必须为市场集聚区内实际经营的经营户，包括拥有市场摊位经营权的经营户、市场内租赁摊位的经营户和各专业街的经营户。在市场集聚区范围内为市场采购贸易提供货物的经营户应当办理市场采购贸易供货商备案登记。未办理市场采购贸易供货商备案登记的，该经营户提供的货物不得以市场采购贸易方式出口。义乌市商务局负责市场采购贸易供货商的备案登记工作。市场监管局协助做好专业街市场采购贸易供货商的备案登记工作。

市场集聚区范围内的市场主办方负责所属市场内市场采购贸易供货商的备案登记和变更工作。专业街举办主体、电子商务园区和电子商务集聚区举办单位（以下称市场主办方）配合做好市场采购贸易供货商的备案登记和变更工作。

1. **市场采购供货商编号**

（1）设立市场采购供货商编号管理制度。凡完成市场采购贸易供货商备案登记的经营户，即分配一个市场采购供货商编号（简称"市场采购号"）。

（2）市场采购号为市场采购供货商的唯一身份标识，市场采购供货商凭市场采购号登录市场采购贸易联网信息平台（http://www.ywtrade.gov.cn，以下简称联网信息平台）。

（3）国际商贸城、各专业市场的市场采购号与市场采购供货商经营地址（商位号）对应。

（4）国际商贸城、各专业市场的市场采购号编码规则为市场集聚区编号＋商位号。商位号不足6位的，在商位号前加0补足6位。A/B型商位有多名经营户的，在商位号后加 C/D 等字母予以区分。单个商位有多名经营户的，在商位号后加 C/D 等字母予以区分。经营户同时经营多个办理税务登记的商位的，可分别以不同的商位号激活多个市场采购号。经营户同时经营多个已合并办理税务登记的商位的，只能选择其中一个商位号激活市场采购号。

（5）各专业街的市场采购号编码规则为市场集聚区编号＋备案顺序号。备案顺序号不足 6 位的，在备案顺序号前加 0 补足 6 位。

2. 备案登记

（1）市场采购贸易供货商备案分集体备案和个体备案。集体备案由市场主办方向市商务局备案登记，提交规定的材料和市场内经营户信息。个体备案由未进行集体备案的市场集聚区范围内的经营户向市商务局提交规定的材料进行备案登记。

（2）市场采购贸易供货商备案登记内容包括：市场集聚区、经营地址（商位号）；纳税人名称、纳税人识别号；市场采购贸易供货商的法定代表人及其身份证号码、手机号码；其他相关信息。

（3）市场采购贸易供货商集体备案登记程序如下：

①供货商预备案。商务局以国税税务登记数据为基础，在联网信息平台批量导入市场集聚区经营户纳税人名称、纳税人识别号、法定代表人、经营地址（商位号）等信息，完成供货商预备案。

②供货商激活账号。查找税务登记信息。经营户登录联网信息平台，在商户激活页面，输入"纳税人姓名及商位号（或纳税人识别号）"查找税务登记信息；补录备案信息。经营户补录市场集聚区、经营地址（商位号）、经营者名称（公司）、实际经营者姓名、实际经营者身份证号码、绑定手机号（接收交易信息短信）、用户密码等相关信息；分配市场采购号。联网信息平台根据经营户信息，按照市场采购号编码规则分配市场采购号。

③经营户激活操作通过系统验证，即完成市场采购贸易供货商备案。

（4）市场采购贸易供货商个体备案登记程序如下：

①经营户到商务局窗口提交以下材料：营业执照原件及复印件；税务登记证（国税）原件及复印件；实际经营者身份证原件及复印件、手机号码；市场采购贸易供货商备案登记表。

②市商务局对材料进行审核，符合条件的，当即办理备案登记手续。

3. 登记变更

（1）国际商贸城、各专业市场采购贸易供货商变换经营地址（商位号）的，经营户应当及时向市场主办方申请市场采购贸易供货商备案登记变更。市场主办方应当根据经营户的申请及时办理市场采购贸易供货商备案登记变更。

（2）市场主办方应加强商位管理，定期开展经营户变更情况调查，及时督促经营户办理市场采购贸易供货商备案登记变更。

（3）各专业街市场采购贸易供货商变换经营地址（商位号）的，应当按照本细则的规定重新办理市场采购贸易供货商备案登记，或按照本细则的规定办理市场采购供货商备案登记，获取新市场采购供货商编号。

4. 罚则

（1）经营户所对应的市场集聚区、税务登记、经营地址（商位号）已发生变更，经市场主办方通知仍不办理变更登记的，由市场主办方给予警告并采取相应的管理措施。经营户拒不办理变更的，由市场主办方提请市商务局冻结其市场采购贸易供货商账号1—3个月。

（2）市场采购贸易供货商账号冻结期间，该市场采购贸易供货商提供的货物不得以市场采购贸易方式出口。外贸公司（市场采购贸易经营者）为未办理市场采购贸易供货商备案登记或冻结市场采购贸易供货商账号的经营户以市场采购贸易方式出口商品的，由市商务局予以警告，情节严重的，撤销其市场采购贸易经营者备案登记。

（3）市场采购贸易供货商因重大违法违规行为被有关监管部门处罚的，有关监管部门可提请市商务局撤销其市场采购贸易供货商备案登记，市商务局在联网信息平台冻结其市场采购贸易供货商账号或注销其市场采购贸易供货商备案登记信息。

（4）市场采购贸易供货商有下列情形的，其市场采购贸易供货商备案登记自即日起自动失效，由市商务局在联网信息平台注销其备案信息：在市场监管局办理工商登记注销手续的；被市场监管局吊销营业执照的；在税务机关注销税务登记的；被税务机关认定为非正常户的。

课后练习

一、问答题

1. 当前跨境电子商务有哪些商业模式？
2. 如何预防跨境电商交易过程中的知识产权侵权行为？

二、操作任务题

1. 搜索与你所选载体产品有关的国内外主要展会。
2. 登录阿里巴巴国际站，了解国际站的业务流程。

第四章 国际贸易的法律与政策

学习目标

☞ 知识目标

- 熟悉我国规范和管理进出口贸易的主要法律制度
- 熟悉我国《对外贸易法》和《进出口货物原产地条例》等基本原则和制度
- 熟悉反倾销、反补贴和保障措施的适用条件和基本程序
- 掌握知识产权的概念、法律特征和基本类型
- 熟悉我国知识产权制度建设和知识产权海关保护制度
- 掌握产品、缺陷、产品责任等重要术语的含义
- 熟悉美国产品责任的归责原则、损害赔偿范围、抗辩事由和诉讼管辖等规定
- 了解欧盟产品责任指令的特点和主要内容以及我国产品责任立法发展趋势
- 熟悉国际贸易政策的内涵、自由贸易政策与保护贸易政策
- 熟悉各类关税与非关税措施
- 熟悉一国在国际贸易中所实施的各种具体的进口限制和出口促进、限制出口的措施

☞ 能力目标

- 能查找和运用我国《对外贸易法》和《进出口货物原产地条例》等具体规定
- 能根据我国对外贸易立法分析国家进出口贸易规范和管理的相关措施
- 能根据WTO及我国关于反倾销、反补贴和保障措施的规定防范贸易风险
- 能初步分析和解决国际贸易中的知识产权纠纷法律问题
- 能运用产品责任构成理论和归责原则分析国际产品责任争议
- 能分析美国、欧盟产品责任法对国际贸易的影响
- 能根据我国《产品质量法》等相关法律法规分析产品责任法律关系

第一节 国际贸易法律

导入案例

近日，海关总署公布了《2016年中国海关知识产权保护状况》（下称《保护状

66

况》），其中显示，全国海关 2016 年实际扣留进出境侵权嫌疑货物 1.74 万余批，涉及货物 4205.82 万余件。

《保护状况》显示，2016 年，全国海关不断提升执法效能，持续加大知识产权边境保护力度，全年共采取知识产权保护措施 1.95 万余次，其查扣侵权嫌疑货物呈现以下特点：以海关依职权主动查扣为主；以侵犯商标专用权货物为主，侵犯专利权货物持续增多；大多数涉嫌侵权货物在出口环节被查获；海运和邮递是查获侵权嫌疑商品的主要渠道；查获的侵权嫌疑商品以消费类为主；查扣涉嫌侵犯国内企业自主知识产权商品数量持续增长；进口环节查处侵犯知识产权案件呈上升趋势。

2016 年，全国海关在开展日常执法的同时，还适时开展了"中国制造"海外形象维护、出口电动平衡车知识产权保护、互联网领域侵权假冒治理等专项整治工作，着力打击危害性强、国际国内反响大的侵权行为，切实净化口岸环境，维护市场经济正常秩序。

《中国知识产权报》2017 年 5 月 19 日

讨论：什么是知识产权？如何保护知识产权？

一、对外贸易法

（一）中国对外贸易管理制度框架

中国对外贸易管理制度是指我国通过制定法律、法规，对货物进出口、技术进出口和国际服务贸易进行管理和控制的制度。1994 年 7 月 1 日生效的《对外贸易法》是我国第一部全面系统的外贸法律，规定了我国对外贸易的基本制度和基本原则，是我国管理对外贸易的基本法。

加入 WTO 之后，我国的贸易法律和政策就必须考虑我国入世的承诺。2004 年，我国从法律的主体、适用范围和法律规范等方面对《对外贸易法》进行了重大调整。修订后的《对外贸易法》于 2004 年 7 月 1 日起实施，共 11 章 70 条，是一部结构比较合理、内容相对完善的法律。2016 年，全国人大常委会对《对外贸易法》第十条第二款进行了修改。此外，国务院还修订了《货物进出口管理条例》、《反倾销条例》、《反补贴条例》和《保障措施条例》等。地方性法规和地方性规章被修改、废止的有数十万件。自此，《对外贸易法》、《货物进出口管理条例》、《技术进出口管理条例》、《反倾销条例》、《反补贴条例》和《保障措施条例》等法律规范共同构成我国对外贸易管理法律制度体系。

（二）我国《对外贸易法》概述

1. 《对外贸易法》的适用范围

我国《对外贸易法》适用于对外贸易以及与对外贸易有关的知识产权保护，调整货物进出口管理关系、技术进出口管理关系以及国际服务贸易管理关系。也就是说，《对外贸易法》不适用于处于平等地位的对外贸易经营者之间合同关系的调整。需要注意的是，我国《对外贸易法》不适用于中国香港、澳门、台湾等单独关税区。在大陆对港澳贸易方面，内地与2003年6月和2003年10月分别与香港和澳门签署了《内地与香港关于建立更紧密经贸关系的安排》以及《内地与澳门关于建立更紧密经贸关系的安排》（CEPA），以逐步减少或取消双方之间货物贸易的关税和非关税壁垒，逐步实现服务贸易自由化并促进贸易投资便利化。

2. 对外贸易经营权

（1）外贸经营许可制到备案登记制

根据我国入世承诺，必须在加入WTO后的3年内（即2004年12月11日前）取消对外贸易经营许可制度。为此，我国《对外贸易法》第9条规定，从事货物进出口或者技术进出口的对外贸易经营者，应当向商务部或者其委托的机构办理备案登记；但是，法律、行政法规和商务部规定不需要备案登记的除外。2004年6月，商务部发布了《对外贸易经营者备案登记办法》，实行全国联网和属地化管理。对外贸易经营者在本地区备案登记机关办理备案登记。备案登记与审批不同，只是一种程序性登记，即按规定填写《对外贸易经营者备案登记表》并提交有关登记材料后，登记机构就应当在规定的时限内予以登记。备案登记也是政府有效监管的手段，对外贸易经营者未按照规定办理备案登记的，海关不予办理进出口货物的报关验放手续。

（2）个人的对外贸易经营权

2004年《对外贸易法》第8条规定，对外贸易经营者，是指依法办理工商登记或其他执业手续，依照本法和其他有关法律、行政法规的规定从事对外贸易经营活动的法人、其他组织或者个人，从而将对外贸易经营者范围扩大到个人。需要注意，自然人从事对外贸易经营必须依法办理工商登记或其他执业手续，并非任何一个公民可以不履行任何手续即可从事对外贸易经营活动。

（3）外贸代理制

由于对外贸易经营仍然需要通过一系列法定的准入程序，包括到工商部门登记，到外贸主管部门进行资格备案，到海关、税务、银行和外汇管理部门办理相关手续等，专业外贸代理进出口仍然具有优势。《对外贸易法》第12条规定，对外贸易经营者可以接受他人的委托，在经营范围内代为办理对外贸易业务。

（4）国营贸易

国营贸易是指国家授予对外贸易经营者在特定贸易领域内从事贸易的专营权或者特许权。《对外贸易法》第11条规定，国家可以对部分货物的进出口实行国营贸易管理。实行国营贸易管理货物的进出口业务只能由经授权的企业经营；但是，国家允许部分数量的国营贸易管理货物的进出口业务由非授权企业经营的除外。违反规定，擅自进出口实行国营贸易管理的货物的，海关不予放行。根据《中国加入议定书》附件2A1，我国保留了对粮食、植物油、糖、烟草、原油、成品油、化肥和棉花等8大类关系国计民生的大宗商品的进口实行国营贸易管理的权利。实行国营贸易的货物，必须是根据我国在加入议定书中具体承诺范围内的货物。各类对外贸易经营者都有可能成为国营贸易企业。

3. 与对外贸易有关的知识产权

2004 年《对外贸易法》根据 WTO 规则，并借鉴发达国家立法，增加了"与对外贸易有关的知识产权"一章，重在通过外贸政策或外贸措施保护知识产权。

（1）保护与贸易有关的知识产权

国家依照有关知识产权的法律、行政法规，保护与对外贸易有关的知识产权。进口货物侵犯知识产权，并危害对外贸易秩序的，商务部可以采取在一定期限内禁止侵权人生产、销售的有关货物进口等措施。

（2）防止知识产权滥用权利

知识产权权利人有阻止被许可人对许可合同中的知识产权的有效性提出质疑、进行强制性一揽子许可、在许可合同中规定排他性返授条件等行为之一，并危害对外贸易公平竞争秩序的，商务部可以采取必要的措施消除危害。

（3）对等原则

其他国家或者地区在知识产权保护方面未给予中国的法人、其他组织或者个人国民待遇，或者不能对来源于中国的货物、技术或者服务提供充分有效的知识产权保护的，商务部可以依照本法和其他有关法律、行政法规的规定，并根据中国缔结或者参加的国际条约、协定，对与该国家或者该地区的贸易采取必要的措施。

4. 对外贸易秩序

对外贸易秩序是指对外贸易经营者在对外贸易活动中的公平与自由竞争的秩序。《对外贸易法》在维护对外贸易秩序方面做了如下规定：

（1）禁止限制竞争行为

在对外贸易经营活动中，不得违反有关反垄断的法律、行政法规的规定实施垄断行为。在对外贸易经营活动中实施垄断行为，危害市场公平竞争的，依照有关反垄断的法律、行政法规的规定处理。有前款违法行为，并危害对外贸易秩序的，国务院对外贸易主管部门可以采取必要的措施消除危害。

（2）禁止不正当竞争行为

在对外贸易经营活动中，不得实施以不正当的低价销售商品、串通投标、发布虚假广告、进行商业贿赂等不正当竞争行为。在对外贸易经营活动中实施不正当竞争行为的，依照有关反不正当竞争的法律、行政法规的规定处理。有上述违法行为，并危害对外贸易秩序的，商务部可以采取禁止该经营者有关货物、技术进出口等措施消除危害。

（3）外贸经营禁止性行为

在对外贸易活动中，不得有下列行为：①伪造、变造进出口货物原产地标记，伪造、变造或者买卖进出口货物原产地证书、进出口许可证、进出口配额证明或者其他进出口证明文件；②骗取出口退税；③走私；④逃避法律、行政法规规定的认证、检验、检疫；⑤违反法律、行政法规规定的其他行为。此外，对外贸易经营者在对外贸易经营活动中，应当遵守国家有关外汇管理的规定。

5. 对外贸易调查

为应对针对我国入世承诺而滥用救济措施的行为，最大限度地保护国内产业利益，

2004《对外贸易法》增加"对外贸易调查"一章，规定商务部可以自行或者会同国务院其他有关部门，依照法律、行政法规的规定对下列事项进行调查：①货物进出口、技术进出口、国际服务贸易对国内产业及其竞争力的影响；②有关国家或者地区的贸易壁垒；③为确定是否应当依法采取反倾销、反补贴或者保障措施等对外贸易救济措施，需要调查的事项；④规避对外贸易救济措施的行为；⑤对外贸易中有关国家安全利益的事项；⑥其他国家针对中国的歧视性措施，侵犯知识产权、滥用知识产权或者有关限制竞争行为和不正当竞争行为的事项；⑦其他影响对外贸易秩序，需要调查的事项。

启动对外贸易调查，由商务部发布公告。调查可以采取书面问卷、召开听证会、实地调查、委托调查等方式进行。商务部根据调查结果，提出调查报告或者作出处理裁定，并发布公告。

二、原产地规则

（一）原产地规则及其分类

WTO《原产地协议》中指出：原产地规则是指任何成员为确定货物原产地而实施普遍适用的法律、行政法规及行政决定。2005 年 1 月 1 日，国务院发布的《进出口货物原产地条例》正式施行。该条例共 27 条，对立法宗旨、适用范围、原产地确定原则、原产地证书签发和核查以及法律责任作了明确规定。其中，"货物原产地"是指依照该条例确定的捕捉、捕捞、搜集、收获、采掘、加工或者生产某一货物的国家（地区）。根据使用目的，原产地规则可以分为非优惠原产地规则和优惠原产地规则。

1. 非优惠原产地规则

非优惠原产地规则是一国根据实施其海关税则和其他贸易措施的需要，由本国立法自主制定的，因此也被称为自主原产地规则。它适用于实施最惠国待遇、反倾销和反补贴、保障措施、原产地标记管理、国别数量限制、关税配额等非优惠性贸易措施以及进行政府采购、贸易统计等活动对进出口货物原产地的确定。这种原则必须普遍地、无差别地适用于所有原产地为最惠国的进口货物。我国《进出口货物原产地条例》属于非优惠原产地规则，不适用实施优惠性贸易措施对进出口货物原产地的确定。

2. 优惠原产地规则

优惠原产地规则是为了实施国别优惠政策而制定的，优惠范围以原产地受惠国的进口产品为限。它是出于对某些优惠措施制定的需要，根据受惠国情况和限定优惠范围的需要，制定一些特殊的原产地认定标准，而这些标准是通过给惠国和受惠国之间以双边或多边协定的形式制定的，因此也被称为协定原产地规则。截至 2017 年 5 月，我国已经签署 15 个自贸协定，涉及 23 个国家（地区），分别是中国与东盟、巴基斯坦、智利、新西兰、新加坡、秘鲁、哥斯达黎加、冰岛、瑞士、韩国、澳大利亚、格鲁吉亚自贸协定，内地与港澳更紧密经贸关系安排以及中国—东盟（"10 + 1"）升级等自贸协定。此外，中国还加入了《亚太贸易协定》。因此，我国根据已经签署的自贸协定，制定了特殊的原产地标准。

（二）我国非优惠原产地标准

1. 完全获得标准

完全在一个国家（地区）获得的货物，以该国（地区）为原产地。"完全在一个国家（地区）获得的货物"是指：①在该国（地区）出生并饲养的活的动物；②在该国（地区）野外捕捉、捕捞、搜集的动物；③从该国（地区）的活的动物获得的未经加工的物品；④在该国（地区）收获的植物和植物产品；⑤在该国（地区）采掘的矿物；⑥在该国（地区）获得的除本条第①项至第⑤项范围之外的其他天然生成的物品；⑦在该国（地区）生产过程中产生的只能弃置或者回收用作材料的废碎料；⑧在该国（地区）收集的不能修复或者修理的物品，或者从该物品中回收的零件或者材料；⑨由合法悬挂该国旗帜的船舶从其领海以外海域获得的海洋捕捞物和其他物品；⑩在合法悬挂该国旗帜的加工船上加工本条第⑨项所列物品获得的产品；⑪从该国领海以外享有专有开采权的海床或者海床底土获得的物品；⑫在该国（地区）完全从本条第①项至第⑪项所列物品中生产的产品。

在确定货物是否在一个国家（地区）完全获得时，不考虑下列微小加工或者处理：①为运输、贮存期间保存货物而做的加工或者处理；②为货物便于装卸而做的加工或者处理；③为货物销售而做的包装等加工或者处理

2. 实质性改变标准

两个以上国家（地区）参与生产的货物，以最后完成实质性改变的国家（地区）为原产地。"实质性改变"的确定标准，以税则归类改变为基本标准；税则归类改变不能反映实质性改变的，以从价百分比、制造或者加工工序等为补充标准。

（1）税则归类改变，是指在某一国家（地区）对非该国（地区）原产材料进行制造、加工后，所得货物在我国《进出口税则》中某一级的税目归类发生了变化。

（2）从价百分比，是指在某一国家（地区）对非该国（地区）原产材料进行制造、加工后的增值部分，超过所得货物价值一定的百分比。根据 2005 年 1 月 1 日起施行的《关于非优惠原产地规则中实质性改变标准的规定》，"从价百分比"标准，是指在某一国家（地区）对非该国（地区）原产材料进行制造、加工后的增值部分超过了所得货物价值的 30%。用公式表示如下：

$$\frac{工厂交货价 - 非该国（地区）原产材料价值}{工厂交货价} \times 100\% \geqslant 30\%$$

在上述公式中，"工厂交货价"是指支付给制造厂生产的成品的价格。"非该国（地区）原产材料价值"是指直接用于制造或装配最终产品而进口原料、零部件的价值（含原产地不明的原料、零配件），以其进口"成本、保险费加运费"价格（CIF）计算。

（3）制造或者加工工序，是指在某一国家（地区）进行的赋予制造、加工后所得货物基本特征的主要工序。

案例 4.1

中国台湾地区生产的纱线，运到日本织成棉布，并进行冲洗、熨烫、漂白、印花，上述棉织物又被运到越南制成睡衣，后再经中国香港更换包装转销内地。根据原产地标准中的实质性改变标准，棉布被制成睡衣应视为深加工，发生了实质性改变。所以，越南应当是该批睡衣的原产地。

三、贸易救济制度

贸易救济（Trade Remedy）是指当外国进口对一国国内产业造成负面影响时，该国政府所采取的减轻乃至消除该类负面影响的措施。它是 WTO 所允许和规范的，在 WTO 框架内贸易救济主要包括三种形式：反倾销、反补贴和保障措施。

（一）反倾销法

1. WTO 反倾销规则

（1）WTO 反倾销的历史

GATT1947 第 6 条是关于倾销与反倾销的核心条款，主要针对四个方面的问题做了规定：①规定了某些倾销应该受到谴责。该条第 1 款规定：各缔约国认为，用倾销的手段将一国产品以低于正常价值的办法挤入另一国贸易内，如因此对某一缔约国领土内已建立的某项工业造成重大损害或产生重大损害威胁，或者对某一国内工业的新建产生严重阻碍，这种倾销应该受到谴责。②第 1 款规定同时揭示出 GATT 认为应受谴责的倾销的三条标准：一是倾销存在；二是损害存在；三是倾销与损害之间存在因果关系。③授权缔约国以征收反倾销税的方式抵消或者防止倾销。④列举了不应征收反倾销税的事项。经多轮谈判，《关于实施〈1994 年关贸总协定〉第六条的协定》，通称《反倾销协定》于 1995 年 1 月 1 日正式生效。因此，GATT 第 6 条、《反倾销协定》和其他协定中的相关内容构成 WTO 反倾销法律框架。

（2）WTO 反倾销的实质性要件

①倾销（Dumping）。《反倾销协定》第 2 条规定：如果一项产品从一国出口到另一国，该产品的出口价格在正常贸易过程中，低于出口国旨在用于本国消费的同类产品的可比价格，即低于其正常价值进入另一国的商业，该产品即被认为是倾销。

倾销 = 出口价格 < 正常价值

倾销幅度 = （正常价值 – 出口价格）/ 出口价格 * 100%

◇出口价格的确定：①出售给进口商的实际价格；②进口产品首次转售给独立买方的价格；③进口国当局认定的合理价格。三种方式依次采用。

◇正常价值的确定：①出口国内销售价格；②向第三国出口的价格；③结构价格/推定价格（被指控倾销的产品的生产成本加上合理的管理费用、销售和一般费用以及利润）；④替代国价格。四种方式依次采用。

②损害。第一，实质性损害，指进口国国内已经建立起来的产业实际受到了重大的、严重的损害。如进口国国内产品市场份额大幅度降低；导致进口国国内产品价格

被迫下降或不能实现本应实现的提高；对进口国国内产业的现金流量、库存、就业、工资、增长率和筹措资金或投资能力等发生了实际的负面影响等。第二，实质性损害威胁，指进口国产业尚未受到倾销产品的实际损害，但如果不采取措施阻止进口产品继续倾销，进口国产业的损害将是"可以预见"和"迫在眉睫"。如出口国在进口国建立了一系列推销网点，市场份额急剧增长。第三，实质性妨碍，指倾销产品未对进口国的国内产业造成实质性损害或实质性损害威胁，但严重阻碍了进口国生产该同类产品的一个新产业的建立。

③因果关系。国内产业的损害必须是倾销直接引起的，才可以导致对倾销行为采取合法措施。

（3）WTO 反倾销的程序性要件

①发起。反倾销调查可以由两种途径启动：国内主管当局主动发起或者国内生产厂商申请发起。

②调查和公告。进口国当局接到申请后，应审查申请书所提供的证据准确性和充分性，以确定是否有足够的证据发起反倾销调查。当局在接受反倾销调查的申请之日起到发起反倾销调查前，应通知出口国成员政府。当有充分证据提起反倾销调查时，当局应予以公告。

③初裁和临时措施

□初裁（Preliminary Ruling）。一旦调查开始，当局应将国内产业的生产商提出的申请全文提供给已知的出口商和出口成员方当局并应在收到要求时，向其他有关的有利害关系的当事人提供。在适当调查的基础上，有关当局可以做出关于倾销或损害的肯定或否定的初步裁决。

□价格承诺（Price Undertaking）。反倾销调查开始后并在当局做出倾销和损害的初步肯定的裁决之后，如果收到出口商令人满意的修改其产品价格或停止向该地区以倾销价格出口其产品的自愿承诺后，主管当局认为倾销的损害结果将可以消除，则可中止或终止调查，但如主管当局认为接受其价格承诺是不现实的，则可以拒绝其价格承诺。价格承诺也可以由有关当局建议，由出口商决定是否接受，但如出口商不接受该建议，有关当局不应在审理案件时带有偏见。

□临时措施。在调查过程中，如果有关当局已经做出存在倾销和损害的最初裁决，并且确定采取临时措施对防止调查期间发生损害是必需的，可采取临时措施，临时措施有两种：一是征收临时反倾销税，时间一般不超过 4 个月，特殊情况下可以延长，但不得超过 9 个月；二是提供担保，即出口商支付现金或保证金，其数额相当于临时预计的反倾销税。临时措施应当从反倾销调查开始之日起 60 天后采用。临时措施应在尽可能短的时间内采用，一般不超过 4 个月。

④终裁

反倾销调查的结局就是依据倾销是否存在，是否构成对国内产业的影响做出最终裁决并公告，如做出肯定的裁决，将根据倾销的幅度和影响征收反倾销税，应公布各涉讼出口商、生产商出口产品应征收的反倾销税额或税率。反倾销税的征收目的是为了抵消倾销所造成的损害，而不是对倾销进行惩罚。反倾销税额不应超过业已确定的倾销幅度。

对某项进口产品裁定适用反倾销税后，在符合其他一定条件的情况下，可以对以往进口的该产品追征反倾销税，这就是反倾销税的追溯效力。原则上，反倾销税一直有效，直到能抵消倾销造成的损害。但一般情况下反倾销税应自征收之日起不超过 5 年结束。这种规定一项反倾销措施定期终止的条款，被称为"日落条款"（Sun-set Clause）。欧盟最早在其反倾销法中引入"日落条款"，WTO 承袭了欧盟的法律实践。

⑤行政复审。行政复审是指行政机关对自己做出的有关反倾销措施决定进行再次审查的一种制度。WTO 协定规定的行政复审主要包括：第一，新出口商复审（New Shipper Reviews）。新出口商是指在调查期间没有产品出口，征收反倾销税后准备或已经出口的企业。第二，期中复审；第三，期终复审/日落复审（Sunset Review），指反倾销措施决定执行 5 年期满时，当局对反倾销措施是否应如期终止进行的复审。行政复审一般应在 12 个月内结束。

⑥司法审查。WTO《反倾销协定》规定，各当事人根据本协议有关条款规定，对最终裁定和复审决定的行政行为可以特别要求司法、仲裁或行政的法庭通过诉讼程序迅速进行审查。

2. 我国反倾销制度

我国《对外贸易法》、2004 年修订的《反倾销条例》和《关于审理反倾销行政案件应用法律若干问题的规定》是我国有关反倾销的主要立法。

（1）倾销与损害

《反倾销条例》第 3 条规定，倾销是指在正常贸易过程中进口产品以低于其正常价值的出口价格进入中国市场。《反倾销条例》还详细规定了对进口产品的正常价值和出口价格的确定方法。

《反倾销条例》第 7 条规定，损害是指倾销对已经建立的国内产业造成实质损害或者产生实质损害威胁，或者对建立国内产业造成实质阻碍。在确定倾销对国内产业造成的损害时，应当审查下列事项：①倾销进口产品的数量，包括倾销进口产品的绝对数量或者相对于国内同类产品生产或者消费的数量是否大量增加，或者倾销进口产品大量增加的可能性；②倾销进口产品的价格，包括倾销进口产品的价格削减或者对国内同类产品的价格产生大幅度抑制、压低等影响；③倾销进口产品对国内产业的相关经济因素和指标的影响；④倾销进口产品的出口国（地区）、原产国（地区）的生产能力、出口能力，被调查产品的库存情况；⑤造成国内产业损害的其他因素。

《反倾销条例》还对确定损害的"国内产业"和"同类产品"的概念进行了明确。"国内产业"，是指中国国内同类产品的全部生产者，或者其总产量占国内同类产品全部总产量的主要部分的生产者；但是，国内生产者与出口经营者或者进口经营者有关联的，或者其本身为倾销进口产品的进口经营者的，可以排除在国内产业之外。"同类产品"，是指与倾销进口产品相同的产品；没有相同产品的，以与倾销进口产品的特性最相似的产品为同类产品。

（2）反倾销的程序

①发起。对倾销和损害的调查和确定，都由商务部负责。但涉及农产品的反倾销国内产业损害调查，由商务部会同农业部进行。

国内产业或者代表国内产业的自然人、法人或者有关组织，可以向商务部提出反倾销调查的书面申请。在表示支持申请或者反对申请的国内产业中，支持者的产量占支持者和反对者的总产量的 50% 以上的，应当认定申请是由国内产业或者代表国内产业提出，可以启动反倾销调查；但是，表示支持申请的国内生产者的产量不足国内同类产品总产量的 25% 的，不得启动反倾销调查。在特殊情形下，商务部没有收到反倾销调查的书面申请，但有充分证据认为存在倾销和损害以及二者之间有因果关系的，可以决定立案调查。

②审查和立案。商务部应当自收到申请人提交的申请书及有关证据之日起 60 天内，对申请是否由国内产业或者代表国内产业提出、申请书内容及所附具的证据等进行审查，并决定立案调查或者不立案调查。在决定立案调查前，应当通知有关出口国（地区）政府。

③调查。商务部可以采用问卷、抽样、听证会、现场核查等方式向利害关系方了解情况，进行调查。商务部认为必要时，可以派出工作人员赴有关国家（地区）进行调查；但是，有关国家（地区）提出异议的除外。

④初裁和终裁。商务部根据调查结果，就倾销、损害和二者之间的因果关系是否成立做出初裁决定，并予以公告。初裁决定确定倾销、损害以及二者之间的因果关系成立的，商务部应当对倾销及倾销幅度、损害及损害程度继续进行调查，并根据调查结果做出终裁决定，予以公告。在做出终裁决定前，应当由商务部将终裁决定所依据的基本事实通知所有已知的利害关系方。

反倾销调查，应当自立案调查决定公告之日起 12 个月内结束；特殊情况下可以延长，但延长期不得超过 6 个月。

⑤反倾销措施。第一，临时反倾销措施。初裁决定确定倾销成立，并由此对国内产业造成损害的，可以征收临时反倾销税或者要求提供保证金、保函或者其他形式的担保。临时反倾销措施实施的期限，自临时反倾销措施决定公告规定实施之日起，不超过 4 个月；在特殊情形下，可以延长至 9 个月。自反倾销立案调查决定公告之日起 60 天内，不得采取临时反倾销措施。第二，价格承诺。商务部认为出口经营者做出的价格承诺能够接受并符合公共利益的，可以决定中止或者终止反倾销调查，不采取临时反倾销措施或者征收反倾销税。商务部不接受价格承诺的，应当向有关出口经营者说明理由。第三，反倾销税。终裁决定确定倾销成立，并由此对国内产业造成损害的，可以征收反倾销税。征收反倾销税，由商务部提出建议，国务院关税税则委员会根据商务部的建议做出决定，由商务部予以公告。海关自公告规定实施之日起执行。反倾销税的纳税人为倾销进口产品的进口经营者。

⑥反倾销税和价格承诺的期限与复审。反倾销税的征收期限和价格承诺的履行期限不超过 5 年；但是，经复审确定终止征收反倾销税有可能导致倾销和损害的继续或

者再度发生的，反倾销税的征收期限可以适当延长。根据复审结果，由商务部提出保留、修改或者取消反倾销税的建议，国务院关税税则委员会根据商务部的建议做出决定，由商务部予以公告。复审期限自决定复审开始之日起，不超过 12 个月。在复审期间，复审程序不妨碍反倾销措施的实施。

（二）反补贴法

1. WTO 反补贴规则

（1）WTO 反补贴的实质性要件

根据 WTO《补贴与反补贴措施协定》，一国要征收反补贴税，必须符合三个条件：存在补贴；对国内工业的损害；补贴与损害之间存在因果关系。

①补贴。补贴（Subsidy）指一成员方政府或任何公共机构（地方政府或国有企业等）向某些企业提供的财政资助（政府直接转移资金例如赠予、贷款和资产投入；潜在的资金或债务转移如贷款担保；政府放弃或不征收应征税收如税收减免等）以及对价格或收入的支持，以直接或间接增加从其领土出口某种产品或减少向其领土进口某种产品，或者对其他成员方的利益造成损害或损害威胁的政府性措施。

②补贴的专项性。WTO《补贴与反补贴措施协定》调整的是专门针对某一企业或工业或企业集团或工业集团的补贴，即专向性补贴。在《补贴与反补贴措施协定》内，有四种专向性：第一，企业专向，即政府只对某一特定企业或企业集团进行补贴；第二，工业专向，即政府只对某一特定工业或某些特定工业进行补贴；第三，地区专向，即政府只对其领域内特定地区的生产者进行补贴；第四，出口专向，即政府只对出口产品或使用国内生产的产品进行补贴。

③补贴的分类。第一，禁止性补贴（"红灯补贴"）。两类补贴是被 WTO 明确禁止的，一类是法律或事实上将出口业绩作为授予补贴的条件或条件之一的，即出口补贴（Export Subsidies）。另一类是将使用国产而非进口原料作为授予补贴的条件或条件之一的，即当地成分补贴（Local Content Subsidies）。第二，可诉补贴（"黄灯补贴"）。可诉补贴是指成员方可以在一定范围内实施，但如果在实施过程中对其他成员方的经济贸易利益造成不利影响，则受到不利影响的成员方可以提出反对意见，要求磋商和向争端解决机构提起申诉的补贴。大部分补贴都可归入这一类。第三，不可诉补贴（"绿灯补贴"）。不可诉补贴是指任何成员方可以实施，而其他成员方不能反对或申诉以及因此采取反补贴措施的补贴。一类是不属于专项性的补贴；另一类是政府对科研、落后地区以及环境等方面的补贴。

2. WTO 反补贴的程序性要件

（1）发起和调查。反补贴调查通常由代表国内产业的申请人提出，在特殊情况下，也可由成员方当局自行决定发起调查。但当补贴额不足从价金额的 1% 或补贴进口产品数量或损害属于可忽略不计的，则应立即终止调查。反补贴调查应在发起后 1 年内结束，最长不超过 18 个月。

（2）反补贴措施。反补贴措施包括临时措施、自愿承诺和反补贴税。临时措施包括征收临时反补贴税或者采取担保的形式。临时措施不得早于发起调查之日起 60 日实施，实施期限不得超过 4 个月。

（3）行政复审。进口成员方主管当局在有正当理由时，可自行复审。利害关系方可在被征收最终反补贴税的一段合理时间后，有权请求主管当局进行复审。

（4）司法审查。《补贴与反补贴措施协定》要求成员的国内法中应设有司法、仲裁或行政庭或程序，对于行政当局行为有关的最终裁定、复审决定和接受的承诺等提起审查。

3. 我国反补贴制度

我国《对外贸易法》、2004 年修订的《反补贴条例》和《关于审理反补贴行政案件应用法律若干问题的规定》是我国有关反补贴的主要立法。

（1）补贴与损害

《反补贴条例》第 3 条规定，补贴是指出口国（地区）政府或者其任何公共机构提供的并为接受者带来利益的财政资助以及任何形式的收入或者价格支持。依照本条例进行调查、采取反补贴措施的补贴，必须具有专向性。

《反补贴条例》第 7 条规定，损害是指补贴对已经建立的国内产业造成实质损害或者产生实质损害威胁，或者对建立国内产业造成实质阻碍。在确定补贴对国内产业造成的损害时，应当审查下列事项：①补贴可能对贸易造成的影响；②补贴进口产品的数量，包括补贴进口产品的绝对数量或者相对于国内同类产品生产或者消费的数量是否大量增加，或者补贴进口产品大量增加的可能性；③补贴进口产品的价格，包括补贴进口产品的价格削减或者对国内同类产品的价格产生大幅度抑制、压低等影响；④补贴进口产品对国内产业的相关经济因素和指标的影响；⑤补贴进口产品出口国（地区）、原产国（地区）的生产能力、出口能力，被调查产品的库存情况；⑥造成国内产业损害的其他因素。

（2）反补贴的程序

①发起。对补贴和损害的调查和确定由商务部负责。国内产业或者代表国内产业的自然人、法人或者有关组织，可以向商务部提出反补贴调查的书面申请。在表示支持申请或者反对申请的国内产业中，支持者的产量占支持者和反对者的总产量的 50% 以上的，应当认定申请是由国内产业或者代表国内产业提出，可以启动反补贴调查；但是，表示支持申请的国内生产者的产量不足国内同类产品总产量的 25% 的，不得启动反补贴调查。在特殊情形下，商务部没有收到反补贴调查的书面申请，但有充分证据认为存在补贴和损害以及二者之间有因果关系的，可以决定立案调查。

②审查和立案。商务部应当自收到申请人提交的申请书及有关证据之日起 60 天内，对申请是否由国内产业或者代表国内产业提出、申请书内容及所附具的证据等进行审查，并决定立案调查或者不立案调查。在决定立案调查前，应当就有关补贴事项向产品可能被调查的国家（地区）政府发出进行磋商的邀请。

③调查。商务部可以采用问卷、抽样、听证会、现场核查等方式向利害关系方了解情况，进行调查。商务部认为必要时，可以派出工作人员赴有关国家（地区）进行调查；但是，有关国家（地区）提出异议的除外。

④初裁和终裁。商务部根据调查结果，就补贴、损害和二者之间的因果关系是否成立做出初裁决定，并予以公告。初裁决定确定补贴、损害以及二者之间的因果关系成立的，商务部应当对补贴及补贴金额、损害及损害程度继续进行调查，并根据调查结果做出终裁决定，予以公告。

反补贴调查，应当自立案调查决定公告之日起 12 个月内结束；特殊情况下可以延长，但延长期不得超过 6 个月。

⑤反补贴措施。第一，临时反补贴措施。初裁决定确定补贴成立，并由此对国内产业造成损害的，可以采取临时反补贴措施。临时反补贴措施采取以保证金或者保函作为担保的征收临时反补贴税的形式。临时反补贴措施实施的期限，自临时反补贴措施决定公告规定实施之日起，不超过 4 个月。自反补贴立案调查决定公告之日起 60 天内，不得采取临时反补贴措施。第二，承诺。商务部认为承诺能够接受并符合公共利益的，可以决定中止或者终止反补贴调查，不采取临时反补贴措施或者征收反补贴税。中止或者终止反补贴调查的决定由商务部予以公告。商务部不接受承诺的，应当向有关出口经营者说明理由。第三，反补贴税。在为完成磋商的努力没有取得效果的情况下，终裁决定确定补贴成立，并由此对国内产业造成损害的，可以征收反补贴税。征收反补贴税，由商务部提出建议，国务院关税税则委员会根据商务部的建议做出决定，由商务部予以公告。海关自公告规定实施之日起执行。反补贴税的纳税人为补贴进口产品的进口经营者。

⑥反补贴税和承诺的期限与复审。反补贴税的征收期限和承诺的履行期限不超过 5 年；但是，经复审确定终止征收反补贴税有可能导致补贴和损害的继续或者再度发生的，反补贴税的征收期限可以适当延长。根据复审结果，由商务部提出保留、修改或者取消反补贴税的建议，国务院关税税则委员会根据商务部的建议做出决定，由商务部予以公告；或者由商务部做出保留、修改或者取消承诺的决定并予以公告。复审期限自决定复审开始之日起，不超过 12 个月。在复审期间，复审程序不妨碍反补贴措施的实施。

（三）保障措施制度

1. WTO 保障措施规则

保障措施（Safeguard Measures），是指国际贸易协定的成员方在履行协定时受到不可预见的严重损害或严重损害威胁时，可以免除其承诺的义务或背离协定所规定的行为规则。保障措施的法理基础是国际法上的"情势变更原则"。WTO 现行保障措施制度包括 GATT1994 第 19 条和《保障措施协定》。《保障措施协定》和 GATT1994 都是《WTO 协定》的一部分，规定的所有义务是相互补充的，各成员方应同时遵守各项义务。

保障措施实质上是对承担关税减让和禁止数量限制的义务的一种例外。它不同于反倾销和反补贴，因为后两者针对的是不公平的贸易行为，而保障措施针对的是其他成员方正常的贸易行为。因此，实施该措施的条件要严格得多。

（1）WTO 实施保障措施的实质性要件

①有关产品的进口大量增长。进口增长是指"数量增长"，而非进口价值或金额的

增长。这种增长包括绝对增长和相对增长。绝对增长是指产品的进口数量在某一段时间内的绝对增加，如去年进口 10000 件，今年进口 20000 件。相对增长是指某一段时期内产品的进口数量相对于进口方内部生产而言在增加。如去年进口 1000 件，今年还是进口 1000 件。但去年同期国内产品的销量为 5000 件，今年国内产品的销量却下降到了 2000 件。

②进口的增加是因为意外情况和承担 WTO 义务造成的。如成员方承担的关税减让义务使某一产品输入到该成员方领土的数量大大增加。

③对进口国国内产业造成严重损害或严重损害威胁。《保障措施协定》规定的"国内产业"是指生产同类或直接竞争产品的国内产业，而《反倾销协定》和《反补贴协定》界定的国内产业为生产同类产品的国内产业。显然，前者的范围要宽。

④有客观证据表明，进口增加与国内产业的损害或损害威胁有因果关系。

（2）WTO 实施保障措施的程序性要件

①调查和通知。WTO 规定成员进行调查时必须按照事先已经确定的程序进行，而且必须符合 GATT1994 第 10 条关于透明度的要求。调查机构应当向所有利害关系方做出适当的公告，给进口商、出口商和利害关系方提供陈述意见和抗辩的适当机会。实施保障措施的成员还有义务将相关问题立即通知保障措施委员会。

②磋商。采取或延长保障措施的成员应当给有利害关系的成员提供寻求实现磋商的充分机会。《保障措施协定》鼓励成员通过磋商达成谅解。保障措施的磋商不仅可以在发起前进行，在实施过程中也可以进行。

③实施保障措施。《保障措施协定》没有对可采用的保障措施的形式作具体规定。从各国实践看，保障措施的形式主要有修改减让、提高关税、实行数量限制等。

《保障措施协定》第 2 条规定，保障措施必须以非歧视的方式实施，即保障措施只针对进口产品，而不论其来源。WTO 成员应只在阻止或救济严重损害和有利于国内工业调整的必要限度内适用保障措施。

在紧急情况下，如果延迟会造成难以弥补的损失，成员可不经磋商而采取临时保障措施。临时保障措施的实施期限不得超过 200 天，并且该期限计入保障措施总期限。临时保障措施只能采取增加关税的形式。成员实施保障措施的期限一般不应超过 4 年。特殊情况下可以延长，但总期限不应超过 8 年。

④补偿与报复。《保障措施协定》第 8 条规定，实施保障措施的成员与其他有利害关系的成员可就贸易补偿问题进行谈判。如果 30 日内不能达成双方满意的补偿方案，则利益受影响的出口成员在货物贸易理事会收到其关于报复的书面通知 30 日后，且在保障措施实施 90 日内，可以对实施保障措施的成员采取对等的报复措施，条件是货物贸易理事会不反对实施这种报复措施。《保障措施协定》还规定了对发展中成员的优待。对于来自发展中成员的产品，只要其产品的进口份额在进口成员中不超过 3%，所有不超过 3% 的发展中成员的份额总计不超过总进口的 9%，则不应对该发展中成员实施保障措施。

2. 我国保障措施制度

我国《对外贸易法》和 2004 年修订的《保障措施条例》是我国有关保障措施的主

要立法。

（1）实施保障措施的实质条件

《保障措施条例》第2条规定，进口产品数量增加，并对生产同类产品或者直接竞争产品的国内产业造成严重损害或者严重损害威胁的，依照本条例的规定进行调查，采取保障措施。

（2）实施保障措施的程序性条件

①调查。与国内产业有关的自然人、法人或者其他组织，可以向商务部提出采取保障措施的书面申请。商务部没有收到采取保障措施的书面申请，但有充分证据认为国内产业因进口产品数量增加而受到损害的，可以决定立案调查。立案调查的决定，由商务部予以公告。商务部应当将立案调查的决定及时通知WTO保障措施委员会。进口产品数量增加、损害的调查结果及其理由的说明，由商务部予以公布。商务部应当将调查结果及有关情况及时通知保障措施委员会。商务部根据调查结果，可以做出初裁决定，也可以直接做出终裁决定，并予以公告。

②保障措施。保障措施应当针对正在进口的产品实施，不区分产品来源国（地区）。具体包括：第一，临时保障措施。有明确证据表明进口产品数量增加，在不采取临时保障措施将对国内产业造成难以补救的损害的紧急情况下，可以做出初裁决定，并采取提高关税的临时保障措施。其实施期限，自临时保障措施决定公告规定实施之日起，不超过200天。第二，保障措施。终裁决定确定进口产品数量增加，并由此对国内产业造成损害的，可以采取提高关税、数量限制的保障措施。采取数量限制措施的，限制后的进口量不得低于最近3个有代表性年度的平均进口量；但是，有正当理由表明为防止或者补救严重损害而有必要采取不同水平的数量限制措施的除外。终裁决定确定不采取保障措施的，已征收的临时关税应当予以退还。

④保障措施的期限与复审。保障措施的实施期限不超过4年。特殊情况下实施期限可以适当延长，但总期限最长不超过8年。保障措施实施期限超过3年的，商务部应当在实施期间内对该项措施进行中期复审。保障措施属于提高关税的，商务部应当根据复审结果，提出保留、取消或者加快放宽提高关税措施的建议，国务院关税税则委员会根据商务部的建议做出决定，由商务部予以公告；保障措施属于数量限制或者其他形式的，商务部应当根据复审结果，做出保留、取消或者加快放宽数量限制措施的决定并予以公告。

表4-1 反倾销、反补贴与保障措施比较表

	反倾销	反补贴	保障措施
法理基础	保护正当竞争	保护正当竞争	情势变迁
实质性要件	严重损害 或严重损害威胁	严重损害 或严重损害威胁	进口大量增加
程序性要件			
实施范围	针对特定出口产品	针对特定出口产品	所有其他成员

	反倾销	反补贴	保障措施
实施期限	5 年	5 年	4 年 最多不超过 8 年
其他成员的补偿或报复	不存在	不存在	有权

参见：郭瑜著．国际贸易法．北京大学出版社，2006，12，P100

四、知识产权法

（一）知识产权的概念和特征

1. 知识产权的概念

知识产权，是基于智力创造成果和工商业标记依法产生的权利的统称。《建立世界知识产权组织公约》未对知识产权做出概念上的界定，但以列举加概括的方式界定了知识产权，其第 2 条第（8）项规定，"知识产权"包括下列事项有关的权利：①文学、艺术和科学作品；②表演者的表演、录音和广播；③人类一切活动领域内的发明；④科学发现；⑤工业品外观设计；⑥商标、服务商标、商号和商业标识；⑦制止不正当竞争；以及工业、科学、文学或艺术领域的知识活动所产生的所有其他权利。需注意的是，传统知识产权理论认为，上述《公约》列举的知识产权第④项"科学发现"不同于发明创造，不宜作为知识产权的保护对象。原因在于，科学发现是人类对客观世界的认识，不是人类行为作用的结果。发明则不是固有的，是人类利用客观世界的物质、能量、信息及运动规律所创造的对象，是智力活动的成果。人类对自己的创造成果理应享有权利。

2. 知识产权与其他民事财产权利的区别

知识产权属于民事财产权利，知识产权法属于财产法。在财产法中，因财产权利发生的根据不同，被划分为物权、债权和知识产权。知识产权产生的前提，是以创造成果或工商业标记方式出现的有形无体的"知识"。知识产权人对其创造成果的占有、使用、收益和处分行为，除不得滥用权力之外，法律还明确规定了对知识产权的"合理使用"、"法定许可使用"和"强制许可使用"等限制制度。法律明确规定知识产权有一定的保护期或有效期，期限届满，该知识产权即丧失了专有性，进入公有领域，成为整个社会的共同财富。此外，知识产权具有地域性，在某一国家或地区取得的知识产权只能在该国或该地区范围内发生法律效力，除签有国际公约或者双边互惠协定外，一般不发生域外效力。

（二）知识产权的两种基本类型

1. 著作权

著作权，也称版权（Copyright），是指基于文学艺术和科学作品依法产生的权利。著作权通常有狭义和广义之分。狭义的著作权是指各类作品的作者依法享有的权利，其内容包括人身方面和财产方面；广义上的著作权除了狭义著作权以外，还包括艺术表演者、录音录像制品制作者和广播电视节目制作者依法享有的权利。这些权利通常叫作著作邻接权或者与著作权有关的权利。著作权保护对象可以是赏心悦目、愉悦精神，以满足人类审美需求的知识类型。因此它的功能是精神上的，也称非实用功能。

2. 工业产权

工业产权是指著作权以外的知识产权，其保护对象的功能是物质上的，也称实用功能。根据《保护工业产权巴黎公约》（Paris Convention on the Protection of Industrial Property）（下称《巴黎公约》）第 1 条的规定，工业产权的保护对象有发明专利、实用新型、外观设计、商标、服务标记、厂商名称、产地标记或原产地名称以及制止不正当竞争。同时指出，对工业产权应作最广义的理解，不仅应适用于工业和商业本身，而且也应同样适用于农业和采掘业，适用于一切制成品或天然产品，例如：酒类、谷物、烟叶、水果、牲畜、矿产品、矿泉水、啤酒、花卉和谷类的粉。

（1）专利权

①专利权的概念

专利（Patent），是指国家专利行政机关依照法律规定的条件和程序，授予申请人在一定期限内对某项发明创造享有的独占权。可见，专利在一定意义上等于专利权。有时，人们还把获得专利权的发明创造成果称为专利。

②专利权的主体和客体

专利权的主体即专利权人，是指有权提出专利申请并取得专利权的人。专利权人和专利申请人是两个不同的概念。一项技术申请专利后未必都能获得批准成为专利技术，相应地专利申请人也就未必能够成为专利权人。反之，专利权人未必都曾是专利申请人，因为专利权可以通过转让或继承获得。根据我国《专利法》的规定，有权申请专利并获得专利权的单位和个人包括：发明人或设计人、发明人的单位、合法受让人和外国人。

专利权保护的客体即被授予专利权的对象，一般地讲应当是人类的发明创造。由于各国国情不同，各国规定的专利权保护对象也不尽相同。在日本、德国等发达国家，其专利法保护的对象仅限于发明专利。因而在国际上专利和发明常作为同义词。在《巴黎公约》中专利一词就是指发明。我国《专利法》第 2 条规定的发明创造包括发明、实用新型和外观设计。

③授予专利权的条件

授予专利权的条件包括实质条件和形式条件。所谓实质条件，是指发明创造应当满足的关于其本身特征、构成以及类型等内在要素的条件。具体表现为新颖性、创造性和实用性，即人们通常所说的专利"三性"。所谓形式条件，是指发明创造在申请专利的过程中应当满足的有关程序上的要求，如申请文件的撰写规则、内容和种类等。

④专利权的期限、终止与无效宣告

在国际上，发明专利保护期通常为 15—20 年；实用新型和外观设计专利保护期通常低于 10 年。美国、加拿大等国专利法规定的发明专利权保护期为 17 年，自授权之日起计算。我国发明专利权的期限为 20 年，实用新型专利权和外观设计专利权的期限为 10 年，均自申请日起计算。同时，专利权人应当自被授予专利权的当年开始缴纳年费。

依照我国《专利法》，专利局设立专利复审委员会。专利申请人对专利局驳回申请的决定不服的，可以自收到通知之日起 3 个月内，向专利复审委员会请求复审。自专利局公告授予专利权之日起，任何单位或者个人认为该专利权的授予不符合法律规定的，可以请求专利复审委员会宣告该专利权无效。专利复审委员会对该请求应当及时审查和做出决定，并通知请求人和专利权人。宣告无效的专利权视为自始即不存在。

⑤专利权人的权利。第一，独占实施权。具有两方面内容：自己实施专利的权利和禁止他人实施其专利的权利。第二，转让权。专利权人可以将其专利权转让给他人或者放弃其专利权。第三，实施许可权。实施许可权是指专利权人将其专利通过签订书面实施许可合同许可他人使用的权利。专利权许可他人使用，专利权人并不丧失专利所有权。被许可使用人只是通过支付专利使用费而获得该专利的使用权。第四，专利标记权。发明人或者设计人有权在专利文件中写明自己是发明人或者设计人。专利权人有权在其专利产品或者该产品的包装上标明专利标识。

⑥专利权人的义务。第一，缴纳专利年费。第二，公开发明创造如果发明创造未在专利申请文件中充分公开，对于正在申请专利的技术方案将被驳回；对已经被授予专利权的技术方案，则可能被宣告无效。

⑦专利权的限制。专利权的限制，是指在法律规定的情况下，他人可以不经专利权人许可而实施专利权，且该实施不视为对专利权的侵犯。专利法对专利权所作的限制主要有专利实施的强制许可和不视为侵犯专利权的行为。后者包括专利权用尽、先行实施、临时过境、非营利实施以及为行政审批而实施等情形。

⑧专利权的保护。我国《专利法》第 59 条对专利权的保护范围作了明确的规定，即发明或者实用新型专利权的保护范围以其权利要求的内容为准，说明书及附图可以用于解释权利要求的内容。外观设计专利权的保护范围以表示在图片或者照片中的该产品的外观设计为准，简要说明可以用于解释图片或者照片所表示的该产品的外观设计。

专利侵权行为包括：第一，制造专利产品。无论制造者是否知道是专利产品，也不论是用什么方法制造的，只要未经专利权人许可，为生产经营目的，在制造的产品中完整地使用了他人产品专利的权利要求书请求保护的技术方案，即构成专利侵权行为。

第二，使用专利产品、使用专利方法或者使用依照该专利方法直接获得的产品。我国《专利法》一方面明确规定，只要未经专利权人许可，出于生产经营目的而使用，即构成侵犯专利权；另一方面又规定，如果使用人能证明该产品合法来源的，不承担赔偿责任。

第三，许诺销售、销售专利产品或者依照该专利方法直接获得的产品。所谓许诺销售，是指以做广告、在商店橱窗中陈列或者在展览会上展出等方式做出的销售商品的许诺。未经专利权人许可，为生产经营目的许诺销售和销售专利产品的，无论是"不知"还是"明知"，均构成侵权，但如果销售者能证明该产品合法来源的，不承担赔偿责任。

第四，进口专利产品或者依照该专利方法直接获得的产品。进口商未经专利权人许可，将专利权人已在中国取得专利的产品或者依其在中国已取得专利的方法生产的产品输入境内，这种进口行为也构成侵犯专利权的行为。至于该专利产品是在哪一个国家制造的，在制造国是否受专利保护以及采用何种方式进口，都不影响侵权的认定。

第五，假冒他人专利。具体有以下几种情形：在未被授予专利权的产品或其包装上标注专利标识，专利权被宣告无效后或者终止后继续在产品或其包装上标注专利标识，或者未经许可在产品或产品包装上标注他人的专利号；销售上述产品；在产品说明书等材料中将未被授予专利权的技术或设计称为专利技术或专利设计，将专利申请称为专利，或者未经许可使用他人的专利号，使公众将所涉及的技术或设计误认为是专利技术或专利设计；伪造或变造专利证书、专利文件或专利申请文件；其他使公众混淆，将未被授予专利权的技术或设计误认为是专利技术或专利设计的行为。

⑨专利侵权纠纷的解决

我国《专利法》规定，侵犯专利权，引起纠纷的，由当事人协商解决；不愿协商或者协商不成的，专利权人或者利害关系人可以向人民法院起诉，也可以请求管理专利工作的部门处理。管理专利工作的部门处理时，认定侵权行为成立的，可以责令侵权人立即停止侵权行为，当事人不服的，可以自收到处理通知之日起 15 日内依照我国《行政诉讼法》向人民法院起诉；侵权人期满不起诉又不停止侵权行为的，管理专利工作的部门可以申请人民法院强制执行。进行处理的管理专利工作的部门应当事人的请求，可以就侵犯专利权的赔偿数额进行调解；调解不成的，当事人可以依照我国《民事诉讼法》向人民法院起诉。

⑩侵犯专利权的赔偿数额的确定。我国《专利法》第65条规定，侵犯专利权的赔偿数额按照权利人因被侵权所受到的实际损失确定；实际损失难以确定的，可以按照侵权人因侵权所获得的利益确定。权利人的损失或者侵权人获得的利益难以确定的，参照该专利许可使用费的倍数合理确定。赔偿数额还应当包括权利人为制止侵权行为所支付的合理开支。权利人的损失、侵权人获得的利益和专利许可使用费均难以确定的，人民法院可以根据专利权的类型、侵权行为的性质和情节等因素，确定给予一万元以上一百万元以下的赔偿。

（2）商标权

①商标的概念。商标（trade mark），是指商品的生产者、经营者或者服务的提供者为了标明自己、区别他人在自己的商品或者服务上使用的可视性标志，即由文字、图形、字母、数字、三维标志、颜色组合和声音等，以及上述要素的组合所构成的标志。商标最主要的功能是标明商品或服务的来源并区别同类商品或服务。

②商标的分类

按照商标的法律状态为标准，可以分为注册商标和未注册商标。前者是指由当事人申请，经商标局审查核准，予以注册的商标。注册商标是商标法保护的对象。商标注册人享有商标专用权，受法律保护。未注册商标，是指其使用人未申请或者注册申请未被核准，未给予注册的商标。未注册商标可以自行在市场上使用，但其使用人不享有商标专用权，因而无权禁止他人使用相同或近似的商标于同类商品之上，也无权阻止他人以相同或近似的商标在相同或类似商品上提出注册申请。

按照商标呈现形式，分为平面商标和立体商标。前者是指由文字、图形、字母、数字、颜色组合或者上述要素的组合构成的商标。平面商标是最常见的商标类型。立体商标，是指以商品本身的形状、商品的包装物或者其他三维标志呈现的商标。例如，意大利最知名的巧克力品牌"费列罗"商标于 2002 年 5 月在其本国被核准注册的"三维标志"商标。"费列罗"商标特有的金色球状纸质包装，贴有椭圆形的金边标签，以及透明的塑料材质的外盒等，具有鲜明的外观特征，在全球市场均具有极高的认知度。2007 年 11 月，"费列罗"成为我国首个通过司法程序予以认定的立体商标。

按照商标的使用者为标准可以分为商品商标、服务商标、集体商标和证明商标。前者是商品经营者在生产、制造、加工、拣选或经销的有形商品上使用的商标。后者是服务的提供者为了表明自己的服务并区别他人同类服务而使用的商标，如中国银行、中国移动服务商标。它无法像商品那样直接将商标附于商品上，而是要通过广告、招牌等方式使用商标。

集体商标（Collective Mark）是指以团体、协会或者其他组织名义注册，供该组织成员在商事活动中使用，以表明使用者在该组织中的成员资格的标志。如沙县小吃同业公会就申请了"沙县小吃"集体商标。证明商标，是指由对某种商品或者服务具有监督能力的组织所控制，而由该组织以外的单位或者个人使用于其

商品或者服务，用以证明该商品或者服务的原产地、原料、制造方法、质量或者其他特定品质的标志。如纯羊毛标志、绿色食品标志、真皮标志等。

③取得商标专用权的途径。世界各国商标法对商标专用权的产生或确立，主要采用两种不同的制度，即注册原则和使用原则。所谓注册原则，是指商标专用权通过注册登记取得，不论商标是否经申请人使用。只要经过商标主管机关依法注册，申请人便取得商标专用权，并受法律保护。使用原则，是指商标经过使用便产生权利。商标权归首先使用人。未经使用的商标不得申请注册。包括我国在内的多数国家采用注册原则。

④注册商标的期限和续展。各国法律一般都对商标权的效力在时间上加以限制。各国对商标权有效期的规定从 10 年到 20 年不等。《商标法》第 37 条规定："注册商标的有效期为十年，自核准注册之日起计算。"《商标法》一方面规定了注册商标的有效期为 10 年，另一方面又规定注册商标有效期届满，商标注册人需要继续使用的可以申请续展注册，经商标局核准后，继续享有商标权。每次续展注册的有效期为 10 年，而且可以无次数限制的续展下去，从而使商标权成为一种相对的永久权。

⑤注册商标所有人的权利。第一，专用权。我国《商标法》第 51 条规定，"注册商标专用权，以核准注册的商标和核定使用的商品为限。"这是注册商标专用权的效力

范围。注册商标专用权的范围严格限定为以核准注册的商标使用在核定使用的商品上。即商标权人不得使用与其注册商标相近的标志，也不得在与核定商品类似的商品上使用其注册商标。商标权人若自行扩大其注册商标的使用范围，将招致注册商标被撤销的后果。使用注册商标不仅是商标注册人的权利，也是其义务。我国《商标法》第44条明确规定：注册商标连续3年停止使用的，由商标局责令限期改正或者撤销其注册商标。第二，禁止权。商标一经核准注册，就受到法律保护。商标所有人有权禁止任何第三人未经其许可在注册商标核定使用的商品或类似商品上使用与其注册商标相同或类似的商标。如果未经许可径行使用，商标权人有权制止，并可以通过工商行政管理部门或人民法院，求得法律保护。第三，许可权。许可权是注册商标所有人许可他人使用其注册商标的权利。《商标法》第40条规定，商标注册人可以通过签订商标使用许可合同，许可他人使用其注册商标。许可人应当监督被许可人使用其注册商标的商品质量。被许可人应当保证使用该注册商标的商品质量。经许可使用他人注册商标的，必须在使用该注册商标的商品上标明被许可人的名称和商品产地。商标使用许可合同应该报商标局备案。第四，转让权。转让权是注册商标所有人将其注册的商标转移给他人所有的权利。转让注册商标的，转让人和受让人应当签订转让协议，并共同向商标局提出申请。受让人应当保证使用该注册商标的商品质量。转让注册商标经核准后，予以公告。受让人自公告之日起享有商标专用权。未经核准登记的，转让合同不具有法律效力。第五，使用商标注册标记。商标注册人有权标明"注册商标"或者注册标记。注册标记包括（注外加○）和（R外加○）。使用注册标记，应当标注在商标的右上角或者右下角。"

⑥注册商标所有人的义务。第一，不得擅自改变注册商标。商标一经核准注册，商标注册人在使用商标时就必须严格按照商标局核准的商标使用，不得擅自改变核准的商标。《商标法》第44条规定了商标注册人不得自行改变注册商标。《商标法》第22条规定："注册商标需要改变其标志的，应当重新提出注册申请。"第二，不得自行改变注册商标的注册人名义、地址或者其他注册事项，否则商标局应责令限期改正或者撤销其注册商标。第三，不得自行转让注册商标。注册商标转让的双方当事人可以就注册商标的转让通过协商达成一致，并通过商标主管机关核准。第四，必须使用注册商标。商标的使用，包括将商标用于商品、商品包装或者容器以及商品交易文书上，或者将商标用于广告宣传、展览以及其他商业活动中。《商标法实施条例》规定对注册商标连续3年停止使用的，任何人可以向商标局申请撤销该注册商标。

（三）注册商标专用权的保护

1. 侵犯商标权的表现形式

（1）未经注册商标所有人的许可，在同一种商品或者类似商品上使用与其注册商标相同或者近似的商标的行为

这是指违反商标法关于商标使用许可规定的行为。根据法律，使用他人的注册商标，必须要经商标注册人的许可，签订使用许可合同。所以未经商标注册人许可而在同一种或类似商品使用与其注册商标相同的或近似的商标，不论是否出于故意，都构

成对商标权的侵犯。

（2）销售侵犯商标专用权的商品的行为

销售侵犯商标专用权的商品不以"明知"作为条件。但实践中确实存在销售者并不知道或者无法知道所销售的是侵犯商标专用权商品的情况，因此我国《商标法》第56条第3款规定："销售不知道是侵犯注册商标专用权的商品，能证明该商品是自己合法取得的并说明提供者的，不承担赔偿责任。"

（3）伪造、擅自制造他人注册商标标识或者销售伪造、擅自制造的注册商标的标志的行为

商标标志是指附有文字、图形或者组合等商标图样的物质实体，如商标纸、商标牌、商标织带、印有商标的包装的等。最常见的有化妆品、药品、酒等的瓶贴；食品、卷烟的包装等。我国《商标印制管理办法》对制造商标标志有严格规定。

（4）未经商标注册人同意，更换其注册商标并将该更换的商标的商品又投入市场的行为

这种行为又被称为"反向假冒"，属于间接的侵犯注册商标专用权的行为，同时也侵犯了消费者的知情权，使消费者对商品来源，对生产者和提供者产生误认，对注册商标有效地发挥其功能和商标注册人的商品创品牌也造成了妨碍。

（5）给他人的商标专用权造成其他损害的行为

《商标法实施条例》第50条规定有下列行为之一的，属于《商标法》第52条第5项所称侵犯注册商标专用权的行为：①在同一种或者类似商品上，将与他人注册商标相同或者近似的标志作为商品名称或者商品装潢使用，误导公众的；②故意为侵犯他人注册商标专用权行为提供仓储、运输、邮寄、隐匿等便利条件的。

2. 商标侵权行为纠纷的解决

依《商标法》第53条，因侵犯注册商标专用权行为，引起纠纷的，由当事人协商解决；不愿协商或协商不成的，商标注册人或利害关系人可以向人民法院起诉，也可向侵权人所在地或侵权行为地县级以上工商机关控告或检举。工商行政管理部门处理时，认定侵权行为成立的，责令立即停止侵权行为，没收、销毁侵权商品和专门用于制造侵权商品、伪造注册商标标识的工具，并可处以罚款。当事人对处理决定不服的，可以自收到处理通知之日起15日内向人民法院提起行政诉讼；侵权人期满不起诉又不履行的，工商行政管理部门可以申请人民法院强制执行。

3. 侵犯商标专用权的赔偿数额的确定

我国《商标法》第56条规定，侵犯商标专用权的赔偿数额，为侵权人在侵权期间因侵权所获得的利益，或者被侵权人在被侵权期间因被侵权所受到的损失，包括被侵权人为制止侵权行为所支付的合理开支。如果侵权人因侵权所得利益，或者被侵权人因被侵权所受损失难以确定的，由人民法院根据侵权行为的情节判决给予50万元以下的赔偿。对商标侵权纠纷进行处理的工商行政管理部门根据当事人的请求，可以就侵犯商标专用权的赔偿数额进行调解；调解不成的，当事人可以依照我国《民事诉讼法》向人民法院起诉。

（三）我国知识产权制度建设

我国自 20 世纪 80 年代开始全面建立知识产权制度，先后颁布实施了《商标法》、《专利法》、《著作权法》和《反不正当竞争法》。我国在 1985 年加入了《巴黎公约》，1992 年加入了《保护文学艺术作品伯尔尼公约》和《世界版权公约》。2007 年 3 月 6 日，我国加入《世界知识产权组织版权条约》和《世界知识产权组织表演和录音制品公约》。2007 年 6 月 9 日，这两个公约在我国正式生效。为了能顺利地与国际通行惯例相衔接，我国根据国情，参照《与贸易有关的知识产权协定》（TRIPS）的相关规定，先后修改了《专利法》（1992、2000 和 2008）和《商标法》（1993、2001 和 2013）。

在知识产权保护的刑事立法方面，我国于 1997 年对《刑法》作了全面修改，吸收了《关于惩治生产、销售伪劣商品犯罪的规定》等单行刑事法规的内容，在"假冒注册商标罪"、"销售假冒注册商标的商品罪"、"非法制造、销售非法制造的注册商标标识罪"、"假冒专利罪"、"侵犯著作权罪"和"销售侵权复制品罪"等罪名基础上，新增了"侵犯商业秘密罪"。特别在分则第三章中专设第七节"侵犯知识产权罪"，充分考虑了 TRIPS 第 61 条的承诺，使中国保护知识产权的刑事立法迈上了一个新的台阶。

（四）知识产权的国际保护

（一）世界知识产权组织管理的主要知识产权公约

1. 世界知识产权组织（WIPO）

世界知识产权组织是联合国的一个专门机构，根据 1967 年《建立世界知识产权组织公约》成立。成员国赋予它的任务是，通过国家之间的合作并与其他国际组织配合，促进世界范围内的知识产权保护。总部设在瑞士日内瓦。中国于 1980 年 6 月 3 日加入该公约，成为该公约第 90 个成员国。

2. 《保护工业产权巴黎公约》

《巴黎公约》于 1883 年 3 月 20 日在巴黎签订，1884 年 7 月 7 日生效。中国于 1984 年 12 月 19 日交存加入该公约 1967 年斯德哥尔摩修订文本的加入书，1985 年 3 月 19 日对中国生效。我国在加入时对该公约第 28 条第 1 款予以保留，不受该款约束。《巴黎公约》的规定涉及工业产权的保护范围、基本原则、最低保护标准等方面的内容，其中确立了三项基本原则，即国民待遇原则、优先权原则和独立原则。《巴黎公约》是 TRIPS 中要求各成员国必须遵循的公约。

3. 《专利合作华盛顿条约》

《专利合作华盛顿条约》（Patent Cooperation Treaty，简称 PCT）于 1970 年 6 月 19 日订于华盛顿，1978 年 1 月生效，曾于 1979 年和 1984 年进行过修改。参加这个条约的国家必须首先是《巴黎公约》的成员国。我国于 1993 年加入《专利合作华盛顿条约》，该条约于 1994 年 1 月对我国生效。中国知识产权局已成为受理局、国际检索单位和国际初步审查单位。国际申请程序分为"国际阶段"和"国家阶段"。在"国际阶段"受理局受理国际申请，国际检索单位检索已有技术并提出国际检索报告。申请人要求初步审查的，国际初步审查单位审查发明是否具备新颖性、创造性、实用性，并提出国际初步审查报告。申请人在规定的期限内没有要求国际初步审查的，国际申请自优先权日起 20 个月内进入"国家阶段"。要求了国际初步审查的，自优先权日起 30 个月内进入"国家阶段"，在"国家阶段"各国专利局按照本国法律规定的条件和程序审查和批准专利。

该条约具有如下作用：①简化了专利申请的手续。申请人不必逐个国家提交不同语种专利申请文件，只需提交一份国际申请案一次完成。②由一个受理局完成形式审查，由一个国际检索单位（负责对国际申请进行国际检索的国家局或政府间组织）进行检索，简化了各个成员国专利局的检索手续。③由国际局完成国际公布，使那些没有技术或经济力量进行专利审查的国家可以依赖国际审查局的审查结果。

4.《国际商标注册马德里协定》

《国际商标注册马德里协定》（Madrid Agreement for International Registration of Trade Marks）于 1891 年 4 月 14 日在马德里由法国、比利时、西班牙、瑞士和突尼斯发起缔结，1892 年 7 月生效。该协定是对《巴黎公约》中注册商标国际保护的补充，自生效以来先后进行了六次修订。参加《马德里协定》的成员国必须首先是《巴黎公约》的成员国。我国于 1989 年 10 月 4 日加入该协定。

《马德里协定》的保护对象是商标和服务标志。按照该协定申请和取得国际注册的程序是：其成员国的商标注册申请人在原属国注册后，只要用一种语言，向世界知识产权局国际局递交一份按统一格式书写的国际注册申请案，并且交付一次申请费就有可能取得在两个或两个以上国家的商标注册，从而减少了商标申请人的工作量，节约费用。

有资格提交国际注册申请案的人是《马德里协定》成员国国民或在成员国中有住所或有实际营业所的非成员国国民。国际局对申请文件进行形式审查，审查通过就算是获得了商标的"国际注册"。国际局将商标的"国际注册"予以公布，同时将申请文件审查结果及"国际注册"复印后分送商标申请人所申请保护的国家。有关国家的商标管理部门接到国际局的上述文件后，有权在 1 年内在说明理由的情况下，拒绝接受该注册。如 1 年内未表示拒绝，该商标的国际注册在该国自动生效，转变为在该国的国内注册。在国际局的商标注册的有效期为 20 年，并可按照规定续展。获得国际注册的商标权人有权对其注册的商标进行转让，可以将一国或数国的注册商标专用权转让，可以是全部的，也可以是部分的转让。

1989 年，在世界知识产权组织的主持下，缔结了《商标国际注册马德里协定有关议定书》，增加的主要规定是申请人可以以其在本国的注册申请（而不是已取得的注册）为国际申请依据。《马德里协定》和《马德里议定书》构成商标国际注册马德里体系。

此外，《保护文学艺术作品伯尔尼公约》、《保护表演者、录音制品录制者和广播组织的公约》（罗马公约）和《世界知识产权组织版权公约》等公约也由世界知识产权组织进行管理。

（二）WTO《与贸易有关的知识产权协定》（TRIPS）

《与贸易有关的知识产权协定》（Agreement on Trade-Related Aspects of Intellectual

Property Rights，TRIPS）作为关贸总协定乌拉圭回合谈判的最后文件之一，于1994年4月15日由关贸总协定各成员签订。TRIPS 在摩洛哥的马拉喀什签署并自 1995 年 1 月 1 日生效。WTO 也同时成立。我国为 WTO 成员国，该组织的条约规定，对我国已经产生法律约束力。

1. TRIPS 的特点

作为关贸总协定乌拉圭回合谈判各项协定和附件中不可分离的一个文件，必须和其他关贸总协定的文件"一揽子"提交。依 TRIPS 的规定，除非各成员方同意，不允许针对本协定的任何一项规定作出保留。

TRIPS 将知识产权纳入世界贸易总体框架之下进行高标准保护，不仅规定了知识产权的实体内容，对其获得和维持条件也做了详尽的规定。TRIPS 明确知识产权为私权，统一了不同法系国家对知识产权性质的不同认识，归纳和吸收了其他知识产权国际保护公约的相关制度，并进一步确立了知识产权实施程序和争议解决程序。同时，TRIPS 为发展中国家做出了过渡性安排，使其逐渐达到协定规定的保护标准。

2. TRIPS 的保护范围

TRIPS 规定，知识产权的保护范围包括：①版权和相关权利；②商标；③地理标识；④工业设计；⑤专利；⑥集成电路布图设计（拓扑图）；⑦对未披露信息的保护；⑧对协议许可中反竞争行为的控制。

3. TRIPS 和其他知识产权保护公约的关系

TRIPS 第 2 条第 1 款规定，就本协定的第二部分（关于知识产权效力、范围和使用的标准）、第三部分（知识产权的实施）和第四部分（知识产权的取得和维持及当事人之间的相关程序）而言，各成员应遵守《巴黎公约》（1967 年文本）第 1 条至第 12 条和第 19 条，即《巴黎公约》有关工业产权的实体规定。TRIPS 第 2 条第 2 款规定，本协定第一部分（总则和基本原则）至第四部分的任何规定不得背离各成员可能在《巴黎公约》、《伯尔尼公约》、《罗马公约》和《关于集成电路的知识产权条约》项下相互承担的现有义务。

可见，《巴黎公约》、《伯尔尼公约》等虽各自有自己独立的适用范围、保护对象及保护标准，但这些独立的公约规定的实体内容均完全被 TRIPS 吸收和包容。TRIPS 的保护水平以各独立的知识产权公约确立的保护标准为起点，这一点也说明 TRIPS 的保护水平在所有的知识产权保护的国际条约中是最高的。

（五）知识产权海关保护

1. 知识产权海关保护的概念

知识产权海关保护，是指海关依法禁止侵犯知识产权的货物进出口的措施。TRIPS 中将其称为知识产权的边境措施（Border Measures）。

根据我国 2010 年 3 月修订的《知识产权海关保护条例》（下称《条例》）第二条的规定，我国海关保护的知识产权应当是与进出口货物有关并受中华人民共和国法律、行政法规保护的商标专用权、著作权和与著作权有关的权利、专利权。此外，根据《奥林匹克标志保护条例》和《世界博览会标志保护条例》的规定，我国海关也应当对奥林匹克标志和世界博览会标志实施保护。

2. 中国海关知识产权保护的模式

（1）依申请保护

依申请保护，是指知识产权权利人发现侵权嫌疑货物即将进出口时，根据《条例》第十二、十三和十四条的规定向海关提出采取保护措施的申请，由海关对侵权嫌疑货物实施扣留的措施。由于海关对依申请扣留的侵权嫌疑货物不进行调查，知识产权权利人需要就有关侵权纠纷向人民法院起诉，所以依申请保护也被称作海关对知识产权的"被动保护"模式。

（2）依职权保护

依职权保护，是指海关在监管过程中发现进出口货物有侵犯在海关总署备案的知识产权的嫌疑时，根据《条例》第十六条的规定，主动中止货物的通关程序并通知有关知识产权权利人，并根据知识产权权利人的申请对侵权嫌疑货物实施扣留的措施。由于海关依职权扣留侵权嫌疑货物属于主动采取制止侵权货物进出口，而且海关还有权对货物的侵权状况进行调查和对有关当事人进行处罚，所以依职权保护也被称作海关对知识产权的"主动保护"模式。从全国海关的执法实际来看，90%以上的案件都是海关主动采取措施发现的。

知识产权权利人向海关申请采取依职权保护措施前，应当按照《条例》第七条的规定，将其知识产权及其他有关情况向海关总署进行备案。知识产权海关保护备案自海关总署准予备案之日起生效，有效期为10年。知识产权有效的，知识产权权利人可以在备案有效期届满前6个月内，向海关总署申请续展备案。每次续展备案的有效期为10年。

3. 我国知识产权海关保护的程序

（1）依申请保护的主要程序

①权利人申请。知识产权权利人发现侵权嫌疑货物即将进出口的，可以向货物进出境地海关提出扣留侵权嫌疑货物的申请。知识产权权利人请求海关扣留侵权嫌疑货物的，应当提交申请书及相关证明文件，并提供足以证明侵权事实明显存在的证据。申请书应当包括下列主要内容：知识产权权利人的名称或者姓名、注册地或者国籍等；知识产权的名称、内容及其相关信息；侵权嫌疑货物收货人和发货人的名称；侵权嫌疑货物名称、规格等；侵权嫌疑货物可能进出境的口岸、时间、运输工具等。侵权嫌疑货物涉嫌侵犯备案知识产权的，申请书还应当包括海关备案号。

知识产权权利人请求海关扣留侵权嫌疑货物的，应当向海关提供不超过货物等值的担保，用于赔偿可能因申请不当给收货人、发货人造成的损失，以及支付货物由海关扣留后的仓储、保管和处置等费用；知识产权权利人直接向仓储商支付仓储、保管费用的，从担保中扣除。

②海关扣留侵权嫌疑货物。海关在收到权利人提出的申请后，审查相关内容。如果海关认为权利人提交的申请不符合规定或者未按照规定提供担保的，海关将驳回相关申请。如果权利人的申请符合要求并按规定提供担保的，海关应当扣留侵权嫌疑货

物，书面通知知识产权权利人，并将海关扣留凭单送达收货人或者发货人。

经海关同意，知识产权权利人和收货人或者发货人可以查看有关货物。收货人或者发货人认为其货物未侵犯知识产权权利人的知识产权的，应当向海关提出书面说明并附送相关证据。

③权利人向法院申请责令停止侵权行为或财产保全的措施。由于依申请保护模式海关不进行实质性调查，因此权利人在向海关提出采取保护措施的申请后，可以依照《商标法》、《著作权法》或者《专利法》的规定，在起诉前就被扣留的侵权嫌疑货物向人民法院申请采取责令停止侵权行为或者财产保全的措施。海关自扣留侵权嫌疑货物之日起20个工作日内，收到人民法院协助扣押有关货物书面通知的，应当予以协助；未收到人民法院协助扣押通知或者知识产权权利人要求海关放行有关货物的，海关应当放行货物。

④涉嫌侵犯专利权货物的反担保放行。由于在实务中专利认定较为困难，涉嫌侵犯专利权货物的收货人或者发货人认为其进出口货物未侵犯专利权的，可以在向海关提供货物等值的担保金后，请求海关放行其货物。知识产权权利人未能在合理期限内向人民法院起诉的，海关应当退还担保金。

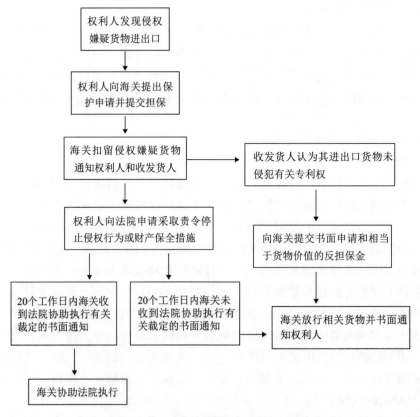

图 4-1　知识产权依申请保护流程图

（2）依职权保护的主要程序

①海关发现侵权嫌疑货物。依职权保护的起点是海关发现侵权嫌疑货物。海关在发现涉嫌侵权货物后会及时核对海关总署的知识产权备案库，对权利的特征、权利的内容、相关的图片、许可使用情况等进行逐一核对。在此阶段海关有权要求收发货人补充申报进出口货物的知识产权状况。如果收发货人未按照规定申报货物知识产权状况、提交相关证明文件或者海关有理由认为货物涉嫌侵犯在海关总署备案的知识产权的，海关应当中止放行货物并书面通知知识产权权利人。

②知识产权权利人提出扣留侵权嫌疑货物的申请。知识产权权利人自通知送达之日起 3 个工作日内认为有关货物侵犯其在海关备案的知识产权并要求海关予以扣留的，应当向海关提出扣留侵权嫌疑货物的书面申请并按照以下规定提供担保：货物价值不足人民币 2 万元的，提供相当于货物价值的担保；货物价值为人民币 2 万至 20 万元的，提供相当于货物价值 50% 的担保，但担保金额不得少于人民币 2 万元；货物价值超过人民币 20 万元的，提供人民币 10 万元的担保。

在海关备案的商标专用权的知识产权权利人，经海关核准可以向海关提交银行或者非银行金融机构出具的保函，为其向海关申请商标专用权海关保护措施提供总担保。总担保的担保金额应当相当于知识产权权利人上一年度向海关申请扣留侵权嫌疑货物后发生的仓储、保管和处置等费用之和；知识产权权利人上一年度未向海关申请扣留侵权嫌疑货物或者仓储、保管和处置等费用不足人民币 20 万元的，总担保的担保金额为人民币 20 万元。

③海关扣留侵权嫌疑货物。知识产权权利人根据规定提出申请并根据规定提供担保的，海关应当扣留侵权嫌疑货物并书面通知知识产权权利人；知识产权权利人未提出申请或者未提供担保的，海关应当放行货物。海关扣留侵权嫌疑货物的，应当将扣留侵权嫌疑货物的扣留凭单送达收发货人。

④海关对货物的侵权状况等进行调查认定。海关发现进出口货物有侵犯备案知识产权嫌疑并通知知识产权权利人后，知识产权权利人请求海关扣留侵权嫌疑货物的，海关应当自扣留之日起 30 个工作日内对被扣留的侵权嫌疑货物是否侵犯知识产权进行调查、认定；不能认定的，应当立即书面通知知识产权权利人。

⑤海关没收侵权货物或者协助人民法院对货物进行司法扣押。自扣留侵权嫌疑货物之日起 50 个工作日内收到人民法院协助扣押有关货物书面通知的，海关应当予以协助；未收到通知并且经调查不能认定被扣留的侵权嫌疑货物侵犯知识产权的，海关应当放行货物。被扣留的侵权嫌疑货物，经海关调查后认定侵犯知识产权的，由海关予以没收。海关没收侵犯知识产权货物后，应当将侵犯知识产权货物的有关情况书面通知知识产权权利人。

⑥对没收的侵权货物进行处置。被没收的侵犯知识产权货物可以用于社会公益事业的，海关应当转交给有关公益机构用于社会公益事业；知识产权权利人有收购意愿的，海关可以有偿转让给知识产权权利人。被没收的侵犯知识产权货物无法用于社会公益事业且知识产权权利人无收购意愿的，海关可以在消除侵权特征后依法拍卖，但

对进口假冒商标货物，除特殊情况外，不能仅清除货物上的商标标识即允许其进入商业渠道；侵权特征无法消除的，海关应当予以销毁。

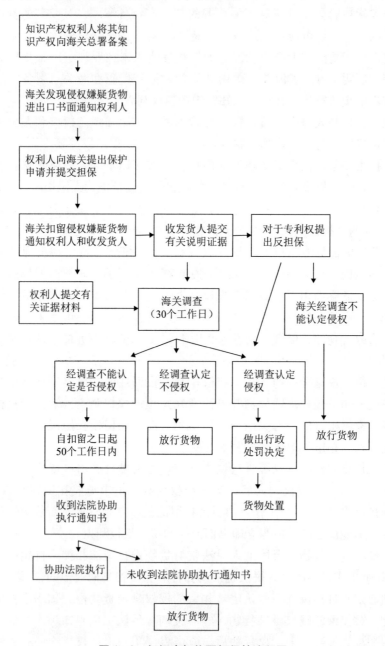

图4-2　知识产权依职权保护流程图

参见：中国国际贸易学会商务专业培训考试办公室编，《外贸业务理论与实务》，中国商务出版社，2012年1月 P464—466

五、产品责任法

【案例4.2】

卡罗·恩斯特 v. 美国默沙东制药公司

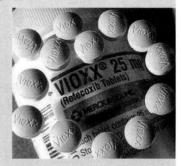

59岁的罗伯特·恩斯特为沃尔玛商场的产品经理，喜爱长跑和有氧运动。为了缓解其手部因风湿引起的疼痛，他连续8个月服用默沙东公司生产的风湿关节止痛专利药"万洛"（Vioxx）。2001年5月，恩斯特因心脏病突发死亡。其妻卡罗·恩斯特认为她丈夫是因服用"万洛"后死亡的，于是向得克萨斯州法院起诉，要求默沙东公司赔偿损失。默沙东公司认为，是无规则的心跳和血管堵塞导致恩斯特死亡，而不是服用"万洛"的原因。

"万洛"于1998年上市，是美国默沙东制药公司生产的作为治疗风湿性关节炎的专利药物。但美国食品与药品管理局在2004年发布报告称，"万洛"会增加患心脏病或中风的危险，尤其是服用18个月以上的患者，其心脏病突发或中风的概率将成倍增加。迫于压力，默沙东公司于2004年9月决定在全球停止销售此药。

2005年8月19日，由七位男性、五位女性组成的陪审团经过了长达两天的考虑，以10对2宣布卡罗·恩斯特胜诉，认定默沙东公司出于疏忽，把具有争议的"万络"投入市场，对"万络"服用者罗伯特·恩斯特的猝死负有责任。最终，默沙东公司被判处赔偿卡罗·恩斯特共计2.53亿美元，其中包括经济损失45万美元（罗伯特作为一名沃尔玛公司产品经理的薪水），精神损害赔偿和丧偶补偿费2400万美元以及惩罚性损失赔偿2.29亿美元。该案是美国上千起关于"万络"的悬而未决的诉讼案的第一起判决。

讨论：默沙东公司承担的产品责任的构成要件是什么？其损害赔偿范围有何特点？

（一）产品责任的概念和性质

1. 产品责任的概念

产品责任（Product Liability），是指产品的生产者或销售者因其产品存在缺陷，从而给消费者或使用者造成财产损害或人身伤害而需承担的赔偿责任[①]。产品责任是侵权行为在商业领域中最基本的表现形式之一。

---

① 《美国布莱克法律词典》将"产品责任"解释为"生产者或销售者因其生产或销售的缺陷产品致使购买者、使用者或旁观者遭受财产损害或人身伤害而需承担的侵权法律责任"。

2. 产品责任的性质

产品责任源于货物的买卖，产品责任与合同违约责任有一定的关联。但从严格的法律意义上说，产品责任是独立于货物买卖法的一种侵权责任。当侵权责任与违约责任发生竞合时，受害方具有选择权。我国《合同法》第 122 条规定，"因当事人一方的违约行为，侵害对方人身、财产权益的，受损害方有权选择依照本法要求其承担违约责任或者依照其他法律要求其承担侵权责任。"

（二）产品责任法的概念和性质

1. 产品责任法的概念

产品责任法（Product Liability Law），是调整产品生产者或销售者与消费者、使用者之间因产品缺陷所形成的侵权赔偿关系的法律规范的总称。产品责任法首先以判例的形式出现在工业发展较早的英美国家。第二次世界大战后在欧美国家尤其是在美国得到很大发展。随着国际贸易的日益频繁，各国产品越来越多的涌入国际市场，进行广泛的流通，各国之间关于产品责任的纠纷随之增加。对产品责任进行国家调整，越来越受到国际社会的重视，许多有关的国际条约相继问世。

2. 产品责任法的性质

产品责任法与货物买卖法既有联系，又有区别。其联系是，货物买卖法中有关卖方对货物品质担保责任的规定，与产品责任法的某些要求具有共同之处。其区别是，就法律性质而言，货物买卖法属于私法性质，其大多数规定是任意与灵活的，只有少数规定具有强制性。当事人可以通过合同约定的方式加以更改、补充或者排除。严格意义上的产品责任法属侵权法，因此亦属私法的范畴；但宽泛意义上的产品责任法还可以包括国家制定的有关产品生产者或销售者产品安全义务、有关产品质量或安全标准等法律法规。这些法律法规属公法的范畴，涉及国家对产品安全的行政管理关系。在产品责任法中，很多规定属强行法，如生产者对缺陷产品所承担的法定义务不能通过生产者与消费者之间的合同约定加以排除。可见，产品责任法兼具公法与私法的双重属性。

（三）产品责任法中的几个重要术语

1. 产品（Products）

美国《第三次侵权法重述：产品责任》（以下简称《重述三》）第 19 条规定："为本《重述》之目的，（a）产品是经过商业性销售以供使用或消费的有形动产。其他种类如不动产和电，当它们的销售及使用与有形动产的销售及使用足够类似而适用本《重述》所述规则是适当的，也是产品。（b）服务，即使是商业性提供的，也不是产品。（c）人体血液及人体组织器官，即使是商业性提供的，也不受本《重述》规则的约束。"

我国 2009 年修正的《产品质量法》第 2 条规定："本法所称的产品是指经过加工、制作，用于销售的产品。建筑工程不适用本法的规定，但是建筑工程使用的建筑材料、建筑构配件和设备，属于前款规定的产品范围，适用本法的规定。"

1977 年 10 月生效的《产品责任法律适用公约》对产品的定义较宽泛。"产品"的范围包括一切可供使用或消费的天然产品和工业产品，而不论是加工的还是未加工的，也无论是动产还是不动产。

2. 缺陷（Defects）

"缺陷"是产品责任中的核心概念。如果产品没有缺陷，就不会产生相应的产品责任。尽管各国对"缺陷"含义的表述有所不同，但一般都认为缺陷是指产品不能提供人们有权合理期待的安全或存在着不合理的危险。例如，英国 1987 年《消费者保护法》与德国《产品责任法》规定，如果产品不具有人们有权期待的安全性，该产品即存在缺陷。

美国《第二次侵权法重述》（以下简称《重述二》）把产品的缺陷定义为"不合理的危险"（Unreasonable Danger）。早期美国各州法院多采用"消费者期望标准"（Consumer Expectations Test）来界定产品是否含有不合理的危险。由于消费者期望标准在司法实践中难以准确把握，《重述三》采用了"风险—效用比较标准"（Risk-utility Test）作为判断的主要标准，如果产品的实际效用明显高于产品存在的危险，而且该危险不能通过合理的方式以合理的成本予以降低或消除的话，那么产品依然是安全的，是没有缺陷的。美国产品责任法把产品缺陷分成三种情况：

（1）产品的制造缺陷

产品的制造缺陷（Manufacturing Defects），是指产品存在与该产品的设计意图相背离的物理状况，从而使产品含有不合理的危险。例如，一听罐装方便粥里夹杂着一小片塑料，导致消费者在食用时受伤，而塑料片的混入并非生产者的意图。产品的制造缺陷往往是生产者在产品的生产或管理中的疏忽所致，但也不能排除生产者已经尽到了合理的注意义务，产品依旧存在制造缺陷。产品的制造缺陷一般只涉及整批产品中的个别产品。

（2）产品的设计缺陷

产品的设计缺陷（Design Defects），是指产品虽然符合产品的设计意图，但该设计本身含有不合理的危险。例如，消费者购买了一台豆浆机，使用情况一向良好。可有一天燃煮中的豆浆机突然倾倒，滚烫的豆浆将站在桌边的女童严重烫伤。如果该款豆浆机能在上盖与下盖之间加上一个固定连环扣，那么即使豆浆机翻倒，也不至于全部溅洒出来！此时，可以说该产品设计上确实存在缺陷。

（3）产品的警示缺陷

产品的警示缺陷（Warning Defects），是指产品存在可以合理预见的危险，但产品的生产者或销售者没有提供必要和充分的产品使用说明或警示以降低或避免产品存在的危险。例如，生产商未对一种装在玻璃瓶里的化学药剂的使用安全做出充分的警示，从而导致使用者在使用该产品时因将瓶掉在水池里引起爆炸身亡。产品的警示缺陷与产品的设计缺陷类似，会影响到整批产品的安全性。

3. 责任主体（Persons Liable）——生产者和销售者

产品责任的承担者包括两类：其一是产品的生产者，包括从产品出售给使用者或消费者之前，设计、生产、组装或加工产品或产品零部件的自然人或组织；其二是销售者，即从事产品销售业务的自然人或组织，包括产品的批发、分销和零售业者。

4. 权利请求者（Claimants）——缺陷产品的受害者

在产品责任案件中，凡是其人身或财产因产品缺陷遭受损害的受害者都有权向产品的生产者或销售者提出产品责任的权利请求。这些受害者可能是缺陷产品的购买者、合理预见的缺陷产品的实际使用者或者可以合理预见的旁观者。

（四）美国产品责任法

美国是近现代工业化发展最为快速的国家，其产品责任法更被誉为"世界上最先进的和最精致的消费者保护制度"。美国的产品责任法主要是判例法，且以州法为主，而不是联邦统一立法。为了统一各州的产品责任法，美国商务部于 1979 年公布了《统一产品责任示范法》以供各州采纳适用，但至今美国各州立法仍不统一。

相反，对美国各州立法和私法判例影响较大的则是美国法学会编纂的《法律重述》。1965 年，美国法学会颁布了《重述二》。其中关于产品责任的核心条款是第 402A 条款。该条款彻底否定了产品责任诉讼中的契约原则，同时确定了产品责任的归责原则是严格责任。《重述二》确定的严格责任原则很快在美国各州流行，并为绝大多数州采纳，成为产品责任归责理论的主导。1997 年 5 月，美国法学会颁布了《重述三》。《重述三》包括 4 章共 21 条，对《重述二》第 402A 条款所确立的严格责任原则作了重大的修改，限制了严格责任适用的范围，并力图对产品责任的相关主要问题做出清晰的阐明。

1. 产品责任的归责原则

（1）疏忽责任原则

疏忽责任，是指产品的生产者或销售者因其在产品生产或销售过程中存有疏忽导致产品存在缺陷，从而应对消费者或使用者所遭受的损失承担的产品责任。当原告以疏忽为理由向法院起诉要求被告赔偿其损失时，必须提出证据证明：①被告没有尽到"合理的注意"（Reasonable Care），即被告有疏忽之处；②由于被告的疏忽直接造成了原告的损失。

美国早期的产品责任理论受到英国判例的影响，要求产品责任诉讼的当事人必须要有合同关系。最具代表性的是 1842 年英国最高法院受理的温特博特姆诉赖特案。

"无契约无责任"原则下，如果受到缺陷产品损害的消费者或使用者不能证明其与产品的生产者或销售者之间有合同关系，那么即使消费者能够证明后者对产品缺陷存有疏忽，其权利请求依然不能得到支持。这对消费者权益的保护显然是不利的。合同关系理论在美国的影响持续了七十多年，虽然其间在产品责任的个别领域突破了合同关系限制。但直到 1916 年麦克弗森诉别克汽车公司一案，才真正突破了合同关系理论，确立了疏忽责任原则。

本案确立了产品生产者的疏忽责任，排除了合同关系的要求，将产品责任正式导入到侵权责任领域，给那些非合同买受人的受害者提供了法律救济途径，并扩大了合同受害人的诉讼理由，为消费者的产品责任诉讼铺好了道路。本案判决也反映了美国一种立法价值取向，即从契约自由下对生产者和销售者的保护开始转向了对处于社会弱势地位的消费者的保护。

（2）担保责任原则

担保责任，是指产品的生产者或销售者违反了对产品的品质担保义务而承担的责任。担保责任源于合同法，销售者有义务保证出售产品的品质。担保包括明示担保（Express Warranty）和默示担保（Implied Warranty）。明示担保基于当事人的意思表示而产生，主要是产品的制造者和销售者对产品的品质、用途、性能等做出保证性的声明或陈述，常见于合同、广告、产品说明、标签之中。默示担保主要是指销售者担保产品具有商销性，即产品符合产品的一般使用用途。默示担保的实质是销售者对产品所承担的法定义务，保证产品具有起码的品质和效用。为保护消费者的利益，早在19世纪后期，美国许多州的法院通过对销售者施加默示担保的义务来改变"买主当心"的规则。

由于这种产品责任源于合同关系，消费者基于担保责任原则提起诉讼时，原告无须证明被告确有疏忽导致产品有缺陷。但是，原告必须证明：①产品存在缺陷；②原告的损失确由产品缺陷所致；③被告违反了对产品明示或默示的担保。从一定意义上说，担保责任相当于一种严格责任。然而，由于担保责任归属于合同责任，担保责任的认定也受制于合同法上的各种抗辩，如原被告之间应当具有直接的合同关系、明示的弃权条款以及消费者及时通知产品缺陷及损害的义务等要求。因此，美国法院在司法实践中又逐步突破了这些抗辩限制。其中1932年巴克斯特诉福特汽车公司案就是其中有代表性的案例。该案突破了担保责任的合同抗辩限制，将担保责任延伸至侵权责任领域。

（3）严格责任原则

严格责任亦称无过错责任（Strict Liability in Tort），是指对产品存在的缺陷，即使产品的生产者或销售者不存在任何过错，也应当对缺陷产品所造成的损失承担赔偿责任。严格责任以侵权行为之诉为特征，不要求原被告之间存在直接的合同关系，原告也无须证明被告存在疏忽。因此，严格责任原则对保护消费者是最为有利的。在1944年美国加利福尼亚州最高法院审理的"艾丝卡拉诉可口可乐瓶装公司案"最早提出严格责任的思想。1963年，格林曼诉尤巴电机公司案标志着严格责任的正式确立。

本案中，法院判决原告胜诉，依据的不是担保责任，而是侵权法中的严格责任。特雷诺法官在判决中指出："当一个制造商将一件产品投放到市场中时，如果明知它将不经检查而使用，而此项产品被证明含有致人受到伤害的缺陷，那么该制造商在侵权方面负有严格责任。"此即产品责任法上著名的"格林曼规则"。该规则标志着严格责任在产品责任领域被正式确立下来。

该判决表明，法院的侧重点从生产者的行为转移到产品的性能上。只要产品存在缺陷，并造成人身或者财产损害，该产品的生产者就应承担责任，不管生产者是否存在过失，也不管生产者是否提供了担保，从而避免了在过失责任下的举证困难，也消除了担保责任下的种种限制。该案确立的严格责任原则和特雷诺法官的意见，对美国《重述二》第402A条款有着深刻影响。

严格责任理论在其后随着两个方向发展：一方面，严格责任朝着更有利保护消费者的方向发展，比如"市场份额原则"的提出；另一方面，美国又开始考虑对严格责任的适用做出适当的限制，从而更为公平地分配生产者和消费者之间对产品危险的风险分担。如《重述三》对产品的制造缺陷采用的是严格责任，但对产品的设计缺陷和警示缺陷，消费者原则上需要通过证明产品存在更合理的替代设计或警示以减少或消除现存的危险，方可证明产品确有缺陷，进而方可要求生产者或销售者承担责任。

在严格责任下，原告的举证责任仅限于：①产品确实存在缺陷或不合理的危险；②正是该产品的缺陷给使用者或消费者造成了损害；③产品存在的缺陷是在生产者或销售者把该产品投入市场时就有的。只要原告能证明以上三点，被告就要承担赔偿责任。

严格责任理论对消费者提起产品责任诉讼非常有利，但这并不意味着疏忽责任理论和担保责任理论的消失。相反，在美国产品责任诉讼中还是有相当数量的案件中消费者选择疏忽责任或担保责任作为诉讼的责任基础。但毫无疑问的是，大多数案件的消费者选择的是严格责任。

（4）市场份额原则

市场份额原则，指当原告不能明确举证他的损害是由谁的缺陷产品所致时，就以各个被告人的市场份额作为判决的根据。加州最高法院在 1980 年做出的辛德尔诉阿伯特实验室一案的判决中首先确立了市场份额原则。该案确立的市场份额原则对传统侵权法因果关系规则做出了修正，也使 DES 案件的受害者获得了法律救济。之后，美国其他的州法院以此判例为依据为 DES 受害者提供救济，从而市场份额规则不仅得到更广泛地适用，也在适用中获得完善。

2. 产品责任的抗辩事由

产品责任的抗辩，是指产品责任人主张减轻或免除责任的理由。在美国司法实践中，一般由各州的法院根据具体的案件事实、产品的缺陷以及原告的权利主张等因素确定具体适用的抗辩事由。常见的抗辩事由包括：

（1）不可预见性

不可预见性（Unforeseeability），是指产品含有不可预见的危险。在 20 世纪 80 年代中期以前，由于《重述二》第 402A 条款所确立的严格责任原则，法院一般不认可不可预见的危险作为产品责任的抗辩。但随着《重述三》的颁布，不可预见的危险成为一项非常重要的抗辩，特别是针对产品的设计缺陷和警示缺陷。

（2）明显的危险

明显的危险（Obvious Danger），又称众所周知的危险。《重述三》规定，总体上说，对于可预见的产品使用者是显而易见的或大多数人所知道的危险或避险措施，产品销售者不应因未警示或指示而承担责任。但需要注意的是，风险的显而易见性并不必然排除生产者提供更安全设计的义务，因为即使危险是显而易见的，即使警告足够充分，但消费者还是可能因为产品设计的不安全性而不可避免地卷入到危险之中。

（3）产品的误用和改装

产品的误用和改装（Product Misuse and Alteration），是产品责任法中的一个重要抗辩。法院一般认为生产者应对可以合理预见的使用、误用或改装采取预防措施。但对于不可预见的误用和改装，生产者没有义务采取预防措施，因而导致的损害往往是因为消费者自身严重的过失。《重述三》指出，"产品出售者……并未被要求针对每一个可以想见的其产品的使用及滥用方式进行预见并采取预防措施。增加产品的设计和销售成本以避免不合理使用方式引起的后果并非法律所要求的。"

（4）产品固有的危险

产品固有的危险（Inherent Product Danger），是指产品含有天生的危险，无法以设计或警示的方式避免，比如一把菜刀。消除该产品的固有危险可能会从根本上改变产品的性质和功能。产品固有的危险能否作为一项成功的抗辩，与产品缺陷的判断标准有密切联系。依产品缺陷的风险—效用比较标准，该项抗辩能够成立的情形往往是产品的实际效用明显高于产品的固有危险。

（5）自担风险

自担风险（Assumption of the Risks），是指原告明知产品有缺陷或存在危险，而仍自愿且不合理地将自己置于这种危险或风险境地。《重述二》指出，原告如自担风险则不能主张赔偿的权利。但随着对严格责任态度的改变，自担风险被比较过错所代替。《重述三》第17条规定，原告因产品缺陷所导致的损害，如果同时亦源于原告没有尽到适当的注意义务，那么将减少原告的赔偿请求。目前，美国大多数州在产品责任诉讼中采用比较过错原则来确定责任的分担。

3. 损害赔偿

按照美国法院的判例，在产品责任诉讼中原告可以提出的损害赔偿的请求范围相当广泛，判决的赔偿金额往往相当高额，动辄几十万至上百万美元，个别案件甚至高达上百亿美元。具体来说，原告可以提出的损害赔偿主要包括：

（1）对人身伤害的赔偿

人身伤害的赔偿一般包括：①合理的医疗费用；②因人身伤害导致的间接经济损失，如收入的减少和挣钱能力的减弱；③肉体痛苦和精神伤害；④受害人死亡后，其近亲属因此遭受的损失，如抚养费和精神损害等。其中第③项赔偿在全部赔偿金额中往往占很大的比例，这也是美国产品责任赔偿中的一个特点。

（2）对财产损失的赔偿

该项赔偿的对象是缺陷产品以外的财产损失，不包括缺陷产品本身的损失。其范围包括替换受损财产或修复受损财产所支出的合理费用。

（3）惩罚性的赔偿

惩罚性的赔偿（Punitive Damages），是侵权行为人实施侵权行为时全然置公共政策于不顾，存在恶意或重大过失，因而法院在判令支付补偿性赔偿金的基础上，再要求侵权行为人向受害者支付额外的赔偿金。惩罚性赔偿是对侵权行为人的惩罚和威慑，其赔偿金额一般都很高，旨在达到抑制该类侵权行为的目的。

惩罚性赔偿是美国产品责任法的一项重要制度，在美国产品责任案件中得到广泛应用。法院在具体判决中一般需考虑以下因素：①销售者不当行为导致损害的可能性；②销售者对上述可能性的认知程度；③销售者因不当行为所能获得的非法利益；④销售者不当行为的持续时间和隐瞒程度；⑤销售者发现不当行为后所采取的态度以及不当行为是否已经终止；⑥销售者的经济状况；⑦对销售者已经施加的或可能施加的其他惩罚措施的总体效果；⑧原告所遭受的损害是否源于原告本身对产品安全的轻率漠视。

4. 管辖权和法律适用

在国际贸易中，本国产品输出国外或外国产品输入本国，因产品的缺陷，使他国或本国消费者和用户遭到人身和财产损害，消费者可对进口商、经销商和零售商起诉，也可向产品输出国的制造商起诉，要求损害赔偿。当然，本国产品出口到其他国家时因产品缺陷使外国消费者或用户遭受损害，外国消费者同样可以要求出口商和制造商承担产品责任。由于各国产品责任法的差异，往往就涉及复杂的管辖权和法律适用问题。

（1）诉讼管辖

当美国消费者或用户在美国法院对外国的出口商或生产者提起产品责任诉讼时，美国法院有一种扩大管辖权的倾向。美国各州都制订了一些法律用以确定美国法院对不居住在美国（或本州）的被告是否享有对人的管辖权的标准。这种法律叫"长臂法"（Long-Arm Statute）。在1945年联邦最高法院审理的"国际鞋业公司诉华盛顿州法院"一案中，法院放弃了"领土主权原则"的传统，确立了长臂管辖的"最低联系标准"（Test of Minimum Contacts）。1955年，伊利诺伊州首开先河，制定了延伸司法管辖权的法令，即长臂管辖权（（Long-Arm Jurisdiction）法令。所谓"最低联系标准"，通常是指被告经常直接或通过代理人在该州境内从事商业活动，或因其行为或不行为在该州境内造成了损害。只要符合这个标准，法院就可以取得对该被告的管辖权，法院就有权受理此案，有权依照法定程序传唤国外的被告出庭，并有权依法做出有效判决。在大多数情况下，美国法院认为，只要国外的被告与法院所在的州有某种联系，法院就有对被告的管辖权；一旦法院据此做出判决，美国原告就可以通过适当的程序向被告所在国的法院要求承认和执行这一判决。

（2）法律适用

法院在确定了管辖权之后，随之而来的是法律适用的问题。在涉外产品责任诉讼中，按照美国的冲突法规则通常是适用损害发生地法来确定当事人的责任，即产品在什么地方对消费者或用户造成了损害，就适用哪个地方的法律来确定产品生产者和销售者的责任。但这项原则受到了一些批评，特别在涉及汽车事故的产品责任案件中，由于汽车经常跨越州际甚至国境行驶，如完全按照出事地点的法律来确定汽车的生产者或销售者的产品责任，有时可能对原告不利。因此，美国现在的多数州法院倾向于由原告在数个与案件有联系的连接因素中选择对自己最为有利的法律。这些连接因素有：加害地、受害地、产品购买地、原告或被告住所地或营业地、法院地等。

（五）欧盟《产品责任指令》

欧盟是目前世界上最具代表性的区域性国际组织。为了协调各成员国有关产品责任的法律，欧共体（欧盟前身）理事会于 1985 年 7 月 25 日通过了一项《产品责任指令》。该指令全称为《使各成员国产品责任法律相互接近的理事会指令》（Directive 85/374/EEC）以下简称《指令 1985》）。根据该指令第 19 条的规定，各成员国有义务在指令颁布后三年内将指令的内容转化为国内法。为了进一步提高产品责任的保护水准，应对部分领域的产品安全危机，欧盟议会和理事会于 1999 年 5 月 10 日通过了《修订指令 85/374/EEC 的指令 1999/34/EC》（下称《指令 1999》）。《指令 1999》共 4 条，围绕对《指令 1985》第 2 条的修订扩大了产品责任的适用范围。

1. 产品

《指令 1985》第 2 条规定，"产品"是指除初级农产品和狩猎产品以外的所有动产产品，即使其已被组合在另一动产或不动产之内。电力亦包括在"产品"之内。初级农产品包括种植业、畜牧业、渔业产品，但不包括经过加工的此类产品。到了 20 世纪 90 年代，随着疯牛病危机的发生，农产品安全成为欧盟各成员国关注的突出问题。为了让消费者重拾对农产品安全的信赖，进一步统一各成员国法律的规定，《指令 1999》第 1 条明确规定，产品包括所有的动产，而没有任何例外的规定。这也意味着把初级农产品和狩猎物纳入到"产品"的范围，并且不允许各成员国对此提出保留或排除适用。

2. 缺陷

根据《指令 1985》第 6 条的规定，如果一个产品不能提供人们有权期待的安全性，产品即为有缺陷。在界定产品是否有缺陷的问题上，《指令 1985》指出应将产品的使用说明、可以合理预见的产品使用状况和产品投入流通的时间等相关因素考虑在内。

3. 责任主体

根据《指令 1985》第 3 条的规定，产品责任的承担者是指产品的生产者。生产者具体又包括：①成品生产者；②原料生产者或零部件生产者；③通过在产品上标明其姓名、商标或其他可辨识的特征，表明其为生产者的任何人；④在不减损产品生产者责任的情况下，任何将产品输入到欧共体市场用于销售、租用、出租或任何形态之商业销售者，都将被认为本指令意义上的生产者，并将承担与生产者相同之责任；⑤如果生产者不能被确认，产品的供应商将被视为生产者，除非在合理时间内其能够向消费者告知生产者或向其提供产品的供应商的身份。此规定同样适用于上述第④种情况中的进口产品。

4. 归责原则

《指令 1985》规定产品责任的归责原则为严格责任，即无过错责任。受害者提出赔偿请求，只需证明产品存在缺陷、缺陷产品所造成的损害以及两者之间的因果关系，而无须证明生产者是否存有过错。

5. 责任的免除或减轻

根据《指令 1985》第 7 条的规定，如果生产者能够证明存有下列情况，则不承担责任：①生产者尚未将产品投入流通；②根据情况表明造成损害的缺陷可能是在产品投入流通时并不存在或者是在投入流通后形成的；③产品并非用于销售或以经济为目的的任何形式之分销，也并非由生产者在商业经营过程中制造或分销。④产品的缺陷是由于执行政府的强制性法规所致；⑤以产品投入流通时的科学或技术水平无法发现缺陷的存在等。《指令1985》同时指出，如果损害的造成亦可归因于受害人自身的过错，生产者的责任可以相应地减轻甚至免除。

6. 损害赔偿

根据《指令1985》第9条的规定，损害包括人身伤害和财产损害。对于人身伤害，特别提到本指令不影响各成员国规定受害者可以提出精神损害赔偿。对于财产损害，规定不包括缺陷产品本身，并对缺陷产品以外的其他财产的损害规定了赔偿的门槛，以避免过多的产品责任诉讼。

7. 诉讼时效

《指令1985》第10条规定，原告提起赔偿请求的诉讼时效为3年，从原告知道或应当知道损害、缺陷和被告的身份之日起计算。但是如果自缺陷产品投入流通后10年内，受害者没有提起诉讼请求，那么受害者将不再享有此权利。

（六）中国产品责任法

1. 中国产品责任法概述

我国最早的完整意义上的有关产品责任方面的法律是1986年《民法通则》，该法第122条借鉴了美国和欧盟的相关制度，确定了产品制造者和销售者的严格责任制度，即"因产品质量不合格造成他人财产、人身损害的，产品制造者、销售者应当依法承担民事责任。运输者、仓储者对此负有责任的，产品制造者、销售者有权要求赔偿损失"。但是，该法对产品责任的规定过于原则和简单，造成法律实施的困难。

1993年9月1日，我国《产品质量法》正式施行。该法是我国第一部专门规范产品质量责任的法律，也是规定产品质量监督和产品责任的基本法律规范。随后，我国于2000年和2009年两次修订了《产品质量法》，除了强化产品质量的行政管理和行政责任，还适当扩大了产品责任中关于人身伤害赔偿责任的范围。

1994年1月，我国《消费者权益保护法》施行，明确规定了经营者向消费者承担的各项产品质量的义务和责任，并规定了经营者因产品缺陷造成消费者人身和财产损害的产品责任。该法经2009和2013年两次修正。

2007年8月27日，国家质检总局第98号令《食品召回管理规定》发布实施，正式开始我国的不安全食品召回制度。除此以外，同日发布的还有《儿童玩具产品召回管理规定》、《出境水生动物检验检疫监督管理办法》和《进出口商品数量重量检验鉴定管理办法》。国家质检总局规定，从2007年9月1日起，经出入境检验检疫机构检验检疫合格的出口食品运输包装上将加施检验检疫标志，应当加施而未加施检验检疫标志的食品一律不准出口。这一加强出口食品监管的新举措，便于对问题产品进行追溯和召回。为便利贸易的需要，检验检疫机构允许企业事先申领标志，在生产加工过程中加施。

2009 年 6 月 1 日，《食品安全法》正式实施。该法进一步加大了对我国食品安全的监管和消费者权益保护的力度。因此，我国目前的产品责任立法是以《产品质量法》为主要的法律渊源，同时包括《消费者权益保护法》、《食品安全法》等相关法律规范。

2. 《产品质量法》的主要内容

（1）缺陷

《产品质量法》第 46 条规定："本法所称的缺陷，是指产品存在危及人身、他人财产安全的不合理的危险；产品有保障人体健康和人身、财产安全的国家标准、行业标准的，是指不符合该标准。"可见，我国产品责任法中生产者和销售者需要承担产品责任的缺陷局限于产品本身违反国家标准或行业标准并造成损害，相对来说规定过于狭窄。

（2）产品责任归责原则

生产者承担产品责任适用严格责任原则。《产品质量法》第 41 条规定："因产品存在缺陷造成人身、缺陷产品以外的其他财产损害的，生产者应当承担赔偿责任。"

销售者承担产品责任适用过错责任原则。《产品质量法》第 42 条第 1 款规定："由于销售者的过错使产品存在缺陷，造成人身、他人财产损害的，销售者应当承担赔偿责任。"

该条第 2 款又规定："销售者不能指明缺陷产品的生产者也不能指明缺陷产品的供货者的，销售者应当承担赔偿责任。"实践中，要证明销售者具有过错有时十分困难，因此对销售者实际适用的是推定过错责任，即销售者应当证明自己在进货、仓储、销售的各个环节中都已履行了谨慎之责，否则就推定其具有过错，须对售出的产品承担责任。同时，即使销售者证明了自己没有过错，但不能指明产品的生产者或供货者时，也仍须承担产品责任。

此外，《产品质量法》第 43 条规定了生产者与销售者的连带责任，即"因产品存在缺陷造成人身、他人财产损害的，受害人可以向产品的生产者要求赔偿，也可以向产品的销售者要求赔偿。属于产品的生产者的责任，产品的销售者赔偿的，产品的销售者有权向产品的生产者追偿。属于产品的销售者的责任，产品的生产者赔偿的，产品的生产者有权向产品的销售者追偿。"

（3）损害赔偿的范围

根据《产品质量法》第 44 条的规定，侵害人因产品存在缺陷造成受害人人身伤害或财产损失的，承担的赔偿范围应包括：①造成人身伤害的，应赔偿医疗费、治疗期间的护理费、因误工减少的收入等费用；②造成残疾的，还应支付残疾者生活自助具费、生活补助费、残疾赔偿金以及由其扶养的人所必需的生活费等费用；③造成死亡的，应当支付丧葬费、死亡赔偿金以及由死者生前扶养的人所必须的生活费等费用；④造成受害人财产损失的，侵害人应当恢复原状或者折价赔偿。受害人因此遭受其他重大损失的，侵害人应当赔偿损失。

2001 年最高院《关于确定民事侵权精神损害赔偿责任若干问题的解释》第一次明确了人身权受到侵犯时应当给予精神损害赔偿。因此，在产品责任事故中，受害人可以依法请求精神损害赔偿。《侵权责任法》第 22 条更是从法律层面明确规定："侵害他人人身权益，造成他人严重精神损害的，被侵权人可以请求精神损害赔偿。"需要明确的是，在损害赔偿的范围上，《产品质量法》采用的是补偿原则，没有设定惩罚性赔偿。

（4）产品责任的抗辩

《产品质量法》第41条第2款规定，生产者能够证明下列情形之一的，不承担赔偿责任。①未将产品投入流通的；②产品投入流通时，引起损害的缺陷尚不存在的；③将产品投入流通时的科学技术水平尚不能发现缺陷的存在的。

（5）诉讼时效

《产品质量法》第45条规定，因产品存在缺陷造成损害要求赔偿的诉讼时效期间为二年，自当事人知道或者应当知道其权益受到损害时起计算。因产品存在缺陷造成损害要求赔偿的请求权，在造成损害的缺陷产品交付最初消费者满十年丧失；但是，尚未超过明示的安全使用期的除外。

第二节　国际贸易政策

导入案例

中国稀土出口政策的转变

"中东有石油，中国有稀土。"这是邓小平在1992年说的一句话。然而，比石油还珍贵的稀土，却未能为中国换来可观的财富。从1990至2005年，中国稀土的出口量虽增长了近10倍，但平均价格却跌至1990年时的一半。就在中国廉价且不限制地出口稀土之际，日本、美国等稀土资源使用大国，却通过购买中国的廉价稀土建立起"深藏不露"的战略储备。有消息称，日本存于海底的稀土至少可供其使用50年。

自2007年起，中国开始对稀土生产实行指令性规划，并开始减少稀土出口。2010年，商务部下达的稀土产品出口配额比2009年骤减了40%。据悉，中国2011年的稀土出口配额将会继续缩小。中国限制稀土出口的措施，引起了美欧日等西方世界的强烈反应。2015年6月，美国和欧盟就中国限制稀土等战略性物资出口上诉世贸组织。近来，日本也高调加入向中国施压的行列。

2012年6月，美国、欧盟、日本就中国稀土、钨、钼三种原材料出口管理措施，正式向WTO争端解决机构提起诉讼。他们提出，中国对上述三种产品采取出口配额、出口关税、价格以及数量控制，违反中国2001年加入WTO时的承诺。

2014年3月，WTO初裁中国稀有金属涉案产品的出口惯例措施违规。4月17日，中方向WTO提出上诉。商务部称，一般WTO会在三个月内做出裁决。

2015年，经国务院批准，商务部决定从2015年1月1日开始取消稀土出口配额管理，2015年5月2日后取消稀土的出口关税。

中国稀有金属资源丰富，但稀有金属市场主要在海外，2009年以来，美国经济强力复苏，日本欧盟经济正在回暖，海外对于稀有金属的需求正在上升，而中国经济增速下降，由此形成海外价格高于国内价格的局面。在此背景下，放开稀有金属出口或有助于劳动需求，进而提升价格。

讨论：我国政府为什么在 2005 年前后采取不同的稀土出口政策？

一、国际贸易政策概述

（一）国际贸易政策内涵

国际贸易政策（International Trade Policy）是指世界各国和地区对外进行商品、服务和技术交换活动时所采取的政策。从某一具体国家和地区的角度出发，其所采取或指定的有关国际贸易的政策就是对外贸易政策。它集中体现在为一国在一定时期内对进出口贸易所实行的法律、规章、条例及措施等。它既是一国总经济政策的一个重要组成部分，又是一国对外政策的一个重要组成部分。

（二）对外贸易政策的目的和构成

1. 各国制定对外贸易政策的目的

不论各国采取和制定什么样的对外贸易政策，目的都不外乎以下五个方面。

（1）保护本国的市场。通过关税和各种非关税壁垒措施来限制外国商品和服务的进口，使本国商品和服务免受外国的竞争。

（2）扩大本国的出口市场。通过各种鼓励出口措施来促进本国出口商增加出口和外国进口商踊跃进口，使本国的出口市场不断扩大。

（3）促进本国产业结构的改善。

（4）积累资本。通过关税、国内税和其他税费措施，使国家获得财政收入，还可同宏观调控政策促使出口商获得良好的外贸环境，从而增加盈利。

（5）维护和发展本国的对外经济政治关系。

2. 对外贸易政策通常的构成

（1）对外贸易总政策。其中包括对外贸易战略、出口总政策和进口总政策。这是根据本国国民经济的总体情况，本国在世界舞台上所处的经济和政治地位，本国的经济发展战略和本国产品在世界市场上的竞争能力以及本国的资源、产业结构等情况，指定的在一个较长时期内实行的对外贸易基本政策。

（2）进出口商品和服务等政策。这是在对外贸易总政策的基础上，根据不同产业的发展需要，不同商品在国内外的需求和供应情况以及在世界市场上的竞争能力，分别制定的适用于不同产业或不同类别商品的对外贸易政策。

（3）国别或地区贸易政策。这是根据对外贸易总政策及世界经济政治形势，本国与不同国别（或地区）的经济政治关系，分别制定的适应特定国家（或地区）的对外贸易政策。

二、自由贸易与保护贸易

（一）对外贸易政策的演变

历史上资本主义国家对外贸易政策的演变，大致经历了如下四个阶段。

第一阶段：15 世纪至 17 世纪，资本主义生产方式准备时期，推行重商主义所鼓吹的保护贸易政策。西欧对亚洲、非洲、美洲的殖民掠夺，使大量金银流入西欧，促进了商品货币经济的蓬勃发展。人们认为，金银货币是财富的唯一形态，一切经济活动的目的就是为了攫取金银货币。这种社会经济的剧烈变化反映到经济思想方面，就是重商主义。在这种思想的指导下，保护贸易政策居于主导地位。

第二阶段：18 世纪至 19 世纪资本主义自由竞争时期，实行古典经济学家亚当·斯密和大卫·李嘉图所倡导的自由贸易政策，以及美国、德国所奉行的保护贸易政策。新兴工业资产阶级需要有更广阔的国际市场，以推销其工业品和进口大量廉价的原材料。而重商主义的保护贸易政策限制了国际贸易的发展，形成了新兴工业资产阶级的障碍。这时产生了以英国经济学家亚当·斯密和大卫·李嘉图为代表的古典经济学派，提倡自由贸易，大大推动了资本主义的发展。与此同时，当产业革命在英、法等西欧国家深入发展时，其他一些国家如德国、美国等经济还不发达，资本主义工业仍处于萌芽状态。这些国家的资产阶级要求保护他们的幼稚工业，于是形成了自由贸易学说相对立的、以汉密尔顿和李斯特为代表的保护贸易学说，当时美国和德国等采取了以保护国内幼稚工业为目标的保护贸易政策。

第三阶段：两次世界大战期间，盛行保护贸易政策。1929—1933 年的世界经济大危机，使市场矛盾尖锐，各国竞相采取保护贸易措施，高筑关税壁垒，以邻为壑。英国经济学家凯恩斯推崇的新重商主义，为这一时期的保护贸易政策提供了理论依据。这个时期的保护贸易政策与第一次世界大战前有很大的不同：奉行保护贸易政策的国家不仅是工业落后的国家，还有工业先进的发达国家；保护的对象主要不是幼稚工业，而是已经发展成熟的垄断工业；保护的目的不是培育自由竞争能力，而是加强对国际市场的垄断。因此，这种保护贸易政策也被称为超保护贸易政策。

第四阶段：第二次世界大战后出现了贸易自由化趋势。第二次世界大战后美国成为世界上最强大的经济和贸易国家，它迫切地要求扩大国外市场，实行贸易自由化。1947 年，23 个国家参加签订了"关税与贸易总协定"，相互给予最惠国待遇，以逐步减免乃至取消关税和其他贸易壁垒，促进贸易自由化。西欧成立了欧洲共同体和欧洲自由贸易联盟，逐步实现内部工农业产品的自由流通。1968 年第二届联合国贸易与发展会议上通过了建立发达国家单方面给予发展中国家的工业制成品和半制成品以关税减免待遇的"普遍优惠制"的决议。需要指出的是，第二次世界大战后各国经济的恢复和迅速发展，国际分工的不断深化和创新，生产和资本的进一步国际化，为贸易自由化提供了坚实的经济基础。

（二）对外贸易政策的基本类别

自对外贸易产生与发展以来，基本上有两种类型的对外贸易政策，即自由贸易政策和保护贸易政策。自由贸易政策的主要内容包括：国家取消对进出口商品贸易和服务贸易等的限制和障碍，取消本国进出口商品和服务贸易等的各种特权和优待，允许商品自由进出口，服务贸易自由经营，在国内外市场上自由竞争。保护贸易政策的主要内容包括：国家广泛采取各种措施限制进口和控制经营范围，保护本国商品和服务在本国市场上免受外国商品和服务的竞争，并对本国出口商品和服务贸易给予优待和补贴以鼓励出口。

（三）自由贸易政策

1. 自由贸易政策发展历程

19世纪产业革命以后，英国经济竞争力大大增强。为了扩大市场，追求高额利润，形成以英国为中心的国际分工，确立单方面的自由贸易政策，并通过各种渠道推行，甚至通过战争，强加给战败的国家。

在20世纪初期，随着英国经济竞争力的下降和大危机的降临，自由贸易政策被超保护贸易政策取代。两次世界大战以后，美国成为经济强国。为了对外扩张，美国从两次世界大战前的贸易保护主义转向自由贸易政策，并推动关税与贸易总协定的建立，推行贸易自由化，把单边的自由贸易政策演变为多边的自由贸易政策。20世纪50—70年代初期，出现了全球范围的贸易自由化，主要表现为关税大幅度降低以及非关税壁垒的逐渐减少。从1947年—1979年，关贸总协定缔约方的平均进口关税税率从第二次世界大战后初期的50%降低到5%，到1993年乌拉圭回合谈判的结果使发达国家和发展中国家平均关税降税1/3，发达国家工业制成品进口平均关税水平降为3.6%左右。非关税壁垒方面随着第二次世界大战后经济的恢复和发展，这些国家在不同程度上放宽了进口数量限制，到20世纪60年代初，西方主要国家进口自由化率已达90%以上。

随着资本国际化和经济全球化的发展，1995年建立世界贸易组织，取代1948年生效的关税与贸易总协定，使多边的自由贸易政策得到加强。

世界贸易组织建立以来，贸易自由化成为世界贸易政策主流。从整体看，它促进了世界贸易组织成员的经济贸易发展和市场经济体制的完善。由于发展不平衡和经济日益相互依靠，自由贸易政策带有被迫性，贸易伙伴被迫就贸易利益进行协商和谈判，达成贸易协议，享受权利并履行义务。在自由贸易政策实施中，受到国家利益的驱使，一般重视权利的享受，疏于义务的履行，出现管理失衡的状态，影响了贸易协议的真正落实。

2008年以来，在世界性的金融危机冲击下，各国为了挽救经济，采取各种救市活动，其中有不少贸易保护主义成分。其特点是利用了世界贸易组织协议中的灰区、打擦边球，滥用和歪曲世界贸易组织规则，冲击了世界贸易组织主导的自由贸易政策。但尚未从根本上动摇自由贸易政策的主导地位。在各种国际会议上，与会者发表声明，共同声讨贸易主义，阻止贸易保护主义的泛滥，维护多边贸易体制。它在一定程度上显示出的自由贸易政策的权威性和主导性，同时也指明世界贸易组织应改革的方向。

2. 英国自由贸易政策介绍

英国是最早实行自由贸易政策的国家，它最先完成产业革命，是19世纪最强大的工业国家，1850年其工业产量占世界30%。同时英国又是最大的殖民帝国，版图占地球陆地面积1/4，殖民地面积超过本土10倍。英国成为世界工厂，商品销向全世界，原料、食品购自全世界。这就决定英国必须冲破国内保护贸易的限制，积极推行自由贸易政策。

（1）废除谷物条例。该条例是当时重商主义保护贸易的重要立法，为保持国内粮食价格处于较高水平，用征收滑准关税的办法，限制谷物进口。经过工业资产阶级与地主贵族之间的长期斗争，该条例终于在 1846 年废除，工业资产阶级从中获得降低粮价、降低工资的利益，被视为英国自由贸易的最大胜利。

（2）改革关税制度。1842 年英国进口项目共有 1052 个，1859 年减至 419 个，1860 年减至 48 个，以后又减至 43 个。把极复杂的关税税则加以简化，绝大部分进口商品不予征税，并基本上废除出口税。

（3）废除航海法。英国的航海法是英国限制外国航运业竞争和垄断殖民地航运事业的政策。从 1824 年逐步废除，到 1849 年和 1854 年，英国的沿海贸易和殖民地航运全部向其他国家开放。至此，重商主义时代的航海法全部废除。

（4）签订自由通商条约，1860 年英法通商条约以及后来的英意、英荷、英德等通商条约，相互提供最惠国待遇，放弃贸易歧视，意味着通商条约，相互提供最惠国待遇，放弃贸易歧视，意味着英国自由贸易政策在国际上的胜利。

（5）取消对殖民地的贸易垄断。解散特权贸易公司，开放殖民地市场，把殖民地贸易纳入自由贸易体系。东印度公司对印度和中国贸易的垄断权分别于 1813 年和 1814 年被废止，从此对印度和中国的贸易开放给所有英国人。1849 年废止航海法后，英国准许殖民地与外国签订贸易协定，殖民地可以与任何外国建立直接的贸易关系，英国不再加以干涉。

（四）保护贸易政策

1. 重商主义时期的对外贸易政策

重商主义的对外贸易政策是资本主义生产方式准备时期，西欧国家普遍实行的一种保护贸易政策。它产生于 15 世纪，十六七世纪达到了鼎盛时期，18 世纪后走向衰落。重商主义认为：只有金、银才是唯一的财富，除了开采金矿、银矿以外，只有对外贸易才能增加一国所拥有的金、银，因此，国家应干预经济生活，大力发展出口贸易，限制外国商品的进口。

重商主义加速了当时西欧各国货币资本的积累，促进了资本主义工场手工业生产的发展，在一定的历史时期内起到了进步作用。但是，它仅仅从理论上考察了流通领域，而没有进入到生产领域，到自由竞争资本主义时期它就成了资本主义经济进一步发展的障碍，从而为自由贸易政策所代替。

2. 资本主义自由竞争时期的保护贸易政策

19 世纪 70 年代以后，美国和西欧的一些国家纷纷从自由贸易转向保护贸易。其主要原因在于这些国家的工业发展水平不高，经济实力和商品竞争力都无法与英国抗衡，需要采取强有力的政策措施（主要是保护关税措施）来保护本国新兴的产业即幼稚工业，以免遭英国商品的竞争。

（1）美国与德国的保护贸易政策的实施

美国建国后，美国第一任财政部长汉密尔顿代表独立发展美国经济的资产阶级，在 1791 年 12 月提出的"制造业报告"中强调，为使美国经济自立，应当保护美国的幼稚工业，其主要方式是提高进口商品的关税。

德国在 19 世纪 70 年代后，为使新兴的产业免受外国工业品的竞争，使之能充分发展，便不断要求实施保护贸易措施。1879 年，俾斯麦改革关税，对钢铁、纺织品、化学品、谷物等征收进口关税，并不断提高关税率，而且与法国、奥地利、俄国等进行关税竞争。1898 年，德国又通过修正关税法，成为欧洲高度保护贸易国家之一。

（2）保护贸易政策的理论依据

在保护贸易的理论中，就其影响而言，李斯特保护幼稚工业的理论最具代表性。李斯特是德国历史学派的先驱者，自 1825 年出使美国以后，受到汉密尔顿的影响，并目睹美国实施保护贸易政策的成效，转而提倡贸易保护主义。他在 1841 年出版的《政治经济学的国民体系》一书中，系统地提出了保护幼稚工业的学说。

3. 两次世界大战期间的超保护贸易政策

第一次与第二次世界大战期间，资本主义处于垄断阶段，垄断代替了自由竞争成为一切社会经济生活的基础。此时，西方各国普遍完成了产业革命，工业得到迅速发展，各国争夺市场的斗争加剧。1929—1933 年的世界性经济危机，就使市场问题进一步尖锐化。资本主义各国的垄断资产阶级为了垄断国内市场和争夺国际市场，纷纷实行超保护贸易政策（Ultra Protective Trade Policy）。超保护贸易政策具有以下特点：

（1）保护的对象不仅是幼稚工业，而且更多的是已高度发展的或出现衰落的垄断工业。

（2）保护的目的不再是培养自由竞争的能力，而是巩固和加强对国内市场的垄断。

（3）保护的措施不只限于关税和贸易条约，还有各种非关税壁垒和其他奖出限入措施。

（4）保护不是防御性地限制进口，而是在垄断国内市场的基础上对国外市场进行进攻性的扩张。

（5）保护的阶级利益从一般的工业资产阶级利益转向大垄断资产阶级利益。

4. 新贸易保护主义

20 世纪 70 年代中期以后，在国际贸易自由化中出现了新贸易保护主义。

（1）新贸易保护主义的主要特点

◆被保护商品不断增加。被保护的商品从传统商品、农产品转向高级工业品和劳务部门。

◆限制出口措施的重点发生转移。新贸易保护主义措施从传统的关税壁垒进一步转向非关税壁垒。其中最为典型的是绿色壁垒和技术性贸易壁垒。

◆贸易管理日益合法化、系统化。第二次世界大战后，发达国家加强了贸易管理，20 世纪 80 年代以来，许多发达国家重新修订和补充原有的贸易法规，使对外贸易管理更有法可依。许多国家对各种对外贸易制度和法规，如海关、商检、进口配额制、进口许可证制、出口管制、反倾销法等，制定了更为详细、系统、具体的细则，并与国内法进一步结合，以便各种管理制度和行政部门更好地配合与协调，加强对进出口贸易的管理。

（2）新贸易保护主义不断加强的原因

随着世界经济相互依赖的加强，贸易政策的连锁反应也更敏感。美国采取了许多贸易保护措施，它反过来又遭到其他国家或明或暗的反击，使得新贸易保护主义蔓延与扩张。与此同时，高失业率、工会力量的强大，党派的斗争和维护政府形象，为加强贸易保护主义提供了政治上的依据。此外，汇率长期失调影响了国际贸易的发展，汇率的过高与过低均易产生贸易保护主义的压力。

（3）新贸易保护主义的抬头

"9·11"事件以后，世界经济也出现衰退，美国、日本和欧盟经济滞涨甚至出现下滑，就业压力增加，为了保护本国市场，各国加大了对国外产品的歧视力度。2007年美国次贷危机演变成全球金融危机，并蔓延到实体经济领域。对贸易保护主义来说，这无疑是一个催化剂，许多国家的贸易保护主义情绪日益高涨，如2009年2月美国国会通过的"购买美国货的条款"。全球金融危机来的新贸易保护主义呈现出新的特点和做法：

◆更多地运用法律法规和行政干预手段。危机爆发后，欧美等国往往通过立法或者行政干预手段来实施贸易保护主义。如2009年2月25日，美国众议院通过的2009年综合拨款法案727条款通过限制政府经费用途的方式，不允许美国相关部门开展自中国进口禽肉的解禁工作，限制了中国禽肉类产品的对美出口。

◆从商品贸易领域扩展至劳动力雇佣和金融领域。危机爆发后，各国失业率剧增，为了缓解就业压力，各国的贸易保护从商品贸易领域扩展到劳动力和金融领域。如美国参议院通过议案，要求接受政府救助的银行等金融机构在招聘时，首先考虑美国国籍的申请者，而外国雇员不得超过员工总数的15%，并禁止让只有H-1B临时工作签证的外国人来取代美国人的工作。德国如宝马、西门子等大型企业裁员的首批对象，几乎全部是以外籍劳工为主的短期合同工。

◆表现形式更加软化、更加隐蔽。在贸易联系如此密切的国际背景下，一国实行明显的贸易保护措施，其他国家很快会采取反制措施，从而造成两败俱伤。因此，当前的贸易保护形式更加软化和隐蔽。比如印度尼西亚要求服装、鞋、玩具、电子产品和食品饮料等商品只能在特定口岸进关，并且这些货物须由注册立案的进口商进口，此举延长了进口产品的进关时间，间接阻止了产品进口；阿根廷政府在2009年1月21日发布公告，对进口汽车轮胎采取非自动进口许可证制度，也间接阻止了轮胎的进口。

三、关税与非关税壁垒

（一）关税

1. 关税的定义及作用

（1）关税的定义。关税是指进出口商品在经过一国关境时，由政府设置的海关向进出口商所征收的税收。关境或称关税领域，是海关征收关税的领域，也是海关所管辖并执行海关各项有关法令和规章的区域。关税具有强制性、无偿性和预定性。

（2）关税的作用。关税的作用包括增加政府收入、保护国内市场、保护本国幼稚工业，调节产业结构和调节进出口贸易平衡。

2. 关税的类型

（1）按征收标准分类

①从价关税。从价关税是依照进出口货物的价格作为标准征收关税。

从价税额＝商品总价×从价税率

②从量关税。从量关税是依照进出口货物数量的计量单位（如"吨"、"箱"、"百个"等）征收定量关税。从量税额＝商品数量×每单位从量税

③混合关税。混合关税是依各种需要对进出口货物进行从价、从量的混合征税。

④选择关税。选择关税是指对同一种货物在税则中规定有从量、从价两种关税税率，在征税时选择其中征税额较多的一种关税，也可选择税额较少的一种为计税标准计征。

⑤滑动关税。滑动关税是指关税税率随着进口商品价格由高到低而由低到高设置的税。可以起到稳定进口商品价格的作用。

（2）按商品流向分类

①进口税。进口税是进口国家的海关在外国商品输入时，对本国进口商所征收的正常关税。

②出口税。出口税是对本国出口的货物在运出国境时征收的一种关税。征收出口关税会增加出口货物的成本，不利于本国货物在国际市场的竞争。目前大多数国家对大多数出口产品不征收出口税。

③过境税。过境税是一国对于通过其关境的外国商品征收的关税。目前，友好国家之间一般不再征收过境税，世界贸易组织也明文规定成员方之间不应征收过境税。因此大多数国家都仅仅在外国商品通过其领土时征收少量的准许费、印花费、登记费和统计费等。

（3）按差别待遇和特定情况分

①最惠国税率。最惠国税率适用于与该国签订有最惠国待遇原则的国家或地区所进口的商品，由于目前世界的大多数国家都加入了签订有多边最惠国待遇条约的世界贸易组织，因而最惠国税已成为正常的进口税。

②普通关税。普通关税是适用于与该国没有签订这种贸易协定的国家或地区所进口的商品。

③特惠税。特惠税又称优惠税，是指某个国家或经济集团对某些国家的所有进口商品给予特别优惠的低关税或免税待遇。

④普惠税。普惠税是发达国家承诺对从发展中国家或地区输入的商品，特别是制成品和半制成品，给予普遍的、非歧视的和非互惠的关税优惠待遇。

⑤差额税。差额税又称差价，是当本国生产的某种产品的国内价格高于同类进口商品的价格是，为削弱进口商品的竞争力，保护本国生产和国内市场，按国内价格与进口价格之间的差额征收的关税。

⑥进口附加税。进口附加税包括反倾销税，反补贴税，紧急关税，惩罚关税和报

复关税。

反倾销税是为了抵制外国商品倾销进口，保护国内相关产业而对商品倾销的进口商品所征收的一种进口附加税。倾销是指出口企业往往以低于本国消费市场同类产品的价格向国外销售商品。

反补贴税又称抵消税或补偿税，是指对直接或间接的接受任何奖金或补贴的外国商品进口所征收的一种进口附加税。补贴是指政府或任何公共机构对企业提供的财政资助以及政府对出口产品的任何形式的收入或价格支持。

紧急关税是为了消除外国商品在短期内大量进口对国内同类产品生产造成重大损害或产生重大威胁而征收的一种进口附加税。

惩罚关税是指出口国某商品违反了与进口国之间的协议，或者未按进口国海关规定办理进口手续时，由进口国海关向该进口商品征收的一种临时性的进口附加税。

（二）非关税措施

1. 非关税壁垒的含义

非关税措施，也称为非关税壁垒（Non-tariff Barrier）或非关税贸易壁垒，指一国政府采取除关税以外的各种办法，对本国的对外贸易活动进行调节、管理和控制的一切政策与手段的总和，其目的是试图在一定程度上限制进口，以保护国内市场和国内产业的发展。非关税壁垒大致可以分为直接的和间接的两大类：前者是由海关直接对进口商品的数量、品种加以限制，其主要措施有：进口限额制、进口许可证制、"自动"出口限额制、出口许可证制等；后者是指进口国对进口商品制订严格的条例和标准，间接地限制商品进口，如进口押金制、苛刻的技术标准和卫生检验规定等。

2. 非关税措施的特点

与关税措施相比，非关税措施主要具有下列三个明显的特点：

（1）非关税措施比关税具有更大的灵活性和针对性。关税的制定，往往要通过一定的立法程序，要调整或更改税率，也需要一定的法律程序和手续，因此关税具有一定的延续性。而非关税措施的制定与实施，则通常采用行政程序，制定起来比较迅速，程序也较简单，能随时针对某国和某种商品采取或更换相应的限制进口措施，从而较快地达到限制进口的目的。

（2）非关税措施的保护作用比关税的作用更为强烈和直接。关税措施是通过征收关税来提高商品成本和价格，进而削弱其竞争能力的，因而其保护作用具有间接性。而一些非关税措施如进口配额，预先限定进口的数量和金额，超过限额就直接禁止进口，这样就能快速和直接地达到关税措施难以达到的目的。

（3）非关税措施比关税更具有隐蔽性和歧视性。关税措施，包括税率的确定和征收办法都是透明的，出口商可以比较容易地获得有关信息。另外，关税措施的歧视性也较低，它往往要受到双边关系和国际多边贸易协定的制约。但一些非关税措施则往往透明度差，隐蔽性强，而且有较强的针对性，容易对别的国家实施差别待遇。

3. 非关税壁垒的种类

（1）进口配额。进口配额（Import Quotas System）又称进口限额，是一国政府在一定时间内，对于某些商品一定时期内的进口数量或金额，事先加以规定的限额。超过规定限额的不准进口。

①绝对配额。绝对配额是指在一定时期内，对某些商品的进口数量或金额规定一个最高的数额，达到这个数目后，就不准进口。绝对配额包括全球配额和国别配额两种形式。

全球配额是属于世界范围的绝对配额，对来自任何国家或地区的商品一律适用，即按进口商品的申请先后批给一定的额度，至总配额发放完为止。

国别配额是在总配额内按国别和地区分配给固定的配额，超过规定的配额就不准进口。为了区别来自不同国家和地区的商品，进口商在进口商品时必须提交原产地证书。

②关税配额。关税配额是指对商品进口的绝对数额不加限制，而对在一定时期内，在规定的关税配额以内的进口商品，给予低税、减税或免税待遇，对超过配额部分的进口商品征收高关税、附加税或罚款。

关税配额与绝对配额的区别在于，关税配额在超过配额后仍可进口，但需征收较高的关税；而绝对配额是规定一个最高进口额度，超过后一律不准进口。因此，关税配额是一种把关税和进口配额结合在一起的限制进口措施。关税配额按其征收关税的优惠性质，可以分为优惠性关税配额和非优惠性关税配额。前者是对关税配额内的进口商品给予较大幅度的关税减让，甚至免税，而超过配额的进口商品就征收原来的最惠国税；后者是对关税配额内的进口商品征收原来正常的进口税，对超过配额进口商品就征收较高的附加税或罚款。

（2）自动出口配额制。自动出口配额制（Voluntary Export Quotas），又称自动限制出口，也是一种限制进口的手段。

所谓自动出口配额制是出口国家或地区在进口国的要求或压力下，"自动"规定某一时期内（一般为3—5年）某些商品对该国的出口限制，在限定的配额内自行控制出口，超过配额即禁止出口。它是在二战后出现的非关税壁垒措施，出口限制实际上是进口配额制的变种，同样起到了限制商品进口的作用。它的重要特点就是带有明显的强制性。"自动"出口限制往往是出口国在面临进口国采取报复性贸易措施的威胁时被迫做出的一种选择。

自动出口配额制带有明显的强制性。进口国家往往以商品大量进口使其有关工业部门受到严重损害，造成所谓"市场混乱"为理由，要求有关国家的出口实行"有秩序的增长"，自动限制商品出口，否则就单方面强制限制进口。

（3）进口许可证制。进口许可证制（Import Licence System）是指进口国家规定某些商品进口必须事先领取许可证，才可以进口，否则一律不准进口。这种措施可控制进口货物的品种和数量，达到保护国内生产的目的。

从进口许可证与进口配额的关系上看，进口许可证可分为两种：一种为有定额的进口许可证，即国家有关机构预先规定有关商品的进口配额，然后在配额的限度内，根据进口商的申请对每一笔进口商品发给进口商一定数量或金额的进口许可证。另一种为无定额的进口许可证，即进口许可证不与进口配额相结合，进口政府不预先公布进口配额，只在个别考虑的基础上颁发有关商品的进口许可证。由于无配额的进口许可证的批准颁发是个别考虑，没有公开的标准，随意性较大，因而容易给正常的贸易活动造成更大的困难，起到更大的限制进口作用。

按照对进口许可的程度来分，进口许可证也可分为两种：一种是自动进口许可证，又称一般进口许可证，凡是列明属于自动进许可证的商品，进口商只要填写一份自动进口许可证后，即可获准进口，因此，这类商品实际上是自由进口的商品。另一种是非自动进口许可证，或称特种进口许可证，进口商必须向政府有关当局提出申请，经政府有关当局逐笔审查批准后才能进口。这种进口许可证多数都指定进口国别或地区。

（4）进口最低限价。进口最低限价是指一国政府规定某种进口商品的最低价格，凡进口货价低于规定的最低价格则征收进口附加税或禁止进口，以达到限制低价商品进口的目的。最低限价往往是根据某一商品生产国在生产水平最高的情况下的价格而制定的，以防止廉价进口商品对国内同类产业的严重冲击。如 2001 年阿根廷对从巴西进口的鸡肉设定的进口最低限价为 0.98 美元/千克，低于此限价，阿根廷将征收差额附加税。

（5）外汇管制。外汇管制（Foreign Exchange Control）是指一国政府为平衡国际收支和维持本国货币汇率而对外汇进出实行的限制性措施。在中国又称外汇管理。一国政府通过法令对国际结算和外汇买卖进行限制的一种限制进口的国际贸易政策。外汇管理与对外贸易有着密切关系，出口比如要收进外汇，进口必然要支付外汇，因此，如果有目的地对外汇进行管理，就可以直接或间接地限制进出口。实行外汇管制的国家一般规定出口商必须将出口所得的外汇收入按官方汇率售给外汇管理机构，进口商也必须通过外汇管理机构按官方汇率申请购买外汇。这样，政府就可以通过官方汇率、集中外汇收入、控制外汇支出、实行外汇分配等办法来控制进口商品的数量、品种和国别。

（6）进口押金制。进口押金制是指一些国家规定进口商在进口时，必须预先按进口金额的一定比率和规定的时间，在指定的银行无息存放一笔现金的制度。这种制度无疑增加了进口商的资金负担，影响了资金的正常周转，同时，由于是无息存款，利息的损失等于征收了附加税。所以，进口押金制度能够起到限制进口的作用。有些国家还规定进口方必须获得出口方所提供的一定数量的出口信贷或提高开出信用证押金等方式限制进口。如巴西曾规定，进口商必须按进口商品 CIF 价交纳与合同金额相等的为期 360 天的存款方能进口；芬兰、新西兰等国也实行过这种制度。

（7）歧视性政府采购制度。歧视性政府采购政策又称为"购买国货政策"（Buy-national Policies），是指一些国家通过法令或虽无法令明文规定，但实际上要求本国政府机构在招标采购时必须优先购买本国产品，从而导致对国外产品歧视与限制的做法。

主要发达国家都有相应的歧视性政府采购政策规定。如英国规定政府机构使用的通信设备和电子计算机必须是英国产品；日本也规定，政府机构需用的办公设备、汽车、计算机、电缆、导线、机床等不得采购外国产品；美国实行的"购买美国货法案"

则规定，凡是美国联邦政府所要采购的货物，应该是美国制造的，或是用美国原料制造的。只有在美国自己生产的数量不够，或者国内价格过高，或者不买外国货就会损害美国利益的情况下，才可以购买外国货。为了达到限制进口的目的，美国国防部和财政部甚至往往采购比进口货贵 50% 的美国货。由于发达国家政府采购的数量非常庞大，因此，这是一种相当有效的限制进口的非关税壁垒措施。

为限制各成员运用歧视性政府采购政策限制进口，GATT 在东京回合多边贸易谈判中制定了《政府采购协议》，该协议现已成为世界贸易组织框架下的多边协议之一。美国实行的"购买美国货法案"也在美国签订《政府采购协议》正式废除。

（8）歧视性国内税。国内税（Internal Tax），是指在一国的国境内，对生产、销售、使用或消费的商品所应支付的捐税，一些国家往往采取国内税制度直接或间接的限制某些商品进口。这是一种比关税更灵活、更易于伪装的贸易政策手段。国内税通常是不受贸易条件或多边协议限制的。国内税的制定和执行是属于本国政府机构的权限，有时甚至是地方政府机构的权限。

（9）专断的海关估价。海关正常对进出口商品进行监管、征税，是海关的正当职权，并不构成限制进口的非关税措施，但如果海关利用这些职权，在商品进口环节中专断地增加进口商的负担，则构成非关税措施。

进口商品的税额取决于进口商品的价格与税率的高低。在海关税率已定的情况下，税额大小除取决于海关估价外，还取决于征税产品的归类。海关将进口商品归在哪一税号下征收关税，具有一定的灵活性。各国海关在税率上一般就高不就低，这就增加了进口商品的税收负担和不确定性，从而起到限制进口的作用。例如，美国对一般打字机进口不征收关税，但如归为玩具打字机，则要征收 35% 的进口关税。

（10）技术性贸易壁垒。技术性贸易壁垒（Technical Barriers to Trade，TBT）是国际贸易中商品进出口国在实施贸易进口管制时通过颁布法律、法令、条例、规定，建立技术标准、认证制度、检验制度等方式，对外国进出口产品制定过分严格的技术标准，卫生检疫标准，商品包装和标签标准，从而提高进口产品的技术要求，增加进口难度，最终达到限制进口的目的的一种非关税壁垒措施。

综观世界各国（主要是发达国家）的技术性贸易壁垒，其限制产品进口方面的技术措施主要有以下几种：

①严格繁杂的技术法规和技术标准。利用技术标准作为贸易壁垒具有非对等性和隐蔽性。在国际贸易中，发达国家常常是国际标准的制定者。他们凭借着在世界贸易中的主导地位和技术优势，率先制定游戏规则，强制推行根据其技术水平定出的技术标准，使广大经济落后国家的出口厂商望尘莫及。而且这些技术标准、技术法规常常变化，有的地方政府还有自己的特殊规定，使发展中国家的厂商要么无从知晓、无所适从，要么为了迎合其标准付出较高的成本，削弱产品的竞争力。

②苛刻的卫生检疫规定。卫生检疫标准主要适用于农副产品、食品、药品、化妆品等。现在各国要求检疫的商品越来越多，规定也越来越严格。如美国规定，进口的食品、饮料、药品和化妆品，必须符合美国《联邦食品、药品及化妆品法》的规定，

进口货物通关时，均须经食品药物管理署（FDA）检验，如发现与规定不符，海关将予以扣留，有权进行销毁，或按规定日期装运再出口。

③严格的包装、标签规则。为防止包装及其废弃物可能对生态环境、人类及动植物的安全构成威胁，许多国家颁布了一系列包装和标签方面的法律和法规，以保护消费者权益和生态环境。从保护环境和节约能源来看，包装制度确有积极作用，但它增加了出口商的成本，且技术要求各国不一、变化无常，往往迫使外国出口商不断变换包装，失去不少贸易机会。

（11）绿色贸易壁垒。所谓绿色壁垒（Green Barriers，简称 GBs），也称为环境贸易壁垒（Environmental Trade Barriers，简称 ETBs），是指为保护生态环境而直接或间接采取的限制甚至禁止贸易的措施。绿色壁垒通常是进出口国为保护本国生态环境和公众健康而设置的各种保护措施、法规和标准等，也是对进出口贸易产生影响的一种技术性贸易壁垒。它是国际贸易中的一种以保护有限资源、环境和人类健康为名，通过蓄意制定一系列苛刻的、高于国际公认或绝大多数国家不能接受的环保标准，限制或禁止外国商品的进口，从而达到贸易保护目的而设置的贸易壁垒。

绿色贸易壁垒的主要形式有：一是绿色关税和市场准入，它是指进口国对一些污染和影响生态环境的商品征收高附加税或者禁止其进口；二是绿色技术标准，进口国凭借其技术优势，规定出口商难以达到的环境保护标准；三是绿色环境标志，它表明产品在生产、使用、消费和回收处理整个过程中符合生态环境保护要求的特殊标志；四是绿色包装，它是指用后易于回收再利用或易于自然分解，不污染环境的包装；五是绿色卫生检疫制度，规定了严格的卫生检疫标准；六是绿色补贴，出口国企业在进行污染治理时，提高了产品成本，政府就此给予了一定数额的补贴。

（12）社会责任壁垒。社会责任壁垒是指以劳动者劳动环境和生存权利为借口而采取的贸易保护措施。社会责任壁垒由各种国际公约的社会条款（包括社会保障、劳动者待遇、劳动权利、劳动技术标准等条款）构成，它与公民权利和政治权利相辅相成。社会条款的提出是为了保护劳动者的权益，本来不是什么贸易壁垒，但被贸易保护主义者利用为削弱或限制发展中国家企业产品低成本而成为变相的贸易壁垒。在社会壁垒措施中，比较引人注目的是 SA8000 标准，该标准是从 ISO9000 质量管理体系及 ISO14000 环境管理体系演绎而来的道德规范国际标准。SA8000 指的是社会责任管理体系（Social Accountability 8000），是一种以保护劳动环境和条件、劳工权利等为主要内容的新兴管理标准体系。如果说 ISO9000 标准针对的是产品质量、ISO14000 标准针对的是环境质量的话，那么 SA8000 标准针对的是生产工人的生存质量，从劳动保障、人权保障和管理系统三个方面，对企业或组织履行社会责任提出最低的要求，以保护蓝领工人的权益为目标。SA8000 标准是 2001 年美国社会责任国际组织（Social Accountability International，简称 SAI）基于《国际劳工组织公约》、《联合国儿童福利公约》和《世界人权宣言》的一些要求，制定了全球首个有关企业道德的标准，并根据 ISO 指南（质量体系评估和认证机构的基本要求）进行评估和认证。它规定了企业必须承担的对社会和利益相关者的责任，主要内容包括童工、强迫性劳工、健康与安全、组织工会的自由与集体谈判权、惩罚性措施、工作时间、工资报酬及管理体系等 9 个要素，并具体指定了最低要求。

客观地说，制定社会责任标准的出发点是好的，是为了确保劳工的权益，规范企业的道德标准和社会责任。但在关税壁垒和一般非关税壁垒不断被削弱的今天，社会责任标准非常容易被贸易保护主义者利用，成为限制发展中国家劳动密集型产品出口的有效工具。

四、鼓励出口措施

（一）出口信贷

出口信贷是一种国际信贷方式，它是一国政府为支持和扩大本国大型设备等产品的出口，增强国际竞争力，对出口产品给予利息补贴、提供出口信用保险及信贷担保，鼓励本国的银行或非银行金融机构对本国的出口商或外国的进口商（或其银行）提供利率较低的贷款，以解决本国出口商资金周转的困难，或满足国外进口商对本国出口商支付货款需要的一种国际信贷方式。出口信贷名称的由来就是因为这种贷款由出口方提供，并且以推动出口为目的。

出口信贷可根据贷款对象的不同分为出口卖方信贷和出口买方信贷。

1. 出口卖方信贷

出口卖方信贷是出口方银行向本国出口商提供的商业贷款。出口商（卖方）以此贷款为垫付资金，允许进口商（买方）赊购自己的产品和设备。出口商（卖方）一般将利息等资金成本费用计入出口货价中，将贷款成本转移给进口商（买方）。

2. 出口买方信贷

出口买方信贷是出口国政府支持出口方银行直接向进口商或进口商银行提供信贷支持，以供进口商购买技术和设备，并支付有关费用。出口买方信贷一般由出口国出口信用保险机构提供出口买方信贷保险。出口买方信贷主要有两种形式：一是出口商银行将贷款发放给进口商银行，再由进口商银行转贷给进口商；二是由出口商银行直接贷款给进口商，由进口商银行出具担保。贷款币种为美元或经银行同意的其他货币。贷款金额不超过贸易合同金额的 80% ~85% 。贷款期限根据实际情况而定，一般不超过 10 年。贷款利率参照经济合作与发展组织（OECD）确定的利率水平而定。

（二）出口信用保险

出口信用保险是各国政府为提高本国产品的国际竞争力，推动本国的出口贸易，保障出口商的收汇安全和银行的信贷安全，促进经济发展，以国家财政为后盾，为企业在出口贸易、对外投资和对外工程承包等经济活动中提供风险保障的一项政策性支持措施，属于非营利性的保险业务，是政府对市场经济的一种间接调控手段和补充。是世界贸易组织（WTO）补贴和反补贴协议原则上允许的支持出口的政策手段。全球贸易额的 12% ~15% 是在出口信用保险的支持下实现的，有的国家的出口信用保险机构提供的各种出口信用保险保额甚至超过其本国当年出口总额的 1/3。

中国出口信用保险公司（简称中国信保）是我国唯一经营此项业务的专业机构。

在出口货物、技术、服务以及海外投资等相关外经贸活动中，出口企业或相关银行向中国信保提出投保申请，中国信保出具保险单；当国外债务人所在国家发生政治风险或国外债务人发生商业风险，导致出口企业的应收账款难以安全收回时，中国信保按照保险单的规定负责赔偿被保险人的经济损失。

出口信用保险承保的对象是出口企业的应收账款，承保的风险主要是人为原因造成的商业信用风险和政治风险。商业信用风险主要包括：买方因破产而无力支付债务、买方拖欠货款、买方因自身原因而拒绝收货及付款等。

出口信用保险的作用：出口企业为防范出口信用方面的风险，可向出口信用保险公司填写投保单、申请买方信用限额，并在出口信用保险公司批准后支付保费，保险责任即成立。企业按时申报适保范围内的全部出口，如发生保单所列的风险，企业可按规定向出口信用保险公司索赔。买家拒付、拒收的，赔付比例一般为实际损失的80%。保险公司在赔付后向买家追讨的受益，按上述比例再分配给投保企业。

投保出口信用保险可确保收汇的安全性，扩大企业国际结算方式的选择面（如 L/C 外还可采用 T/T、D/P、D/A 等），从而增加出口成交机会。同时，投保后可提高出口企业信用等级，有利于获得银行打包贷款、托收押汇、保理等金融支持，加快资金周转。出口信用保险公司还可为企业提供客户信用调查、账款追讨等其他业务。

（三）出口补贴

出口补贴又称出口津贴，是一国政府为了降低出口商品的价格，增加其在国际市场的竞争力，在出口某商品时给予出口商的现金补贴或财政上的优惠待遇。政府对出口商品可以提供补贴的方法很多，但不外乎两种基本形式：直接补贴和间接补贴。

1. 直接补贴

直接补贴是指政府在商品出口时，直接付给出口商的现金补贴。其目的是为了弥补出口商品的国际市场价格低于国内市场价格所带来的损失。有时候，补贴金额还可能大大超过实际的差价，这已包含出口奖励的意味。这种补贴方式以欧盟对农产品的出口补贴最为典型。据统计，1994 年，欧盟对农民的补贴总计高达 800 亿美元。

2. 间接补贴

间接补贴是指政府对某些商品的出口给予财政上的优惠。如退还或减免出口商品所缴纳的销售税、消费税、增值税、所得税等国内税，对进口原料或半制成品加工再出口给予暂时免税或退还已缴纳的进口税，免征出口税，对出口商品实行延期付税、减低运费、提供低息贷款、实行优惠汇率以及对企业开拓出口市场提供补贴等。其目的仍然在于降低商品成本，提高国际竞争力。

（四）出口退税

出口货物退（免）税，简称出口退税，其基本含义是指对出口货物退还其在国内生产和流通环节实际缴纳的增值税、消费税。出口退税主要是通过退还出口货物的国内已纳税款来平衡国内产品的税收负担，使本国产品以不含税成本进入国际市场，与国外产品在同等条件下进行竞争，从而增强竞争能力，扩大出口的创汇，实质上起到了鼓励出口的作用。出口退税是国际贸易通行的做法，是一种避免重复征税的习惯做法，出口国政府如果不退税，则出口商可能在国际市场上被第二次征税。

（五）商品倾销

商品倾销是指出口商以低于正常价格的出口价格，集中地或持续大量地向国外抛售商品。这是国家常用的行之已久的扩大出口的有力措施。商品倾销通常由私人大企业进行，一些国家设立专门机构直接对外进行商品倾销。但倾销是 WTO 规定的不公正贸易行为，往往遭到进口国的抵制和报复，因此有些国家及其企业会采取各种隐蔽的措施来规避进口国的反倾销，商品倾销目前仍比较常见。

（六）外汇倾销

外汇倾销是指一国政府利用本国货币对外贬值的手段来达到提高出口商品的价格竞争能力和扩大出口的目的。这是向外倾销商品和争夺国外市场的一种特殊手段。

值得注意的是，外汇倾销不能无限制和无条件地进行，只有在具备以下条件时，外汇倾销才可起到扩大出口的作用。

（1）货币贬值的程度要大于国内物价上涨的程度。一国货币的对外贬值必然会引起货币对内也贬值，从而导致国内物价的上涨。当国内物价上涨的程度赶上或超过货币贬值的程度时，出口商品的外销价格就会回升到甚至超过原先的价格，即货币贬值前的价格，因而使外汇倾销不能实行。

（2）其他国家不同时实行同等程度的货币贬值，当一国货币对外实行贬值时，如果其他国家也实行同等程度的货币贬值，这就会使两国货币之间的汇率保持不变，从而使出口商品的外销价格也保持不变，以致外汇倾销不能实现。

（3）其他国家不同时采取另外的报复性措施。如果外国采取提高关税等报复性措施，那也会提高出口商品在国外市场的价格，从而抵销外汇倾销的作用。

（七）经济特区

为了促进本国经济和对外贸易的发展，各国都采取了建立经济特区的措施。经济特区，是一个国家或地区在其国境以内所划出的一定范围，在该范围内，提供建筑、码头、仓库、厂房等基础设施和实行免税等优惠待遇，以吸引外国企业从事贸易与出口加工业等业务活动的区域。经济特区的目的是促进对外贸易的发展，鼓励转口贸易和出口加工贸易，繁荣本地区和邻近地区的经济，增加财政收入和外汇收入。

1. 自由港和自由贸易区

自由港是指全部或绝大多数外国商品可以免税进出的港口，划在一国的关税国境（即"关境"）以外。又称自由口岸、自由贸易区、对外贸易区，这种港口划在一国关境之外，外国商品进出港口时除免交关税外，还可在港内自由改装、加工、长期储存或销售。但须遵守所在国的有关政策和法令。自由港大体上可以分为两种类型：一种是北美型的自由港，又称自由贸易区，自由港和非自由港间无明显的区域界限，并且比较分散，不连成片；另一种是欧洲大陆型，以德国汉堡最为典型，这种自由港有明显的区域界限，港口作业、仓储、产品的加工或装配都在同一区域内进行。

自由贸易区又称免税贸易区或自由区，也有的国家称之为自由贸易港，对外贸易区等。自由贸易区是划在关境以外，准许外国货物自由免税地进入的地区，需受当地法规的限制。自由贸易区一般依靠河、山等天然屏障或用潘篱等其他障碍把它与国家的其他受海关管辖的部分隔离开来，规定允许在区内经营活动的种类，如贸易、工业及服务等。

2. 出口加工区

出口加工区是指一国或地区为了利用外资、引进技术、赚取外汇的需要，经国家批准，在港口、机场附近等交通便利的地方，建立的一块接受海关监管、专门用来发展出口加工业的特殊封闭区域。出口加工区一般选在经济相对发达、交通运输和对外贸易方便、劳动力资源充足、城市发展基础较好的地区，多设于沿海港口或国家边境附近。一般说来，自由港和自由贸易区以发展转口贸易为主，因而是面向商业的；而出口加工区以发展出口加工业为主，面向的是工业。加工企业从境外运入区内的生产所需原材料、机器等，海关实行"保税政策"，即入境时暂不征关税，等制成品出境时再予以征税，减少了企业流动资金的占用。世界上第一个出口加工区是 1956 年建于爱尔兰的香农国际机场。中国台湾高雄在 60 年代建立出口加工区。以后，一些国家也效法设置。中国在 80 年代实行改革开放政策后，沿海一些城市开始兴建出口加工区。

3. 保税区

保税区，也称保税仓库区，级别低于综合保税区。这是一国海关设置的或经海关批准注册、受海关监督和管理的可以较长时间存储商品的区域。外国货物存入这些保税区内可以暂时不缴纳进口关税，如再出口，也不缴纳出口税，但如果要进入关境则需交纳关税。运入区内的货物也可以进行存储、改装、分类、混合、加工和制造等。我国对保税区的功能定位为"保税仓储、出口加工、转口贸易"三大功能。保税区具有进出口加工、国际贸易、保税仓储商品展示等功能，享有"免证、免税、保税"政策，实行"境内关外"运作方式，是中国对外开放程度最高、运作机制最便捷、政策最优惠的经济区域之一。

（八）促进出口的其他措施

为了扩大出口，许多国家在组织方面也采取了各种措施。

（1）成立专门的官方促进出口的组织和机构，即政府设立专门组织研究制定出口战略，管理和协调出口秩序，以扩大出口。如美国在 1960 年成立的"扩大出口委员会"，1978 年成立的"出口委员会"，1979 年 5 月成立的"总贸易委员会"，同时，还成立了专门定期讨论、制定各国对外贸易政策的贸易政策委员会。欧洲国家和日本为了扩大出口也成立了类似组织。

（2）建立商业情报网。许多国家都设立了官方的商业情况机构，负责为企业提供所需要的资料，或建立商业咨询机构为企业进行海外的商业资信调查等。

（3）组织贸易中心和贸易展览会，为企业提供展出、宣传、咨询服务。

（4）组织贸易代表团和接待来访，建立和协调与外国企业之间的关系。

（5）组织评奖活动给予出口商精神奖励。

五、出口管制措施

出口管制或称出口控制（Export Control）政策是指出口国政府通过各种经济的和

行政的办法和措施对本国出口贸易实行管制行为的总称。

（一）出口管制的目的

管制的目的一般有政治、军事和经济三个方面：

（1）出口管制的政治目的。为了干涉和控制进口国的政治经济局势，在外交活动中保持主动地位，遏制敌对国或臆想中的敌对国家的经济发展，维护本国或国家集团的政治利益和安全等目标，通过出口控制手段，限制或禁止某些可能增加其他国家军事实力的物资，特别是战略物资和可用于军事的高技术产品的出口。通过出口控制手段对进口国施加经济制裁压力等手段，迫其在政治上妥协就范。

（2）出口管制的经济目的。为了保护国内稀缺资源或再生资源；维护国内市场的正常供应；促进国内有关产业部门或加工工业的发展；防止国内出现严重的通货膨胀；保持国际收支平衡；稳定国际市场商品价格，避免本国贸易条件的恶化等。

（3）出口管制的军事目的。出口国为了保持在军事上的领先地位，往往采取出口控制手段限制和禁止某些可能增加其他国家军事实力的物资，特别是战略物资和可用于军事的高技术产品的出口。另外，杀伤力很强的核武器、生化武器及原材料，以及导弹等现代武器的出口也受到限制。

（二）出口管制的商品

从管制的对象来看，出口管制国家一般对以下几类商品实行管制：

（1）战略物资和先进技术。

（2）国内生产所需的各种原材料、半成品及国内市场供应不足的某些商品。例如，大多数发达国家对化学品、石油和天然气、药品、活的牲畜等实行出口许可管理。

（3）实行自动出口限制的商品。

（4）历史文物、艺术珍品、贵金属等特殊商品。

（5）被列入对进口国或地区进行经济制裁范围的商品。

（6）出口国垄断的部分商品。

（三）出口管制的形式

出口管制一般有两种形式：

（1）单边出口管制。即一国根据本国的需要和外交关系的考虑，制定本国的出口管制方案，设立专门的执行机构实行出口管制。

（2）多边出口管制。即两个以上国家的政府，通过一定的方式建立多边出口管制机构，商订和编制多边出口管制清单，规定管制办法，以协调彼此的出口管制政策和措施，达到共同的政治和经济目的。

（四）出口管制的主要措施

单边出口管制的国家通常采取的措施包括国家专营、征收出口税、实行出口许可证制、实行出口配额制、出口禁运。其中最常见和最有效的手段是运用出口许可证制度，出口许可证分为一般许可证和特殊许可证。一般许可证又称普通许可证，这种许可证相对较易取得，出口商无须向有关机构专门申请，只要在出口报关单上填写这类商品的普通许可证编号，在经过海关核实后就办妥了出口许可证手续。特殊许可证必须向有关机构申请特殊许可证。出口商要在许可证上填写清楚商品的名称、数量、管制编号以及输出用途，再附上有关交易的证明书和说明书报批，获得批准后方能出口，如不予批准就禁止出口。

课后练习

一、判断题

1. 美国的产品责任法由联邦政府统一制定。（   ）

2. 使用或者销售未经专利权人许可而制造并售出的专利产品，是侵权行为。（   ）

3. 目前美国产品责任的归责原则单一选用严格责任原则。（   ）

4. 倾销对国内产业的"损害"是指倾销对已经建立的国内产业造成的实质损害或者产生实质损害威胁，或者对建立国内产业造成实质阻碍，这与保障措施的规定一样。（   ）

5. 国际贸易中，发达国家制定的与社会责任壁垒密切相关的国际标准是 SA8000。
（   ）

6. 由于世界上绝大多数国家是 WTO 成员国，因此最惠国税是当前国际贸易中的正常关税（   ）

二、单项选择题

1. 根据我国法律规定，生产者的产品责任采用（   ）。

A. 过错责任原则　　　　　　　　B. 严格责任原则

C. 过失责任原则　　　　　　　　D. 连带责任

2. 原产于与中国签订含有关税优惠条款的区域性贸易协定的国家或者地区的进口货物，适用下列哪种税率？（   ）

A. 最惠国税率　　　　　　　　　B. 特惠税率

C. 协定税率　　　　　　　　　　D. 普通税率

3. 在下列（   ）种情况下，本国可对外国进行外汇倾销。

A. 本国货币贬值 10%，国内物价上涨 12%

B. 本国货币贬值 10%，外国货币贬值 15%

C. 本国货币贬值 10%，国内物价上涨 7%

D. 本国货币贬值 10%，外国货币贬值 10%

4. 日本对进口手表（每只价格 6000 日元以下）征税 15%，再加征 150 日元/只。这是（   ）。

A. 从价税　　　　B. 从量税　　　　C. 混合税　　　　D. 选择税

三、问答题

1. 请列举一个国际贸易知识产权纠纷案例并作简要评述。

2. 非关税壁垒措施有何特点？

第五章　国际贸易的条约与惯例

学习目标

☞ 知识目标

- 掌握联合国国际货物销售合同公约的主要内容
- 熟悉海牙规则的主要内容
- 熟悉 INCOTERMS® 2010 和 UCP600 的主要内容和意义

☞ 能力目标

- 能分析国际货物买卖双方的权利和义务
- 能运用 INCOTERMS® 2010 和 UCP600 的主要条款分析相关业务

第一节　国际贸易条约

导入案例

2016 年 6 月 6 日，中国 A 公司向意大利 B 公司发盘出售 10000 吨菜籽粕，质量标准为：油蛋白在 38% 以上，水分在 12.5% 以下，单价 FOB 中国张家港 78 美元/吨。2016 年 6 月 8 日，B 公司接受 A 公司的发盘，并要求 A 公司将合同和信用证条款发电子邮件给 B 公司。A 公司于 2016 年 6 月 10 日将已盖有公章的《售货合约》发电子邮件给了 B 公司。

B 公司收到 A 公司发电子邮件的《售货合约》后，删除了原合约上"不接受超过 20 年船龄的船舶"的要求，并将"运费已付"修改成"运费按租船合同支付"，委托意大利 C 公司签字盖章后于 2016 年 6 月 10 日当天发电子邮件给 A 公司。

2016 年 6 月 14 日，A 公司发电子邮件给 B 公司香港办事处，称 B 公司单方面修改合同，A 公司不能予以确认，将暂缓执行合同，并要求 B 公司暂缓开出信用证。2016 年 6 月 21 日，A 公司向 B 公司发函称，双方已达成的合同为无效合同，B 公司所开出的信用证只能作废。

同日，B 公司回函给 A 公司向其解释，由于合同为 FOB 条件，对船龄与运费支付事宜的修改将不会对 A 公司履行合同产生任何影响。B 公司同时告知 A 公司，B 公司已将合同项下的货物转卖给了意大利的下手买家，并提醒 A 公司，A 公司如不履行交货义务将构成违约。如 A 公司拒绝交货，B 公司只能通过购买替代货物向下家买方履约。在该函中，B 公司要求 A 公司在 2016 年 6 月 22 日的工作时间内向 B 公司确认 A 公司将履行合同。

2016 年 6 月 22 日，A 公司向 B 公司回函坚持声称双方所达成的合同无效以及船龄及预付运费直接影响 A 公司的装船，并声称由于合同本身并未生效，该合同项下的义务和责任都只能作废。

B 公司已就从 A 公司处所购买的 7000 吨货物与意大利的另一家 D 公司达成了转卖协议，B 公司为履行与意大利买方的合同，不得不以每吨 98 美元的高价从新加坡的 E 公司处购买 7000 吨的替代货物。为此，B 公司多支付了 140000 美元的货款。因此，B 公司遂于 2016 年 7 月 22 日对 A 公司向中国国际经济贸易仲裁委员会提请仲裁。

讨论：该案例中，A 公司是否构成了违约？

国际条约是两个或两个以上主权国家为确定彼此的政治、经济、贸易、文化、军事等方面的权利和义务而缔结的诸如公约、协定、议定书等各种协议的总和。如各种双边或多边的贸易协定，其中与外贸关系最大的国际贸易条约是《联合国国际货物销售合同公约》和《海牙规则》。

一、联合国国际货物销售合同公约

（一）概念和性质

1. 概念

《联合国国际货物销售合同公约》（United Nations Convention on Contracts of International Sales of Goods）是由联合国国际贸易法委员会主持制定的，1980 年在维也纳举行的外交会议上获得通过的，于 1988 年 1 月 1 日正式生效。该公约成员国已包括了美国、法国、德国、意大利、挪威、瑞典和瑞士等世界主要的贸易国。我国是此公约的最早成员国之一，在 1986 年 12 月向联合国秘书长递交了关于该公约的核准书，成为该公约缔约国。

2. 性质

《联合国国际货物销售合同公约》专门调整国际货物买卖合同关系。它充分考虑了国际货物买卖合同关系的特征，加之为世界上主要贸易大国所接受。因此，它是国际货物买卖相关法律的重要代表。

（二）主要内容

《联合国国际货物买卖合同公约》除序言外，共分四部分，101 条。第一部分共 13 条，对公约的适用范围和总则做出规定；第二部分共 11 条，规定合同订立程序和规则；第三部分共 64 条，就货物买卖的一般规则、买卖双方的权利义务、风险的转移等做出规定；第四部分是最后条款，对公约的保管、签字、加入、保留、生效、退出等做出规定。

我国对该公约有两项保留：

（1）关于公约适用范围的保留。我国只承认限于营业地分处于不同缔约国的当事人之间所订立的货物买卖合同，不同意扩大该公约的适用范围（一方非缔约国，或双方非缔约国）。

（2）关于合同形式的保留。我国认为，订立、变更或终止国际货物买卖合同都应当采用书面形式，不同意口头形式。

（三）适用范围

根据公约在序言中的规定，公约的宗旨是建立新的国家经济秩序，在平等互利的基础上发展国际贸易，照顾到不同的社会、经济和法律制度，制定国际货物销售的统一规则，以减少法律障碍，促进国际贸易的发展。

1. 公约适用的主体范围

公约适用于营业地在不同国家的当事人之间所订立的货物买卖合同，但必须具备下列两个条件之一：或者双方当事人营业地所在国都是缔约国；或者虽然当事人营业地所在国不是缔约国，但根据国际私法规则导致应适用某一缔约国法律。

2. 公约适用的客体范围

公约适用的客体范围是"货物买卖"。但并非所有的国际货物买卖都属于公约的调整范围，公约排除了以下几种买卖：①以直接私人消费为目的的买卖；②拍卖；③依执法令状或法律授权的买卖；④公债、股票、投资证券、流通票据和货币的买卖；⑤船舶、气垫船和飞行器的买卖；⑥电力的买卖；⑦卖方绝大部分义务是提供劳务和服务的买卖。

3. 公约没有涉及的法律问题

公约的规定并没有涉及国际货物买卖合同的所有方面，以下问题公约没有涉及：合同的效力，或其任何条款的效力或惯例的效力；合同对所有权的影响；货物对人身造成伤亡或损害的产品责任问题。

（四）买卖双方义务

1. 卖方的义务

卖方的义务主要包括：

（1）交付货物。交付货物是卖方的主要义务，根据公约的规定卖方应依合同约定的时间、地点及方式完成交货义务。

（2）品质担保。卖方必须保证其交付的货物与合同约定的相符。如果合同没有约定的，依公约的规定。

（3）权利担保。权利担保分为所有权担保和知识产权担保。所有权担保指卖方保证对其出售的货物享有完全的所有权，必须是第三方不能提出任何权利或要求的货物。知识产权担保是指卖方交付货物，必须是第三方不能依工业产权或其他知识产权主张任何权利和要求的货物。

（4）交付单据。单据在象征性交货的情况下，对买方非常重要，可能会影响到买方能否及时提取货物或转卖货物。公约规定，卖方必须按照合同约定的时间、地点和方式移交与货物有关的单据。

2. 买方的义务

买方的义务主要有两项：支付货款和接收货物。

（五）货物的风险转移

货物的风险转移到买方承担后遗失或损坏的，买方支付货款的义务并不因此解除。除非这种损坏或遗失是由于卖方的行为或不行为造成的。公约规定了风险转移的时间，分为以下几种情况：合同中有运输条款的风险转移；在运输途中风险的转移；其他情况下风险的转移。特别强调了在货物被划拨到合同项下之前，风险不转移。

具体规定如下：

（1）货物在风险移转到买方承担后遗失或损坏，买方支付价款的义务并不因此解除，除非这种遗失或损坏是由于卖方的行为或不行为所造成。

（2）如果销售合同涉及货物的运输，但卖方没有义务在某一特定地点交付货物，自货物按照销售合同交付给第一承运人以转交给买方时起，风险就移转到买方承担。如果卖方有义务在某一特定地点把货物交付给承运人，在货物于该地点交付给承运人以前，风险不移转到买方承担。卖方授权保留控制货物处置权的单据，并不影响风险的移转。

（3）在货物以货物上加标记或以装运单据或向买方发出通知或其他方式清楚地注明有关合同以前，风险不移转到买方承担。

（4）对于在运输途中销售的货物，从订立合同时起，风险就移转到买方承担。但是，如果情况表明有此需要，从货物交付给签发载有运输合同单据的承运人时起，风险就由买方承担。尽管如此，如果卖方在订立合同时已知道或理应知道货物已经遗失或损坏，而他又不将这一事实告之买方，则这种遗失或损坏应由卖方负责。

（5）从买方接收货物时起，或如果买方不在适当时间内这样做，则从货物交给他处置但他不收取货物从而违反合同时起，风险移转到买方承担。

（6）如果买方有义务在卖方营业地以外的某一地点接收货物，当交货时间已到而买方知道货物已在该地点交他处置时，风险方始转移。

（7）如果合同指的是当时未加识别的货物，则这些货物在未清楚注明有关合同以前，不得视为已交给买方处置。

（8）如果卖方已根本违反合同，不损害买方因此种违反合同而可以采取的各种补救办法。

二、海牙规则

（一）概念

《海牙规则》（Hague Rules）是《统一提单的若干法律规定的国际公约》（International Convention for the Unification of Certain Rules of Law Relating to Bills of Lading）的简称。它是 1924 年 8 月 25 日在比利时布鲁塞尔由 26 个国家代表出席的外交会议签署的，于 1931 年 6 月 2 日起生效，截至 1997 年 2 月，加入该规则的国家和地区共有 88 个。

（二）产生背景

第一次世界大战的爆发虽然延缓了制定国际统一规则的进程，但同时又给制定国际统一规则带来了生机。战后由于全球性的经济危机，货主、银行、保险界与船东的矛盾更加激化。在这种情况下，以往对限制合同自由，修正不合理免责条款问题一直不感兴趣的英国，为了和其殖民地在经济上、政治上采取妥协态度，也主动与其他航运国家和组织一起寻求对上述问题的有效解决方法，也主张制定国际公约，以维护英国航运业的竞争能力，保持英国的世界航运大国的地位。为此，国际法协会所属海洋法委员会（Maritime Law Committee）于1921年5月17日至20日在荷兰海牙召开会议，制定了一个提单规则，定名为《海牙规则》，供合同当事人自愿采纳。以此为基础，在1922年10月9日至11日在英国伦敦召开会议，对海牙规则进行若干修改，同年10月17日至26日，于比利时布鲁塞尔举行的讨论海事法律的外交会议上，与会代表作出决议，建议各国政府采纳这个规则，在稍作修改后使之国内法化。1923年10月，又在布鲁塞尔召开海商法国际会议，由海商法国际会议指派委员会对这个规则继续做了一些修改，完成海牙规则的制定工作。随后，1923年11月英国帝国经济会议通过决议，一方面建议各成员国政府和议会采纳这个修订后的规则使之国内法化；另一方面率先通过国内立法，使之国内法化，由此而产生了《1924年英国海上货物运输法》。这个法律在1924年8月获英皇批准。1924年8月25日，各国政府的代表也在布鲁塞尔通过了简称《海牙规则》的《1924年统一提单若干法律规定的国际公约》。

（三）特点与影响

《海牙规则》规定的承运人的责任是最低限度的，仅包括两项强制性的义务，一是适航义务，二是管货的义务。责任制为不完全的过错责任制。责任期间是从货物装上船起至卸完船为止的期间。《海牙规则》对于承运人的免责太多，这样对托运人是不公平的，所以，后来的《维斯比规则》对《海牙规则》进行了一些修改和补充。这些修改和补充包括加大了承运人的赔偿限额，从原来的每件或每单位不超过100英镑，变更为每件或每单位1万金法郎或每公斤30金法郎，两者以高者计算等等，但是这并没有从根本上改变托运人不利的处境，《汉堡规则》相比较而言就比较公平合理。

《海牙规则》于1931年6月2日正式生效。欧美许多国家都加入了这个公约。有的国家仿效英国的做法，通过国内立法使之国内法化；有的国家根据这一公约的基本精神，另行制定相应的国内法；还有些国家虽然没有加入这一公约，但他们的一些船公司的提单条款也采用了这一公约的精神。所以，这一公约是海上货物运输中有关提单的最重要的和仍普遍被采用的国际公约。中国虽然没有加入该公约，但却把它作为制定中国《海商法》的重要参考依据；中国不少船公司的提单条款也采纳了这一公约的精神。所以，《海牙规则》堪称现今海上货物运输方面最重要的国际公约。

（四）主要内容

《海牙规则》共十六条，其中第一至第十条是实质性条款，第十一至第十六条是程序性条款，主要是有关公约的批准、加入和修改程序性条款，实质性条款主要包括以下内容：

1. 承运人最低限度的义务

所谓承运人最低限度义务，就是承运人必须履行的基本义务。对此《海牙规则》规定：承运人必须在开航前和开航当时，谨慎处理，使航船处于适航状态，妥善配备合格船员，装备船舶和配备供应品；使货舱、冷藏舱和该船其他载货处所能适当而安全地接受、载运和保管货物。承运人应妥善地和谨慎地装载、操作、积载、运送、保管、照料与卸载。即提供适航船舶，妥善管理货物，否则将承担赔偿责任。

2. 承运人运输货物的责任期间

所谓承运人的责任期间，是指承运人对货物运送负责的期限。按照《海牙规则》"货物运输"的定义，货物运输的期间为从货物装上船至卸完船为止的期间。所谓"装上船起至卸完船止"可分为两种情况：一是在使用船上吊杆装卸货物时，装货时货物挂上船舶吊杆的吊钩时起至卸货时货物脱离吊钩时为止，即"钩至钩"期间。二是使用岸上起重机装卸，则以货物越过船舷为界，即"舷至舷"期间承运人应对货物负责。至于货物装船以前，即承运人在码头仓库接管货物至装上船这一段期间，以及货物卸船后到向收货人交付货物这一段时间，按《海牙规则》规定，可由承运人与托运人就承运人在上述两段发生的货物灭失或损坏所应承担的责任和义务订立任何协议、规定、条件、保留或免责条款。

3. 承运人的赔偿责任限额

承运人的赔偿责任限额是指对承运人不能免责的原因造成的货物灭失或损坏，通过规定单位最高赔偿额的方式，将其赔偿责任限制在一定的范围内。这一制度实际上是对承运人造成货物灭失或损害的赔偿责任的部分免除，充分体现了对承运人利益的维护。《海牙规则》第四条第五款规定："不论承运人或船舶，在任何情况下，对货物或与货物有关的灭失或损坏，每件或每单位超过 100 英镑或与其等值的其他货币时，任意情况下都不负责；但托运人于装货前已就该项货物的性质和价值提出声明，并已在提单中注明的，不在此限。"

承运人单位最高赔偿额为 100 英镑，按照该规则第九条的规定应为 100 金英镑。一是按英国起初的英国航运业习惯按 100 英镑纸币支付，后来英国各方虽通过协议把它提高到 200 英镑，但还是不能适应实际情况。几十年来，由于英镑不断贬值，据估计 1924 年的 100 英镑的价值，到 1968 年已相当于当时的 800 英镑的价值。在这样英镑严重贬值的情况下，如果再以 100 英镑为赔偿责任限额，显然是不合理的，也违反了《海牙规则》规定。二是在《海牙规则》制定后，不少非英镑国家纷纷把 100 英镑折算为本国货币，而且不受黄金计算价值的限制和约束，由于金融市场的变幻莫测，以致和现今各国规定的不同赔偿限额的实际价格相距甚远。

4. 承运人的免责

《海牙规则》对承运人的免责做了 17 项具体规定，分为两类：一类是过失免责；另一类是无过失免责。国际海上货物运输中争论最大的问题是《海牙规则》的过失免责条款，《海牙规则》规定："由于船长、船员、引航员或承运人的雇用人在航行或管理船舶中的行为、疏忽或过失所引起的货物灭失或损坏，承运人可以免除赔偿责任。"

这种过失免责条款是其他运输方式责任制度中所没有的。很明显,《海牙规则》偏袒了船方的利益。

5. 索赔与诉讼时效

索赔通知是收货人在接收货物时,就货物的短少或残损状况向承运人提出的通知,它是索赔的程序之一。收货人向承运人提交索赔通知,意味着收货人有可能就货物短损向承运人索赔《海牙规则》规定:承运人将货物交付给收货人时,如果收货人未将索赔通知用书面形式提交承运人或其代理人,则这种交付应视为承运人已按提单规定交付货物的初步证据。如果货物的灭失和损坏不明显,则收货人应在收到货物之日起3日内将索赔通知提交承运人。

《海牙规则》有关诉讼时效的规定是:"除非从货物交付之日或应交付之日起一年内提起诉讼,承运人和船舶,在任何情况下,都应免除对灭失或损坏所负的一切责任。"

6. 托运人的义务和责任

(1) 保证货物说明正确的义务

《海牙规则》规定:"托运人应向承运人保证他在货物装船时所提供的标志、号码、数量和重量的正确性,并在对由于这种资料不正确所引起或造成的一切灭失、损害和费用,给予承运人赔偿。"

(2) 不得擅自装运危险品的义务

《海牙规则》规定:如托运人未经承运人同意而托运属于易燃、易爆或其他危险性货物,应对因此直接或间接地引起的一切损害和费用负责。

(3) 损害赔偿责任

根据《海牙规则》规定:托运人对他本人或其代理人或受雇人因过错给承运人或船舶造成的损害,承担赔偿责任。可见,托运人承担赔偿责任是完全过错责任原则。

7. 运输合同无效条款

根据《海牙规则》规定:运输合同中的任何条款或协议,凡是解除承运人按该规则规定的责任或义务,或以不同于该规则的规定减轻这种责任或义务的,一律无效。有利于承运人的保险利益或类似的条款,应视为属于免除承运人责任的条款。

(五) 适用范围

《海牙规则》规定:"本公约的规定,不适用于租船合同,但如果提单是根据租船合同签发的,则它们应符合公约的规定。"同时该规则规定:"本公约的各项规定,应适用于在任何缔约国内所签发的一切提单。"

结合本规则"运输契约"定义的规定,可以看出:①根据租船合同或在船舶出租情况下签发的提单,如果提单在非承运人的第三者手中,即该提单用来调整承运人与提单持有人的关系时,《海牙规则》仍然适用。②不在《海牙规则》缔约国签发的提单,虽然不属于《海牙规则》的强制适用范围,但如果提单上订有适用《海牙规则》的首要条款,则《海牙规则》作为当事人协议适用法律,亦适用于该提单。

（六）存在问题

（1）较多地维护了承运人的利益，在免责条款和最高赔偿责任限额上表现尤为明显，造成在风险分担上的不均衡。

（2）未考虑集装箱运输形式的需要。

（3）责任期间的规定欠周密，出现装船前和卸货后两个实际无人负责的空白期间，不利于维护货方的合法权益。

（4）单位赔偿限额太低，诉讼时效期间过短，适用范围过窄。

（5）对某些条款的解释仍未统一，"管理船舶"与"管理货物"的差异；与货物有关的灭失或损坏的含义；作为赔偿责任限制的计算单位的解释等，因没有统一解释而容易引起争议。

第二节　国际贸易惯例

导入案例

甲国买方 A 公司从乙国卖方 B 公司购买了一套设备，分别装于 58 只木箱中，委托 C 公司用海轮运回。船长在货物装船后签发了清洁提单。船到甲国港口后，卸货前发现部分设备的包装木箱损害严重。经收货人和承运人在货舱内对货物进行清点，发现共有 18 箱设备因为倾斜，移位撞击而受到不同程度的损坏。收货人认为，货物损坏的原因是承运人的配载不当，因此，承运人应当赔偿收货人的损失；而承运人则认为货物损坏的原因是由于包装不善，而且船舶在航运中又遇到了恶劣的气候，因此，承运人不应当承担赔偿责任。经查阅航海日记，了解到该船在航行中确实遇到了 8 级风浪。

讨论：该案例中，船方 C 公司是否应该赔偿 A 公司的损失？

国际贸易惯例是国际贸易法的主要渊源之一，是指在国际贸易的长期实践中逐渐形成的一种较为明确和固定内容的贸易习惯和一般做法，通常是由国际性的组织或商业团体制定的有关国际贸易的成文的通则、准则和规则。下面重点介绍 INCOTERMS® 2010 和 UCP600。

一、INCOTERMS® 2010

（一）INCOTERMS 的概念和最新版本

INCOTERMS 是国际贸易术语解释通则。它来自于 International Commercial Terms，全称为 International Rules for the Interpretation of Trade Terms. 它的宗旨是为普遍使用中的国际贸易术语提供一套解释的国际规则，以避免或减少各国不同解释而出现的不确定性。

2010 年 9 月，国际商会通过了 INCOTERMS® 2010 并规定该版本于 2011 年 1 月 1 日生效，它是迄今为止关于贸易术语含义的国际惯例的最新版本。INCOTERMS® 2010

考虑了免税贸易区的不断增加,电子沟通在商务中的不断增多,以及被更加重视的货物运输中的安全和变化等问题。它更新并加强了交货规则,将规则总量从13条减少到了11条,并且使得所有规则的表述更加简洁明确。INCOTERMS® 2010 同时也是第一个使得所有在买卖双方中的适用保持中立的第一个国际贸易术语解释版本。INCOTERMS® 2010 的贸易术语见表 5 – 1。

表 5 – 1 《INCOTERMS® 2010》贸易术语一览表

运输方式	国际代码	含 义	
		英文	中文
适用于任何运输方式或多种运输方式	EXW	Ex Works	工厂交货
	FCA	Free Carrier	货交承运人
	CPT	Carriage Paid to	运费付至
	CIP	Carriage and Insurance Paid to	运费和保险费付至
	DAT	Delivered at Terminal	运输终端交货
	DAP	Delivered at Place	目的地交货
	DDP	Delivered Duty Paid	完税后交货
适用于海运及内河水运	FAS	Free Alongside Ship	装运港船边交货
	FOB	Free on Board	装运港船上交货
	CFR	Cost and Freight	成本加运费
	CIF	Cost Insurance and Freight	成本、保险费加运费

(二) INCOTERMS® 2010 主要革新

1. 对适用范围的调整

INCOTERMS 2000 规定适用于国际货物销售合同,而 INCOTERMS® 2010 则考虑到了一些大的区域贸易集团内部贸易的特点,规定不仅适用于国际货物销售合同,也适用于国内货物销售合同。并且,INCOTERMS® 2010 在解释买卖双方义务时在几处明确进出口商仅在需要时才办理出口/进口报关手续和支付相应费用。

此外,国际商会此次还将 INCOTERMS 注册成了商标 (INCOTERMS® 2010),并提出了使用该商标的要求。

2. 新增指导性说明

INCOTERMS® 2010 对每个术语都新加了指导性说明。

该说明主要解释了何时适用本术语以及在何种情形下适用其他术语,该术语合同下与货物有关的风险负担何时转移,买卖双方之间的成本或费用以及出口手续如何划分等事宜,以及双方应当明确规定交货的具体地点和未能规定所引起的费用的负担等。

在"指导性说明"中,INCOTERMS® 2010 通常要求双方当事人自行明确风险转移的临界点,而非由 INCOTERMS® 2010 本身去规定这些临界点。这就需要买卖双方在订立合同时要考虑到该问题,必要时可在商定的基础上另行规定双方认可的风险临界点。

3. 对贸易术语义务项目上的调整

INCOTERMS2000 与 INCOTERMS® 2010 对于其解释的每种贸易术语下的买卖双方各自的义务都分别列出十个项目。

INCOTERMS® 2010 与 INCOTERMS2000 不同之处在于，卖方在每一项目中的具体义务不再"对应"买方在同一项目中相应的义务，而是改为分别描述，并且各项目内容也有所调整。两者基本义务的对比如下：

第十项要求卖方和买方分别要帮助对方提供包括与安全有关的信息和单据，并因此而向受助方索偿因此而发生的费用。如在 EXW 项下，卖方协助买方办理出口清关以及在 DDP 项下买方协助卖方办理进口报关等，也包括为另一方清关而获得必要单据所涉及的费用。

在第二项中也增加了与安全有关的清关手续。这主要是考虑到美国"9·11"事件后对安全措施的加强。为与此配合，进出口商在某些情形下必须提前提供有关货物接受安全扫描和检验的相关信息，这一要求体现在 A2/B2 和 A10/B10 中。

4. 对货物风险转移界限的调整

INCOTERMS® 2010 取消了 INCOTERMS2000 中 FOB、CFR 和 CIF 术语下与货物有关的风险在装运港"船舷"转移的概念，不再规定风险转移的临界点，改为卖方承担货物在装运港装上船为止的一切风险，而买方则承担货物自装运港装上船之后的一切风险。

5. 新增连环贸易（String Sales）

INCOTERMS® 2010 在 FAS，FOB，CFR 和 CIF 等几种适用水上运输的术语的指导性说明中，首次提及"String Sales"，在 CPT 和 CIP 的 A3 项中也有提及。

大宗货物买卖中，货物常在一笔连环贸易下的运输期间被多次买卖，由于连环贸易中货物由第一个卖方运输，作为中间环节的卖方就无须装运货物，而是由"获得"所装运的货物的单据而履行其义务，因此，新版本对此连环贸易模式下卖方的交付义务做了细分，也弥补了以前版本中在此问题上未能反映的不足。

（三）INCOTERMS® 2010 主要内容

1. FOB

（1）含义

FOB，Free on Board（…named port of shipment）—装运港船上交货（……指定装运港），是指卖方以在指定装运港将货物装上买方指定的船舶或通过取得已交付至船上货物的方式交货。此处使用的"取得"一词适用于链式贸易。该术语仅适用于海运或内河水运。

（2）买卖双方义务（见表 5-2）

表 5-2　FOB 术语买卖双方义务

A 卖方义务	B 买方义务
A1：提供买卖合同约定的货物、商业发票和其他单据。	B1：按买卖合同约定支付价款。
A2：承担取得所有出口许可、其他官方授权；办理出口报关的手续。	B2：承担取得所有进口许可、其他官方授权；办理进口报关的手续。

A 卖方义务	B 买方义务
A3：无订立运输合同和保险合同的义务。	B3：须办理签订运输合同并支付运费；对卖方无订立保险合同的义务。
A4：必须在合同约定的期限内在指定的装运港内的某个装船点（若有），以将货物置于买方指定船舶之上的方式，或以取得已在船上交付的货物的方式交货。	B4：必须收取卖方按 A4 交付的货物。
A5：承担按 A4 完成交货前货物灭失或损坏的一切风险。	B5：承担按 A4 交货时起货物灭失或损坏的一切风险。
A6：承担按 A4 完成交货前与货物相关的一切费用和出口所需海关手续费用，及出口应缴纳的一切关税、税款和其他费用。	B6：承担按 A4 交货时起与货物相关的一切费用；承担未能按照 B7 给卖方相应通知、指定船舶未准时到达而不能装载货物或早于 B7 通知的时间停止装货，导致卖方发生的任何额外费用；承担进口应缴纳的一切关税、税款和其他费用。
A7：必须就其已按 A4 交货或船舶未在约定时间内收受货物给予买方充分通知。	B7：必须就船舶名称、装船点和其在约定期间内选择的交货时间（若需要），向卖方发出充分通知。
A8：必须自付费用向买方提供已按 A4 完成交货的通常证据；如果该证据不是运输凭证，应买方要求并由其承担风险和费用，必须协助买方取得运输凭证。	B8：必须接受按 A8 提供的交货凭证。
A9：必须支付按 A4 完成交货所需进行的查对质量、丈量、过磅、点数等费用，以及装运前出口国有关机构强制检验的费用；支付相关包装费用并对包装作适当标记。	B9：支付除出口国有关机构之外要求的任何强制性装船前检验费用。
A10：若买方要求并由其承担风险和费用，必须及时向买方提供或协助其取得相关货物进口和/或将货物运输到最终目的地所需要的任何文件和信息，包括安全相关信息；必须支付买方按 B10 提供货物协助取得文件和信息时所发生的所有开支和费用。	B10：若卖方要求并由其承担风险和费用，必须及时向卖方提供或协助其取得货物运输和出口及从他国过境运输所需要的任何文件和信息，包括安全相关信息；必须及时告知卖方任何安全信息，以便卖方按 A10 规定行事；必须支付卖方按 A10 向买方提供或协助其取得文件和信息时发生的所有开支和费用。

2. CFR

（1）含义

CFR，Cost and Freight（…named port of destination）——成本加运费（……指定目的港），是指卖方办理签订运输合同、支付运费，并在装运港船上交货或以取得已交付至船上货物的方式交货。该术语仅适用于海运或内河水运。

（2）买卖双方义务

与 FOB 术语相比，CFR 术语下，卖方的义务增加了办理签订运输合同、支付运费并及时向买方发出所需通知，以便买方采取收取货物通常所需的措施；买方则减少了办理签订运输合同、支付运费并及时向卖方发出及时的装船通知。

如果因卖方遗漏或不及时向买方发出所需通知，致使买方未能及时办妥货运保险所造成的后果，卖方需承担责任。

3. CIF

（1）含义

CIF，Cost，Insurance and Freight（…named port of destination）——成本、保险费加运费（……指定目的港），是指卖方办理签订运输合同和保险合同、支付保费和运费，并在装运港船上交货或以取得已交付至船上货物的方式交货。该术语仅适用于海运或内河水运。

（2）买卖双方的义务

与 CFR 术语相比，CIF 术语下，卖方的义务增加了办理签订保险合同和支付保费。

若买卖合同对保险没有特殊规定，则卖方应投保《协会货物保险条款》的"条款（C）"或类似条款的最低限别（如《中国保险条款》的"平安险"）；保险合同应与信誉良好的承保人或保险公司订立，且保险最低金额是买卖合同规定价格另加 10%，并采用合同货币。

4. FCA

（1）含义

FCA，Free Carrier（…named place of delivery）——货交承运人（……指定交货地点），是指卖方在其所在地或其他指定地点将货物交给由买方指定的承运人或其他人。风险在交货地点转移至买方，为此，买卖双方应尽可能清楚地写明指定交货地内的交付点。该术语可用适用于任何运输方式，也适用于多种运输方式。

（2）买卖双方的义务

与 FOB 术语相比，FCA 术语下，卖方义务的不同之处主要体现在交货，是货交承运人或其他人。如果指定地点是卖方所在地，则当货物被装上买方提供的运输工具时，卖方完成交货；如果指定地点是在卖方所在地以外，则当货物虽仍处于卖方的运输工具上，但已准备好卸载，并已交由承运人或买方指定的其他人处置时，卖方完成交货。

5. CPT

（1）含义

CPT，Carriage Paid to（（…named place of destination）——运费付至（……指定目的地），是指卖方负责办理签订运输合同并支付将货物运至指定目的地的运费，将货物在双方约定地点交给由买方指定的承运人或其他人。风险在交货地点转移至买方。该术语可用适用于任何运输方式，也适用于多种运输方式。

（2）买卖双方的义务

与 FCA 术语相比，CPT 术语下，卖方的义务增加了办理签订运输合同、支付运费并及时向买方发出所需通知，以便买方采取收取货物通常所需的措施；买方则减少了办理签订运输合同、支付运费并及时向卖方发出及时的装船通知。

如果因卖方遗漏或不及时向买方发出所需通知，致使买方未能及时办妥货运保险所造成的后果，卖方需承担责任。

6. CIP

（1）含义

CIP，Carriage and Insurance Paid to（...named place of destination）——运输和保险费付至（……指定目的地），是指卖方办理签订运输合同和保险合同、支付保费和运费，并将货物在双方约定地点交给由买方指定的承运人或其他人。风险在交货地点转移至买方。该术语可适用于任何运输方式，也适用于多种运输方式。

（2）买卖双方的义务

与 CPT 术语相比，CIP 术语下，卖方的义务增加了办理签订保险合同和支付保费。

若买卖合同对保险没有特殊规定，则卖方应投保《协会货物保险条款》的"条款（C）"或类似条款的最低限别（如《中国保险条款》的"平安险"）；保险合同应与信誉良好的承保人或保险公司订立，且保险最低金额是买卖合同规定价格另加 10%，并采用合同货币。

7. EXW

EXW，Ex Works（...named place of delivery）——工厂交货（……指定交货地点），是指卖方在其所在地或在其他指定地点（如工厂、车间或仓库等）将货物交由买方处置时，即完成交货。它可适用于任何运输方式，也适用于多种运输方式。它适合国内贸易，而 FCA 一般更适合国际贸易。

EXW 是十一种贸易术语中卖方承担义务最少的贸易术语。在 EXW 术语下，卖方对买方没有装货的义务，卖方无义务安排出口通关。因此，若买方无法直接或间接办理货物出境手续时，则不宜采用这一术语。买卖双方对彼此都无义务签订运输合同和保险合同。

8. FAS

FAS，Free Alongside Ship（...named port of shipment）——船边交货（……指定装运港），是指卖方必须在指定的装运港，在约定的日期或期限内，将货物运至买方指定的船边时，即完成交货。该术语仅适用于海运或内河水运。

如果买方所派船只不能靠岸，卖方应负责用驳船把货物运至船边，卖方在船边完成交货义务，风险责任同时转移。买方要承担自交货时起货物损坏和灭失的一切风险。

9. DAT

DAT，Delivered at Terminal（...named terminal at port or place of destination）——运输终端交货（……指定港口或目的点的运输终端），是指当卖方在指定港口或目的点的运输终端将货物从抵达的载货运输工具上卸下，交给买方处置时，即完成交货。"运输终端"是指码头、仓库、集装箱堆场或公路、铁路、空运货站等任何地点，不论该地点是否有遮盖。该术语可适用于任何运输方式，也适用于多种运输方式。

在 DAT 术语下，卖方负责办理出口报关和支付相关费用，办理签订运输合同并支付运费，但对买方无义务签订保险合同和支付保费；买方负责办理进口报关和支付相关费用。如果买卖双方希望由卖方承担从运输终端至另一地点之间运送和受理货物的风险和费用，则应使用 DAP 或 DDP 术语。

10. DAP

DAP，Delivered at Place（…named place of destination）——目的地交货（……指定目的地），是指当卖方在指定目的地将仍处于抵达的运输工具之上，且已做好卸载准备的货物交由买方处置时，即完成交货。该术语可适用于任何运输方式，也适用于多种运输方式。

在 DAP 术语下，卖方负责办理出口报关和支付相关费用，办理签订运输合同并支付运费，但对买方无义务签订保险合同和支付保费；买方负责办理进口报关和支付相关费用。

11. DDP

DDP，Delivered Duty Paid（…named place of destination）——完税后交货（……指定目的地），是指当卖方在指定目的地将仍处于抵达的运输工具之上，且已完成进口清关，且已做好卸载准备的货物交由买方处置时，即完成交货。该术语可适用于任何运输方式，也适用于多种运输方式。

DDP 是卖方所承担义务最多的贸易术语。卖方承担将货物运至目的地的一切风险和费用，并有义务完成货物出口和进口清关，支付所有出口和进口的关税和办理所有海关手续。

二、UCP600

（一）UCP 的历史和 UCP600 的诞生

信用证最早的明文规则出现在一战后的美国，一战末期，美国已经扮演全球物资供应商的角色，国际贸易额迅速上升，国际贸易的繁荣兴旺也让美国银行业国际贸易结算受益。信用证作为国际贸易结算的主要方式，然而，由于信用证结算缺乏统一的规则，美国银行业在战后经济萧条中遭受重创。鉴于此种情况，美国银行业于 1920 年制定出美国信用证规则——Regulations Affecting Export Commercial Credits。在此之后，其他国家也相继出台本国的信用证规则。但是由于互不统一，在国际贸易结算中的信用证运作仍然无所适从。

国际商会为此着手研究，最终形成 UCP 的第一个版本，在 1933 年以国际商会第 82 号出版物《商业跟单信用证统一惯例》方式公布。

2006 年 10 月 25 日，在巴黎举行的 ICC 银行技术与惯例委员会 2006 年秋季例会上，以点名（RollCall）形式，经 71 个国家和地区 ICC 委员会以 105 票赞成，UCP600 最终得以通过。

由于 UCP 的重要和核心地位，它的修订还带动了 eUCP、ISBP、SWIFT 等的相应修订和升级。UCP600 共有 39 个条款、比 UCP500 减少 10 条，但却比 500 更准确、清晰，更易读、易掌握、易操作。它将一个环节涉及的问题归集在一个条款中；将 L/C 业务涉及的关系方及其重要行为进行了定义，如第二条的 14 个定义和第三条对具体行为的解释。

（二）UCP600 的性质

（1）UCP600 是一套银行信用证结算产品的运作规则。跟单信用证的运作有多套规则，UCP600 只是其中一套，每个特定的跟单信用证安排都需要明确自己的规则。一旦选择适用 UCP600 这一套规则时，该跟单信用证一经运作则 UCP600 对其"所有当事人均具有约束力"。如果当事人在事先设计的跟单信用证条款当中表明"明确修改或排除"UCP600 有关条文的适用，那么 UCP600 此时对相关当事人没有约束力。

（2）信用证适用 UCP600 的前提是在信用证文本中明确表明受本惯例约束。UCP600 要求不管是信开信用证还是电开信用证，包括 SWIFT 开证均需要"信用证在文本中明确表明受本惯例约束"

（3）UCP600 条文对所有当事人均有约束。信用证除了基本当事人，还有其他当事人，包括通知银行、保兑银行、转让银行、指定银行、偿付银行等等。当一个特定信用证选择适用于 UCP600 时，UCP600 各条文便对其所有当事人具有约束力。

（4）信用证中明确修改或排除的 UCP600 条文不具有约束力。需要注意的是，信用证对 UCP 条文的修改或排除必须"明确"，不明确时不适用，模糊不清时也不适用。

（三）UCP600 的主要变化

在 UCP600 的条款中，有很多相对 UCP500 条款的实质变动，有些对进出口商可能会产生重要影响。

1. 议付的定义

UCP600 对于议付的定义有别于 UCP500，也与 ICC 关于"议付"的专门意见书有所不同。在新的定义中，明确了议付是对票据及单据的一种买入行为，并且明确是对受益人的融资——预付或承诺预付。定义上的改变承认了有一定争议的远期议付信用证的存在，同时也将议付行对受益人的融资纳入了受惯例保护的范围。

2. 新增的融资许可

除了在议付的定义中明确了其预付性质以外，UCP600 还明确了开证行对于指定行进行承兑、做出延期付款承诺的授权，同时包含允许指定行进行提前买入的授权。这项规定旨在保护指定行在信用证下对受益人进行融资的行为。从各国法院对信用证案件的审理结果来看，在如何认定指定行的行为效力方面有很大的差异，比如在英国和美国的法律中，对于善意持票人的判定标准就有很大不同。这种状况直接决定了相关银行在信用证业务中的地位，在一定程度上阻碍了信用证业务的顺利开展，更带来了一些理解上的混淆。国际商会在这项规定上的尝试，存在与各国的商法、票据法有所抵触的可能，但对于统一银行的操作方面有望取得进展。鉴于各国法院在处理信用证相关案件时，会很大程度上倾向遵循国际惯例，这样的规定是富有积极意义的。当然，如果开证行信誉不佳，或是进口国国家风险较高，出口商获得融资的可能并不会仅凭这个条款的存在而增加。

3. 拒付后对单据的处理

在 UCP600 的条款中，细化了拒付电中对单据处理的几种选择，其中包括一直以来极具争议的条款："拒付后，如果开证行收到申请人放弃不符点的通知，则可以释放单据。"加入这一条款主要是考虑到受益人提交单据最基本的目的是获得款项，因此可以推定，如果申请人同意放弃不符点并支付，对受益人利益不会造成根本性的损害。特别是当受益人明知单据存在不符点，依然要求指定行向开证行寄送单据的情况下，隐含了其希望申请人接受不符点并支付款项的意愿。现实业务中，已经有银行在开立的信用证中加具此类条款，应该说其做法与现行的 UCP500 是矛盾的，并且容易引发纠纷，甚至导致诉讼。UCP600 把这种条款纳入合理的范围内，符合了现实业务的发展，减少了因此产生纠纷的可能，并且有望缩短不符点单据处理的周期。当然，如果出口商出于各种考虑不愿意给予对方这种权利，可以在交单时明确表示此笔交单按照惯例中另一个选项来处理，即拒付后"单据按照交单人事先指示处理"，或者干脆要求进口商委托开立信用证时直接排除这一选项。对于进口商而言，如果因不符点单据准备拒付，也要同样注意向开证行查询对方在交单面函中有无额外指示，以免造成后续处理的不便，甚至因处理不当引发纠纷。

4. 单据处理的天数

关于开证行、保兑行、指定行在收到单据后的处理时间，在 UCP500 中规定为"合理时间，不超过收单翌日起第 7 个工作日"，而在 UCP600 中改为了"最多为收单翌日起第 5 个工作日"。首先，"合理时间"这一概念不复存在。当前业务中，经常出现处理时间是否"合理"的争议，这一概念受到当地行业惯例的影响，而一旦诉诸法律，还受到法官主观判断的影响，因此，围绕这一概念的纠纷不断发生。针对这种现状，UCP600 把单据处理时间的双重判断标准简化为单纯的天数标准，使得判断依据简单化。其次，关于最长时限的缩短，总体来说对受益人更为有利。从进口商方面考虑，头寸调拨时间变短，特别是授信开证的公司，如果其内部手续繁杂，将可能会影响及时支付。当开证行发现不符点后，其与申请人接洽的时间相应变短；而如果出现交单面函指示不清等问题，与交单行的联系时间也受到压缩。因此，银行、公司各个环节的操作人员都要更加富有效率。对于出口商而言，在新的规定下有望更早收到头寸。虽然有银行反映，新的规定将导致所有支付均发生在收单翌日起第 5 个工作日而没有提前支付的余地，但至少支付底线是提前了。由于我国产品大量出口到东南亚及中东地区，而这些地区的银行业务处理普遍欠规范，新的规定有望帮助我国出口商提前收汇。

5. 转让信用证

转让信用证最大的变化在于 UCP600 中明确了第二受益人的交单必须经过转让行。此条款主要是为了避免第二受益人绕过第一受益人直接交单给开证行，损害第一受益人的利益；同时，这条规定也与其他关于转让行操作的规定相匹配。有人或许会担心新的规定导致环节增多，特别是在我国很多第一受益人只是贸易代理或拥有进出口权的母公司的情况下，反而会引起不便，这种担心是不必要的。现实业务中，如果第一受益人要求全额转让，不需支取差价的话，可以要求进口商开立信用证时排除此条款，或在要求转让行进行转让时，明确告知开证行第一受益人放弃换单权利。

此外，UCP600 相比 UCP500 还有一个重要的条款改变，旨在保护没有过错的第二受益人。鉴于围绕转让信用证的争议很多，国际商会发布过一份专门针对转让信用证的指南，其中包含这样的规定：当第二受益人提交的单据与转让后的信用证一致，而因第一受益人换单导致单据与原证出现不符时，或者简单说单据不符仅由第一受益人造成时，转让行有权直接提交第二受益人的单据给开证行。这项规定保护了正当发货制单的第二受益人利益，剥夺了不当作为的第一受益人赚取差价的权利。此次 UCP600 吸纳了这个条款，也就明确了此类业务的处理方法，需要引起进出口各方的特别注意。

课后练习

一、判断题

1. 我国是 CISG 的最初缔约国之一，因此我国与 CISG 非缔约国的企业签订国际货物买卖合同，也适用于其规定。（　　）

2. 根据《INCOTERMS® 2010》的规定，在 DDP 术语适用于任何运输方式。（　　）

3. 根据《UCP600》的规定，开证行、保兑行、指定行在收到单据后的处理时间最多为收单翌日起第五个工作日。

二、单项选择题

1. 根据《联合国国际货物销售合同公约》规定，卖方无须承担（　　）的义务。

A. 交付货物　　　　　　　　　B. 移交一切与货物有关的单据

C. 支付价款　　　　　　　　　D. 移交货物所有权给买方

2. 根据《INCOTERMS® 2010》的规定，只适用于水上运输的贸易术语是（　　）。

A. EXW　　　　　B. CIP　　　　　C. FCA　　　　　D. CIF

第六章　国际贸易的组织与关系

学习目标

知识目标

- 掌握 WTO 的含义、基本原则和争端解决机制
- 熟悉 ISO、WB、AIIB、SCO 等国际贸易组织
- 熟悉双边关系和多边关系的含义
- 熟悉中国已签署的主要自由贸易协定的概况
- 掌握"一带一路"倡议的框架思想、合作重点和影响意义

能力目标

- 能结合国际贸易组织的相关知识关注经贸热点新闻

第一节　国际贸易组织

导入案例

美欧日就中国稀土等出口限制措施诉诸 WTO

（新华网日内瓦 2012 年 3 月 13 日电）美国、欧盟和日本 13 日就中国稀土等原材料出口限制措施诉诸世界贸易组织争端解决机制。

美欧日三方称，中国针对稀土、钨、钼的出口限制措施违反世贸组织规则以及中国加入世贸组织议定书，具体包括出口配额、出口许可证和出口限价措施。

根据世贸组织争端解决机制相关规则，争端各方需在 60 天内进行磋商，争取消除分歧。如磋商失败，提出要求一方可要求在世贸组织争端解决机制下成立专家组予以调查。

此前，中国外交部发言人刘为民表示，稀土是一种稀有的不可再生资源，开发稀土对环境造成影响，基于保护环境和资源的考虑，为实现可持续发展，中国政府对稀土的开采、生产和出口的各个环节均实施了管理措施，而不仅仅在出口环节，相关措施符合世贸规则。

中国工业和信息化部部长苗圩 13 日早些时候在接受新华社记者专访时则表示，中方一旦因稀土出口等问题被起诉，将会主动应诉，说明情况。

　　苗圩强调，中国的稀土出口政策并不是针对某一个国外用户，更不是想通过这种办法进行贸易保护，而是出于保护资源、保护环境，实现资源可持续利用和发展的目的。

　　资料显示，目前在全球已探明的 1 亿吨稀土储量中，中国约占 36%。但长期以来，中国却供应着全球 90% 以上的稀土市场。因行业竞争等因素，中国稀土行业一度低迷，价格普降。与此同时，拥有丰富稀土资源的美国等西方国家，并不开采自己的稀土，而是大量进口来自中国的稀土。

　　讨论：美欧日为什么要通过 WTO 解决争端？

　　国际贸易组织是一个宽泛的概念，是指影响世界各国（或地区）之间实现有形商品（实物商品）和无形商品（劳务、技术）的交换活动的国际组织的总称。主要的国际贸易组织包括：世界贸易组织（WTO）、国际标准化组织（ISO）、世界银行（World Bank）、亚洲基础设施投资银行（AIIB）、上海合作组织（SCO）等。

一、世界贸易组织

（一）概况

　　世界贸易组织（World Trade Organization，简称 WTO）成立于 1995 年 1 月 1 日，总部位于瑞士日内瓦，世界贸易组织的成员国贸易总额达到全球的 98%，是当代最重要的国际经济组织之一。有"经济联合国"之称。

　　WTO 是在关税与贸易总协定（General Agreement on Tariff and Trade，简称 GATT）的基础上建立的。20 世纪 40 年代的第二次世界大战之后，西方各国都认为应创建并维持一个相对自由的国际经济新秩序，决定从金融、投资、贸易三方面着手对当时的经济体系进行改造。1944 年 7 月，美、英等 45 个国家在美国新罕布什尔州的布雷顿森林（Bretton Woods）召开了"联合国国际货币金融会议"，通过了《联合国货币金融协议最后决议书》以及《国际货币基金组织协定》和《国际复兴开发银行协定》两个附件，总称《布雷顿森林协定》，创建了以稳定国际金融秩序和促进国际投资增长为目的的两大国际性多边国际经济合作组织——国际货币基金组织（IMF）和国际复兴开发银行（IBRD，即世界银行）。而在贸易方面，美国则构想成立一个处理国际贸易与关税政策的国际贸易组织，以消除贸易限制，打破关税壁垒，促进贸易自由化，并于 1946 年 2 月向联合国经济与社会理事会第一次会议提交了《国际贸易组织宪章草案》。1947 年 11 月，全球 56 个国家代表团云集古巴首都哈瓦那，召开联合国世界贸易和就业协议，准备最终通过《国际贸易组织宪章》（《哈瓦那宪章》）。谈判过程中由于各国分歧较大，此次谈判进行得很不顺利，直到 1948 年 3 月 24 日，包括中国在内的 53 个国家才勉强签署了《哈瓦那宪章》。然而在获得各国立法机构批准生效的过程中，以美国为首的一些国家由于该宪章与各国国内法存在冲突等原因，最终并未通过各国立法机构批准生效，《哈瓦那宪章》宣告流产，国际贸易组织的构想未能实现。

　　《哈瓦那宪章》虽然最终没有获得各缔约方国家立法机构的批准，然而，关税与贸易总协定却在国际贸易组织谈判的过程中产生了。1947年初，联合国贸易与就业筹委会下的《国际贸易组织宪章》起草委员会就起草"总协定及多边关税问题"进行了讨论。1947年10月30日，筹委会会议在日内瓦结束，23个缔约国签订了"关税与贸易总协定"，并决定于1948年1月1日临时生效。作为"临时适用"的调整多边贸易关系的关贸总协定在随后的47年中执行起协调、管理国际贸易的职能，逐渐演变为一个代替国际贸易组织形式组织多边贸易谈判、管辖多边贸易协议、解决国际贸易争端等职能的机构。

在近半个世纪中，GATT主持了八轮全球性的多边贸易谈判。前七轮的谈判大大降低了各缔约方的关税，促进了国际贸易的发展。但从20世纪70年代开始，特别是进入80年代以后，新贸易保护主义抬头，被保护的商品不断增加，贸易保护措施多样化，各国纷纷加强促进出口的措施。为了遏制贸易保护主义，避免全面贸易战的发生，美、欧、日等缔约方共同倡导发起了新一轮多边贸易谈判，决心制止和扭转保护主义，消除贸易扭曲现象，维护GATT的基本原则和促进其目标的实现，建立一个更加开放的、具有生命力和持久的多边贸易体制。由于发起本轮谈判的部长级会议在乌拉圭埃斯特角城举行，故命名为"乌拉圭回合"。乌拉圭回合谈判包括了许多新议题，涉及服务贸易、与贸易有关的投资措施和与贸易有关的知识产权。这些非货物贸易的重要议题很难在GATT的就框架内付诸实施，需要建立一个正式的国际性贸易组织。此次谈判耗时八年，曾几度出现危机，终于在各方努力下于1994年4月15日在摩洛哥马拉喀什城，草签了乌拉圭回合最后文件和建立世界贸易组织协定，结束了该回合并取得显著成果。《建立世界贸易组织的马拉喀什协定》，简称《建立世界贸易组织协定》，连同其四个附件，加上与其有关的31项部长级决定、宣言及谅解共同构成了《乌拉圭回合多边贸易谈判结果最后文件》，文件采取"单一整体"义务和无保留例外接受的形式，被104个参加方的政府代表签署。1995年1月1日文件正式生效，世界贸易组织正式成立运行。

2001年12月11日，中国正式加入世界贸易组织，成为其第143个成员。截至2016年7月29日，WTO成员国达到164个。

（二）职能

世界贸易组织的目标是建立一个完整的、更具有活力的和永久性的多边贸易体制。与关贸总协定相比，WTO管辖的范围除传统的和乌拉圭回合确定的货物贸易外，还包括长期游离于关贸总协定外的知识产权、投资措施和非货物贸易（服务贸易）等领域。具体而言，WTO的协议附件包括：Annex 1A《货物贸易协定》（Agreements on Trade in Goods）；Annex 1B《服务贸易总协定》（General Agreements on Trade in Service，GATs）；Annex 1C《与贸易有关的知识产权协议》（TRIPs）；Annex 2《关于争端解决的规则和程序的谅解》；Annex 3《贸易政策审议机制》；Annex 4《多边贸易协定》。

WTO的主要职能包括：

（1）保证WTO协议及其附件的实施。

（2）为成员提供多边贸易谈判的场所。

（3）解决成员间的贸易争端。

（4）对成员的贸易政策进行定期审议。

（三）组织机构

为了执行其职能，世界贸易组织在瑞士日内瓦设立相应的组织机构，世界贸易组织的主要机构和职能有以下几方面：

1. 部长会议

部长会议是世界贸易组织的决策机构，由世界贸易组织成员方的部长组成，取代了原 GATT 的缔约方全体。部长会议至少每两年召开一次，有权对该组织管辖的重大问题做出决定。

2. 总理事会

总理事会是部长会议的下设机构，由所有成员方的代表组成，定期召开会议。总理事会在部长会议休会期间，行使部长会议的职权和世界贸易组织赋予的其他权利。负责监督各项协议和部长会议所作决定的贯彻执行。总理事会下设若干附属机构分管有关协议或有关事宜，如争端解决机构、贸易政策机制评审机构。总理事会还可视情况需要随时召开会议，自行拟定议事规则，履行其解决贸易争端的职责和审议成员的贸易政策职责等。

3. 理事会

根据《建立世界贸易组织协定》，WTO 在总理事会下设立货物贸易理事会、服务贸易理事会和与贸易有关的知识产权理事会，分别负责监督相应协议的实施。三个理事会在总理事会的指导下开展工作，行使相应协议规定的职能以及总理事会赋予的其他职能。

（1）货物贸易理事会，负责监督实施《关税与贸易总协定》中涉及的国际货物贸易协议，其代表由所有 WTO 成员组成。

（2）服务贸易理事会，负责监督实施《服务贸易总协定》，它向所有 WTO 成员开放，并可以建立必要的附属机构。其下设金融服务贸易委员会和具体承诺委员会。

（3）与贸易有关的知识产权理事会，负责监督实施《与贸易有关的知识产权协定》。目前，该理事会尚无下设机构。

4. 委员会

根据《建立世界贸易组织协定》，部长会议下还建立了若干各相关事宜的专门委员会，负责处理三个理事会的共同事务以及三个理事会管辖范围之外的事务，如贸易与环境委员会、贸易与发展委员会、区域贸易协定委员会、国家收支平衡限制委员会、预算、财务和行政委员会等。其中，贸易与发展委员会、国际收支平衡限制委员会以及预算、财务和行政委员会在 GATT 时期就已存在，贸易与环境委员会和区域贸易协定委员会是在 WTO 成立后设立的，各委员会向理事会直接负责，对 WTO 所有成员开放。

5. 贸易谈判委员会

贸易谈判委员会是 WTO 中临时性的机构，负责当前新一轮贸易谈判的具体工作，向 WTO 总理事会报告。在 2002 年 2 月份的 TNC 会议上，达成了《总理事会主席声明》。规定 TNC 的主席人选由在职总干事担任，尽量少设新的下属机构，仅新设非农产品市场准入、WTO 规则两个谈判组，其他谈判议题分别在相应的理事会和专业委员会的特别会议中进行。

6. 秘书处与总干事

秘书处设在日内瓦，向 WTO 各理事会、委员会提供技术和专业服务，向发展中成员提供技术援助，检测和分析世界贸易发展状况，发布信息，组织部长级会议，为争端解决提供法律服务，向申请加入的经济体政府提供必要的技术援助与建议。总干事（Director-General）是 WTO 秘书处的最高领导，由部长级会议选定并明确其全责、服务条件及任期。秘书处工作人员由总干事指派，并按部长级会议通过的规则决定他们的职责和服务条件。

（四）基本原则

WTO 取代 GATT 后继承了 GATT 的基本原则，并在其所管辖的服务贸易、与贸易有关的知识产权及与贸易有关的投资措施等新的领域中予以适用并加以发展。基本原则主要包括以下几方面：

1. 自由贸易原则

自由贸易原则指各成员国通过多边贸易谈判降低和约束关税，取消其他贸易壁垒，消除国际贸易中的歧视待遇，扩大本国市场准入。自由贸易原则是为达到世界贸易组织所设定目标的一个重要手段。但需注意的是，考虑到各成员国经济发展的不平衡，贸易自由化的含义可以解释为：

（1）不是绝对意义的贸易自由化。

（2）贸易自由化是一个渐进的过程。

（3）允许发展中国家贸易自由化的程度低于发达国家。

（4）世界贸易组织对经济转型国家采取适当的政策措施，鼓励其经济向市场经济转变。

（5）世界贸易组织不是一个自由贸易机构，它只是致力于逐步实现贸易自由化，促使成员开放，由此营造一个公平无扭曲的竞争环境。

2. 非歧视性原则

非歧视原则是通过最惠国待遇、国民待遇的原则体现的，它要求成员国在实施某种优惠或限制措施时，不要对成员国实施歧视待遇。

（1）最惠国待遇原则

最惠国待遇是指一成员方将在货物贸易、服务贸易和知识产权领域给予任何其他国家的优惠待遇，立即和无条件的给予其他各成员方。最惠国待遇的基本要求，是使成员一方在成员另一方享有不低于任何第三国享有的待遇。

最惠国待遇原则有两种：a. 无条件的最惠国待遇条款。这是指成员国一方现在和将来所给予任何第三国的一切优惠待遇，应立即无条件地、无补偿地、自动地适用于对方。b. 有条件的最惠国待遇条款。这是指一方给予第三国的优惠是有条件的，则另一方必须提供同样的补偿，才能享受这种优惠待遇。

（2）国民待遇原则

国民待遇是指对其他成员方的产品、服务或服务提供者及知识产权所有者和持有者所提供的待遇，不低于本国同类产品、服务或服务提供者及知识产权所有者和持有者所享有的待遇。国民待遇只能一次适用于产品、服务或已进入市场的知识产权项目。因此，收取进口关税并不违反国民待遇，即使本地生产的产品不收取同等关税。

3. 互惠互利原则

WTO 管理的协议以权利与义务的综合平衡为原则，这种平衡是通过互惠互利地开放市场的承诺而获得的。具体表现在以下方面：

（1）通过举行多边贸易谈判进行关税或非关税措施的削减，对等地向其他成员开放本国市场，以获得本国产品和服务进入其他成员市场的机会。

（2）当一国或地区申请加入 WTO 时，由于新成员可以享有所有老成员过去已达成的开放市场的优惠待遇，老成员就要求新成员必须按照 WTO 现行协定、协议的规定，开放申请加入方的商品或服务市场，即所为的"入门费"。

（3）互惠贸易是多边贸易谈判及一成员贸易自由化过程中与其他成员实现经贸合作的主要途径。任何成员在 WTO 体系内不可能在所有领域都是最大的获益者，也不可能在所有领域都是最大的受害者。

4. 透明度原则

透明度原则是指在任何成员对本国制定和实施的与国际贸易有关的法律法规、司法判决、行政决定以及贸易政策都应当予以及时公布，以便其他成员政府及贸易商能够及时了解和熟悉。成员政府之间通过谈判达成的有关国际贸易的协议也必须予以公布，以避免因其他成员不了解这些协议的内容，引起不公平的贸易，造成对其他成员的歧视，从而影响最惠国待遇原则的实施。

5. 公平竞争原则

WTO 有时被称为"自由贸易"的机构，但这一称谓并不完全准确，因为 WTO 协定允许关税和其他形式的保护。更确切地说，WTO 协议是一个系统的规则，致力于公开、公正和公平竞争。为了使贸易活动在公平的基础上进行竞争，WTO 协议条款规定，成员国可以通过反倾销、反出口补贴，防止形成不公平竞争；对于长期游离于多边贸易体制之外的纺织品、服务和农产品贸易的不公平竞争问题则通过一定的过渡期给予最终解决；就与贸易有关的知识产权保护不力所引发的不公平竞争行为，也通过有关协定措施的实施予以纠正。对于政府采购市场的不公平竞争的问题则在东京回合有了解决的方案，但 WTO 协议将政府采购市场的公平竞争问题扩展到服务领域，包括地方一级政府和公用事业单位的采购市场。

6. 鼓励发展和经济改革原则

鼓励发展与改革原则体现了 WTO 框架下的多边贸易体制对发展问题的高度重视。允许发展中成员用较长的时间履行义务，或有较长的过渡期；允许发展中成员在履行义务时有较大的灵活性；规定发达成员对发展中成员提供技术援助，以使后者得以更好地履行义务；对经济转型国家也给予了低于发展中成员但高于发达成员的待遇。

（五）争端解决机制

WTO 争端解决机制，是一种贸易争端解决机制，也是 WTO 不可缺少的一部分，WTO 成员承诺，不应采取单边行动以对抗其发现的违反贸易规则的事件，而应在多边争端解决制度下寻求救济并遵守其规则与裁决。由于 WTO 具有法人地位，它在调解成员争端方面具有更高的权威性和有效性。它具有自己的原则、机构和解决程序，具备统一性、效率性和强制性的特点，是多边贸易机制的支柱，在经济全球化发展中颇具特色。WTO 贸易争端解决机构（DSB：Dispute Settlement Body）在解决成员间的贸易争端时，主要有五个环节。

（1）磋商。成员间一旦发生贸易纠纷，争议方首先要通过磋商解决。如应诉方在接到申诉方的磋商请求之日起未能在 30 天内进行磋商，申诉方可直接请求设立专家组。如果争议双方进入磋商但未能在 60 天内达成磋商协议，也直接进入第 2 步。

（2）组成专家组、专家组调查并提交专家组报告。WTO 秘书处备有专家名录，由争议双方选任 3 位或 5 位组成专家组对案件进行调查。专家组必须在组成之日起 6 个月内提交专家组报告。专家组报告包括事实认定、法律适用及裁决部分。如果当事方不认同专家组报告，可将争议提交上诉机构，但上诉机构仅审查专家组报告的法律问题。

（3）上诉机构审议专家组报告。DSB 的上诉机构由 7 名法官组成，任期四年，可连任一次。每次听证必须有上诉机构中的 3 名成员在场，并以匿名表决的方式在 60 天内最长不超过 90 天内做出上诉报告。

（4）通过专家组报告和上诉机构裁决。上诉报告的通过采取"反向一致原则"（只有在全体成员中没有一个成员同意该裁决的情况下才可以否决），即上诉机构报告应由 DSB 自动通过，争端各方应无条件接受。

（5）执行专家组报告和上诉机构决议。①履行。违背其义务的一方必须立即履行专家组小组或上诉机构的建议。如果该方无法立即履行这些建议，DSB 可以根据请求给予合理的履行期限。②提供补偿。若违背义务的一方在合理的履行期限内不履行建议，另一方可以要求补偿。③授权报复。当违背义务的一方未能履行建议并拒绝提供补偿时，受侵害的一方可以要求 DSB 授权采取报复措施，中止协议项下的减让或其他义务。也就是说，当一方违背其在 1994 GATT 项下的义务时，受侵害一方可以提高从违背义务的一方进口货物的关税，所涉及产品的贸易额影响等于被起诉的措施所带来的影响。

二、国际标准化组织

（一）国际标准化组织简介

国际标准化组织（International Organization for Standardization，简称 ISO），总部设于瑞士日内瓦，是一个全球性的非政府组织，是目前世界上最大、最有权威性的国际标准化专门机构。

ISO 国际标准组织成立于 1946 年，是产品与资本国际化发展的结果。随着世界各国进出口贸易规模的迅速扩大，各国之间的经贸依存度不断加深，在日益激烈的市场竞争中，质量逐渐成为商业竞争的主要手段，并成为企业取得成功的关键因素。在质量需求为导向的背景下，1946 年 10 月，25 个国家标准化机构的代表在伦敦召开大会，决定成立新的国际标准化机构，定名为 ISO。该名称并不是来源于希腊语 isos，意为"相等"，现在有一系列用它作前缀的词，诸如"isometric"（意为"尺寸相等"），"isonomy"（意为"法律平等"）。从"相等"到"标准"，内涵上的联系使"ISO"成为组织的名称。1947 年 2 月 23 日，ISO 章程得到 15 个国家标准化机构的认可，并宣告 ISO 正式成立，而参加 1946 年 10 月 14 日伦敦会议的 25 个国家则成为 ISO 的创始国。截止至 2013 年 5 月，ISO 共有 163 个成员国。中国是 ISO 的正式成员，于 1978 年加入 ISO，并在 2008 年 10 月的第 31 届国际化标准组织大会上，正式成为 ISO 的常任理事国。代表中国参加 ISO 的国家机构是中国国家技术监督局（CSBTS）。

（二）国际标准化组织的三个主要国际标准

自 1951 年 ISO 发布其诞生后的第一个标准——工业长度测量用标准参考温度以来，ISO 就确立了其在国际标准化活动中的主导地位，负责包括军工、石油、船舶等垄断行业在内的几乎所有技术领域（除了电器和电子工程标准）的标准化活动。

ISO 国际标准由 ISO 的技术委员会（TC）和分技术委员会（SC）经过六个阶段形成，它们分别为：申请阶段、预备阶段、委员会阶段、审查阶段、批准阶段及发布阶段。若在开始的阶段得到的文件比较成熟，则可省略其中的一些阶段。需要注意的是，ISO 国际标准须经 75% 以上的成员团体投票通过、由理事会批准并正式出版。

目前 ISO 制定的国际标准中，对企业及社会经济发展影响力最大的主要是 ISO 9000、ISO 14000 及 SA 8000 三个。

1. ISO 9000 系列标准

ISO 9000 是一组标准的统称。该系列标准（9000 ~ 9004）于 1987 年颁布了第一个版本，并很快在工业界得到广泛承认，被各国标准化机构所采用。这一系列标准是指由 ISO/TC176 制定的所有国际标准，TC 176 即 ISO 中第 176 个技术委员会，全称是"质量保证技术委员会"。它成立于 1979 年，1987 年更名为"质量管理和质量保证技术委员会"。TC 176 专门负责制定质量管理和质量保证技术的标准。ISO 9000 标准非常全面，它规范了企业内从原料采购到成品交付的全部过程，涉及企业内从最高管理层到最基层的全体员工。

2. ISO 14000 系列标准

ISO 14000 系列国际标准是 ISO 汇集全球环境管理及标准化方面的专家，在总结全世界环境管理科学经验基础上制定并正式发布的一套环境管理的国际标准，涉及环境管理体系、环境审核、环境标志、生命周期评价等国际环境领域内的诸多焦点问题，旨在指导各类组织（企业、公司）取得和表现正确的环境行为。ISO 14000 系列标准共预留 100 个标准号。该系列标准共分七个系列，其标准号从 14001 ~ 14100，共 100 个标准号，统称为 ISO 14000 系列标准。

3. SA 8000 认证

SA 8000 即"社会责任标准"，是 Social Accountability 8000 的英文简称，是全球首

个道德规范国际标准。其宗旨是确保供应商所供应的产品，皆符合社会责任标准的要求。SA 8000 标准主要取自于国际劳工组织公约、世界人权宣言和联合国儿童权利公约，它是随着发源于 20 世纪末期的西方企业社会责任运动而发展起来的。SA 8000 规定了企业需承担的对社会和利益相关者的责任，对工作环境、员工健康与安全、员工培训、薪酬、工会权利等具体问题制定了最低要求，如禁止雇佣童工和须消除性别或种族歧视等。SA 8000 也有管理体系和持续改进的要求，有一套由第三方认证机构审核的国际标准，但 SA 8000 只有一个国际统一认证机构：SAI（Social Accountability International），即社会责任国际。2001 年 12 月 SAI 发布了第一个修订版：《SA 8000：2001》。目前，要加入跨国公司的全球产业链，大都需通过 SA 8000 认证，或该企业根据 SA 8000 进行了社会责任审核。

三、世界银行集团

（一）世界银行集团简介

世界银行（World Bank）是世界银行集团的简称，它并不是通常意义上的银行，而是由其成员国所拥有的五个紧密联系的机构组成，各机构在减轻贫困和提高生活水平的使命中发挥独特的作用。这五个机构包括 1945 年设立的国际复兴开发银行（International Bank for Reconstruction and Development，IBRD）、1956 年设立的国际金融公司（International Finance Corporation，IFC）、1960 年设立的国际开发协会（International Development Association，IDA）、1965 年设立的解决投资争端国际中心（International Center for Settlement of Investment Disputes，ICSID）和 1988 年设立的多边投资担保机构（Multilateral Investment Guarantee Agency，MIGA）。五个机构各自的职能如下：

1. 国际复兴开发银行（IBRD）

国际复兴开发银行向中等收入国家政府和信誉良好的低收入国家政府提供贷款。

2. 国际开发协会（IDA）

国际开发协会向最贫困国家的政府提供无息贷款（也称信贷）和赠款。

3. 国际金融公司（IFC）

国际金融公司是专注于私营部门的全球最大发展机构。IFC 通过投融资、动员国际金融市场资金以及为企业和政府提供咨询服务，帮助发展中国家实现可持续增长。

4. 多边投资担保机构（MIGA）

多边投资担保机构成立目的是促进发展中国家的外国直接投资，以支持经济增长、减少贫困和改善人民生活。MIGA 通过向投资者和贷款方提供政治风险担保履行其使命。

5. 国际投资争端解决中心（ICSID）

国际投资争端解决中心提供针对国际投资争端的调解和仲裁机制。

其中，国际复兴开发银行是最早成立的机构，是世界银行集团的第一个成员。当时，它被人们简称为"世界银行"，因此，最初的"世界银行"指的就是国际复兴开发银行，而目前，狭义的"世界银行"仅指国际复兴开发银行（IBRD）和国际开发协会（IDA）。

1944 年 7 月在美国布雷顿森林举行的联合国货币金融会议上通过了《国际复兴开发银行协定》，1945 年 12 月 27 日，28 个国家政府的代表签署了这一协定，并宣布国际复兴开发银行正式成立。1946 年 6 月 25 日开始营业，1947 年 11 月 5 日起成为联合国专门机构之一，是世界上最大的政府间金融机构之一。总部设在美国华盛顿，有员工 10000 多人，并在巴黎、纽约、伦敦、东京、日内瓦等地设有办事处，此外还在 20 多个发展中成员国设立了办事处。

国际复兴开发银行是与国际货币基金组织同时产生的两个国际性金融机构之一，该行的成员国必须是 IMF 的成员国，但 IMF 的成员国不一定都参加世界银行。世界银行与国际货币基金组织两者起着相互配合的作用。国际货币基金组织主要负责国际货币事务方面的问题，其主要任务是向成员国提供解决国际收支暂时不平衡的短期外汇资金，以消除外汇管制，促进汇率稳定和国际贸易的扩大。世界银行则主要负责经济的复兴和发展，向各成员国提供发展经济的中长期贷款。世界银行在成立之初，主要是资助西欧国家恢复被战争破坏了的经济，但在 1948 年后，欧洲各国开始主要依赖美国的"马歇尔计划"来恢复战后的经济，世界银行于是主要转向向发展中国家提供中长期贷款与投资，促进发展中国家经济和社会发展。

按照《国际复兴开发银行协定条款》的规定，世界银行的宗旨是：

（1）通过对生产事业的投资，协助成员国经济的复兴与建设，鼓励不发达国家对资源的开发；

（2）通过担保或参加私人贷款及其他私人投资的方式，促进私人对外投资。当成员国不能在合理条件下获得私人资本时，可运用该行自有资本或筹集的资金来补充私人投资的不足；

（3）鼓励国际投资，协助成员国提高生产能力，促进成员国国际贸易的平衡发展和国际收支状况的改善；

（4）在提供贷款保证时，应与其他方面的国际贷款配合。

但世界银行所提供的贷款或投资有三个限制条件：

（1）只有参加国际货币基金组织的国家，才允许申请成为世界银行的成员，贷款是长期的，一般为 15 ~ 20 年不等，宽限期为 5 年左右，利率为 6.3% 左右。

（2）只有成员国才能申请贷款，私人生产性企业申请贷款要由政府担保。

（3）成员国申请贷款一定要有工程项目计划，贷款专款专用，世界银行每隔两年要对其贷款项目进行一次大检查。

作为世界经济中不可或缺的一大支柱，世界银行致力于通过贷款、技术援助、政策咨询等途径解决发展中国家的贫困问题和促进经济的可持续发展。不少成员国在世界银行的资金支持下，建设成许多重大工程项目，搞活了国家的经济民生建设，进一步提高了人民的生活水平。

（二）中国与世界银行集团

1. 与世界银行的往来

中国是世界银行的创始国之一，新中国成立后，中国在世界银行的席位长期为台湾当局所占据。1980 年 5 月 15 日，中国在世界银行和所属国际开发协会及国际金融公司的合法席位得到恢复。1980 年 9 月 3 日，该行理事会通过投票，同意将中国在该行的股份从原 7 500 股增加到 12 000 股。我国在世界银行有投票权。在世界银行的执行董事会中，我国单独派有一名董事。我国从 1981 年起开始向该行借款。此后，我国与世界银行的合作逐步展开、扩大，世界银行通过提供期限较长的项目贷款，推动了我国交通运输、行业改造、能源、农业等国家重点建设以及金融、文卫环保等事业的发展，同时还通过本身的培训机构，为我国培训了大批了解世界银行业务、熟悉专业知识的管理人才。

2. 与国际开发协会的往来

1980 年 5 月 15 日，中国在该协会的席位也得到恢复，在协会中享有投票权。国际开发协会主要向我国提供长期低息贷款，用于我国基础设施的建设与完善。

3. 与国际金融公司的往来

1980 年 5 月 15 日，中国在该公司的席位也得到恢复。我国按规定认缴股金并享有投票权。目前，我国与国际金融公司的业务往来日益密切。从 1987 年该公司开始向我国中外合资企业提供融资，援助的范围不断扩大，现已涉及包括中外合资企业、集体企业（含乡镇）、私营企业及实行股份制的企业等，为我国这些企业竞争能力的提高及我国多种所有制经济成分的发展做出了一定的贡献。

四、亚洲基础设施投资银行

（一）亚洲基础设施投资银行简介

亚洲基础设施投资银行（Asian Infrastructure Investment Bank，简称亚投行，AIIB）是一个政府间性质的亚洲区域多边开发机构，重点支持基础设施建设，成立宗旨是为了促进亚洲区域的建设互联互通化和经济一体化的进程，并且加强中国及其他亚洲国家和地区的合作，是首个由中国倡议设立的多边金融机构，总部设在北京。

（二）亚投行建设背景及历史进程

进入 21 世纪以来，世界各国经济在全球化深入发展的推动下实现了不同程度的发展，但各国的发展速度极不均衡。其中亚洲经济占全球经济总量的 1/3，是当今世界最具经济活力和增长潜力的地区，拥有全球六成人口。但因建设资金有限，一些国家铁路、公路、桥梁、港口、机场和通讯等基础建设严重不足，这在一定程度上限制了该区域的经济发展。"各国要想维持现有经济增长水平，内部基础设施投资至少需要 8 万亿美元，平均每年需投资 8000 亿美元。8 千亿美元中，68% 用于新增基础设施的投资，32% 是维护或维修现有基础设施所需资金。现有的多边机构并不能提供如此巨额的资金，亚洲开发银行和世界银行也仅有 2230 亿美元，两家银行每年能够提供给亚洲国家的资金大概只有区区 200 亿美元，都没有办法满足这个资金的需求。由于基础设施投资的资金需求量大、实施的周期很长、收入流不确定等的因素，私人部门大量投资于基础设施的项目是有难度的。"而经过30多年的发展和积累，中国在基础设施装备制造方面已经形成完整的产业链，同时在公路、桥梁、隧道、铁路等方面的工程建造能力在世界上也已经是首屈一指。中国基础设施建设的相关产业期望更快地走向国际。但亚洲经济体之间难以利用各自所具备的高额资本存量优势，缺乏有效的多边合作机制，缺乏把资本转化为基础设施建设的投资。

在此背景下，2013年10月2日下午，中国国家主席习近平在雅加达同印度尼西亚总统苏西洛举行会谈时表示表示，为促进本地区互联互通建设和经济一体化进程，中方倡议筹建亚洲基础设施投资银行，愿向包括东盟国家在内的本地区发展中国家基础设施建设提供资金支持。2014年10月24日，包括中国、印度、新加坡等在内21个首批意向创始成员国的财长和授权代表在北京正式签署《筹建亚投行备忘录》，共同决定成立亚洲基础设施投资银行，标志着这一中国倡议设立的亚洲区域新多边开发机构的筹建工作进入新阶段。根据《筹建亚投行备忘录》，亚投行的法定资本为1000亿美元，中国初始认缴资本目标为500亿美元左右，中国出资50%，为最大股东。各意向创始成员同意将以国内生产总值（GDP）衡量的经济权重作为各国股份分配的基础。

2015年6月29日，亚投行"基本大法"《亚洲基础设施投资银行协定》在北京举行签署仪式，亚投行57个意向创始成员国财长或授权代表出席了签署仪式，其中已通过国内审批程序的50个国家正式签署了《协定》，而到2015年12月31日，亚洲基础设施投资银行57个意向创始成员国全部签署了《亚洲基础设施投资银行协定》。2017年6月16日，亚投行第二届理事会年会在韩国济州国际会议中心开幕，会议期间亚投行宣布，其理事会已批准阿根廷、马达加斯加和汤加3个新意向成员加入，至此，亚投行成员扩至80个。其中，金砖国家（中国、俄罗斯、印度、巴西、南非）全部加入亚投行；联合国安理会五大常任理事国占四席：中国、英国、法国、俄罗斯；G20国家中占15席：中国、英国、法国、印度、印度尼西亚、沙特阿拉伯、德国、意大利、澳大利亚、土耳其、韩国、巴西、南非、俄罗斯、加拿大；七国集团占五席：英国、法国、德国、意大利、加拿大。

（三）亚投行的组织机构

亚洲基础设施投资银行的组织机构由理事会、董事会和银行总部组成。董事会由理事会选举的行长主持，总部下设银行各主要职能部门，包括综合业务部、风险管理部、秘书部和仲裁部，分别负责银行日常业务的开展。

1. 理事会

由所有成员的代表组成的理事会是亚投行的最高权力和决策机构，每个成员均在理事会中有自己的代表，并任命一名理事和一名副理事。每个理事和副理事均受命于其所代表的成员。除理事缺席情况外，副理事无投票权。在银行每次年会上，理事会应选举一名理事担任主席，任期至下届主席选举为止。理事会会举行年会，并按理事会规定或董事会要求召开其他会议。当五个银行成员提出请求时，董事会即可要求召开理事会会议。当出席会议的理事超过半数，且所代表的投票权不低于总投票权三分之二时，即构成任何理事会会议的法定人数。

2. 董事会

董事会负责指导银行日常事务的管理决策。除行使本协定明确赋予的权力之外，还行使理事会授予的一切权力。董事会由十二名成员组成，其成员不得兼任理事会成员。十二名成员中九名由代表域内成员的理事选出，三名由代表域外成员的理事选出。每名董事任命一名副董事，在董事缺席时代表董事行使全部权力。理事会应通过规则，允许一定数量以上成员选举产生的董事任命第二名副董事。董事任期两年，可以连选连任。

3. 行长

行长是银行的法人代表，是银行的最高管理人员，应在董事会指导下开展银行日常业务。理事会通过公开、透明、择优的程序，经多数投票通过选举银行行长。行长应是域内成员国的国民。任职期间，行长不得兼任理事、董事或副理事、副董事。行长任期五年，可连选连任一次。

4. 副行长

董事会按照公开、透明和择优的程序，根据行长推荐任命一名或多名副行长。副行长的任期、行使的权力及其在银行管理层中的职责由董事会决定。在行长出缺或不能履行职责时，由一名副行长行使行长的权力，履行行长的职责。

5. 投票权

每个成员的投票权总数是基本投票权、股份投票权以及创始成员享有的创始成员投票权的总和。

（1）每个成员的基本投票权是全体成员基本投票权、股份投票权和创始成员投票权总和的12%在全体成员中平均分配的结果。

（2）每个成员的股份投票权与该成员持有的银行股份数相当。

（3）每个创始成员均享有600票创始成员投票权。

（四）亚投行的资金来源及业务运营

1. 资金来源

亚洲基础设施投资银行的资金来源主要包括两个方面：普通资金和特别资金。

普通资金的构成主要包括股本、借款、普通准备金、特别准备金和净收益。

（1）股本。即亚洲基础设施投资银行成员认购的股本金，分为实缴股本与待缴股本。实缴股本分期缴付，每期缴付一定比例的黄金或者可兑换货币和本国货币。待缴股本无须每期缴付，而是亚洲基础设施投资银行为偿还其借款或担保金而导致资金不足时才向成员催缴。

（2）借款。自有资本将是亚洲基础设施投资银行在建立初期开展贷款业务的主要资金来源，但随着银行贷款规模的扩大，当自有资金不能满足贷款需求时，亚洲基础设施投资银行可以从国际金融市场借款，筹集自身发展所需资金，通常以发行债券的方式在国际金融市场上筹资，也可与有关国家政府、中央银行甚至其他金融机构直接安排证券的销售，通常以长期借款为主。此外，还可直接从区域内外的其他商业银行贷款等。

（3）准备金。将亚洲基础设施投资银行每年净收益的一部分划作准备金，划拨比率由理事会商讨决定。

（4）净收益。亚洲基础设施投资银行每年将从贷款项目中获得利息、承诺和佣金等收入，在支付银行的借款利息、财务费用、行政管理费用以及成员服务费用以后的结余即为净收益，直接构成银行的普通资金。

（5）在亚洲区域内各国政府参与的同时也对区域内外的其他商业银行资金、私人资本敞开大门，吸引其他商业银行投资和私人资本参股入股。

特别资金包括：中国—东盟开发基金、中国特别基金等。

（1）中国—东盟开发基金。基金来源主要是区域内发达国家或是经济发展水平较高的成员国的捐赠，主要用于向发展水平较落后的成员国发放优惠贷款。

（2）中国特别基金。可将现有的"中国—东盟投资合作基金"、"中国—东盟海上合作基金"等各类资金纳入到中国特别基金的范畴。

2. 业务运营

根据协定，亚投行的业务分为普通业务和特别业务。普通业务是指由亚投行普通资本（包括法定股本、授权募集的资金、贷款或担保收回的资金等）提供融资的业务；特别业务是指为服务于自身宗旨，以亚投行所接受的特别基金开展的业务。两种业务可以同时为同一个项目或规划的不同部分提供资金支持，但会在财务报表中分别列出。作为由中国提出创建的区域性金融机构，亚洲基础设施投资银行主要业务是援助亚太地区国家的基础设施建设。在全面投入运营后，亚洲基础设施投资银行将运用一系列支持方式为亚洲各国的基础设施项目提供融资支持——包括贷款、股权投资以及提供担保等，以振兴包括交通、能源、电信、农业和城市发展在内的各个行业。

关于合作方式。亚洲基础设施投资银行期初的股本资金为2000亿美元，其中，中国将成为亚洲基础设施投资银行的最大股东，期初认缴1200亿美元，其资金可来源于中国所持有的巨额外汇储备，这既是中国外汇储备在传统使用方式基础上的一个突破，又是基于战略视角对中国外汇储备进行多层次使用的需要。其他成员国则按照经济发展水平和整体经济实力来确定认缴股本，少数经济发展水平落后的国家可以美元或者与美元等值的本国货币来认缴。各成员国将根据其对股权认购的多少来确定其股东权力。

（五）建设亚投行的意义及影响

亚投行正式宣告成立，是国际经济治理体系改革进程中具有里程碑意义的重大事件，标志着亚投行作为一个多边开发银行的法人地位正式确立。作为旨在支持基础设施发展的多边金融机构，亚投行的成立将有助于从亚洲域内及域外动员更多的急需资金，缓解亚洲经济体面临的融资瓶颈，与现有多边开发银行形成互补，推进亚洲实现持续稳定增长。同时，中国提倡筹建亚洲基础设施投资银行，既能继续推动国际货币基金组织（IMF）和世界银行（WB）的进一步改革，另一方面也是补充当前亚洲开发银行（ADB）在亚太地区的投融资与国际援助职能。作为继提出建立金砖国家开发银行、上合组织开发银行之后，中国试图主导国际金融体系的又一举措，这也体现出中国在尝试在外交战略中发挥其资本在国际金融中的力量。

1. 有利于加快推进亚洲基础设施建设和互联互通建设

当前及今后一段时期是亚洲地区加大基础设施建设、推动结构调整、实现经济增长的最佳时期和最佳选择。亚洲国家特别是新兴市场和发展中国家的基础设施建设融资需求巨大，特别是近来面临经济下行风险增大和金融市场动荡等严峻挑战，要动员更多资金进行基础设施建设，以保持经济持续稳定增长，促进区域互联互通和经济一体化。但是，亚洲很多国家正处在工业化、城市化的起步或加速阶段，同中国改革开放初期一样，他们面临建设资金短缺、技术和经验缺乏的困境。当前亚洲经济下行压力加大，各国普遍存在较大的基础设施建设资金缺口，这制约了互联互通重点项目的推进。为此，筹建由中国主导的亚洲基础设施投资银行很有必要。中国在基础设施建设上具有较强的实力和经验，企业具备"走出去"的条件，如中国的高铁就具备"走出去"的优势。成立亚洲基础设施投资银行，专注亚洲区域内最具全局性的重大的民生利益的基础设施项目的投融资业务，为当地经济社会发展提供高效而可靠的中长期金融支持，可以有效缓解亚洲发展中国家由于经济实力和自身可用财力有限、资本市场发展滞后、融资渠道少、资金短缺严重制约互联互通建设的问题，从而加快亚洲地区互联互通建设。

2. 有利于提升中国在亚洲地区的国际地位和影响力

1997 年亚洲金融危机发生后，中国保持人民币不贬值，并采取一系列的积极措施和政策，体现了中国作为一个亚洲国家的全局意识与高度责任感，为制止危机的进一步发展与蔓延、为亚洲经济的快速恢复和重新发展做出了自己的贡献。目前，中国已经成为世界经济大国、贸易大国、对外投资大国，经济总量居世界第二，出口总额居世界第一，进口总额居世界第二，外汇储备超过 3 万亿美元。随着中国经济的发展壮大，中国与亚洲周边国家的经贸关系更趋紧密，中国在世界和亚洲的国际地位和影响力在不断上升，中国负责任的大国形象更加牢固。当前，亚洲国家经济发展迅速，基础设施落后制约经济发展的矛盾日益显露出来。中方倡议成立亚洲基础设施投资银行显示中国推动亚洲加强区域间经贸联系的愿望更加积极，用实实在在的行动帮助亚洲国家解决基础设施建设迫切需要的资金问题，推动当地经济发展，推动更紧密的经贸合作，让中国的经济发展"福利效应"更多、更好地惠及亚洲发展中国家，更加体现中国负责任的大国形象，从而提高中国在亚洲的国际地位和影响力。

3. 有利于推进人民币国际化进程

2009 年，中国正式启动跨境贸易人民币结算功能，人民币国际化快速发展。随着中国与东盟金融合作日益深化，双边本币互换的规模和范围不断扩大，双边贸易与投资也在不断加强。基础设施建设需要巨额资金，通过筹建亚洲基础设施投资银行，可以通过直接投资和贸易渠道带动人民币"走出去"，加快人民币国际化。举例来说，如果亚洲基础设施投资银行向亚洲发展中国家提供了人民币基础设施贷款，这些贷款的一部分就可以用来采购中国的机器设备、支付中国的建筑劳务输出等，有助于促进人民币贸易结算,减少原来用外币结算的交易成本。一部分人民币和用人民币购买的金融资产也可以被当地的投资者持有。这样亚洲基础设施投资银行通过不断的对外投资而提高用人民币支付结算的比例,加快人民币国际化进程。

4. 有利于共同应对国际金融危机、经济转型升级和经济稳定增长

近来,亚洲一些国家出现金融波动,加强和完善多层次区域金融安全网建设势在必行,重点是强化各国外汇储备、区域外汇储备库和双边货币互换机制建设。中国正在与亚洲地区各国一道继续推进清迈倡议多边化(CMIM)合作,完善 2400 亿美元外汇储备库操作程序,使其发挥实质性作用,并探讨外汇储备部分以本币出资的可能性。中国与东盟各国正强化多层次区域金融安全网建设,扩大双边本币互换的规模和范围,扩大跨境贸易本币结算试点,以降低区域内贸易和投资的汇率风险和结算成本,发挥好中国—东盟银联体作用,为东盟国家货币当局和其他机构投资中国债券市场提供便利,同时加强经济监测和金融风险预警能力建设,探讨制订区域金融合作的未来发展路线图,打造亚洲货币稳定体系、亚洲信用体系和亚洲投融资合作体系以促进本地区金融稳定,进而推动经济发展。成立亚洲基础设施投资银行可以增强中国与亚洲各国之间区域经济发展的内生动力,维护区域金融的稳定,维护亚洲地区金融和经济稳定。此外,扩大投资、加强基础设施建设是世界各国应对经济危机的普遍做法和基本经济工作规律。亚洲地区国家深刻地认识到,在后金融危机时代应该把扩大投资和加强基础设施建设作为保增长、调结构的重大举措。设立亚洲基础设施投资银行向亚洲各国提供基础设施建设资金,加快本地区的基础设施投资建设,有利于从容应对国际金融危机的不利影响,实现经济成功转型升级和稳定增长。

5. 有利于加速亚洲经济一体化进程

1997 年中国与东盟国家站在一起,共同应对亚洲金融危机的冲击,开启了东亚合作的进程。2010 年中国与东盟已成立自由贸易区,未来 10 年是中国与东盟合作的"钻石 10 年",将着力建设中国—东盟命运共同体,在中国—东盟自由贸易区的引领和示范作用下,中韩自由贸易区谈判进程加快,2015 年 12 月签署了自由贸易区协议。中日韩自由贸易区谈判也在加快发展。建立亚洲基础设施投资银行有利于推动以亚欧大陆桥、泛亚铁路和公路等重点基础设施项目为龙头的区域互联互通建设,推进南新经济走廊、孟中印缅经济走廊、中巴经济走廊建设,加快大湄公河此区域(GMS)合作、东北亚合作、东盟一体化建设、上海合作组织等区域合作发展,加快亚洲经济一体化进程。

五、上海合作组织

(一)上海合作组织简介

上海合作组织,简称上合组织(Shanghai Cooperation Organization,简称 SCO),是中华人民共和国、俄罗斯联邦、哈萨克斯坦共和国、吉尔吉斯共和国、塔吉克斯坦共和国、乌兹别克斯坦共和国于 2001 年 6 月 15 日在中国上海宣布成立的永久性政府间国际组织。

上海合作组织的前身是"上海五国"机制。该机制发源于 20 世纪 80 年代末开始的、以中国为一方和以俄、哈、吉、塔四国为另一方的关于加强边境地区信任和裁军的谈判进程。20 世纪 80 年代末期，冷战结束后，国际和地区形势发生了很大变化，中、俄、哈、吉、塔五国为加强睦邻互信与友好合作关系，加紧就边界地区信任和裁军问题举行谈判。1996 年 4 月 26 日和 1997 年 4 月 24 日，五国元首先后在上海和莫斯科举行会晤，分别签署了《关于在边境地区加强军事领域信任的协定》和《关于在边境地区相互裁减军事力量的协定》。这是亚太地区首份多国双边政治军事文件，受到国际社会广泛关注和高度评价。此后，五国元首年度会晤形式被固定下来，轮流在各国举行。从 1998 年至 2000 年，先后在阿拉木图、比什凯克、杜尚别召开五国峰会。杜尚别会晤时，乌兹别克斯坦总统卡里莫夫应邀以客人身份与会。会晤内容也由加强边境地区信任逐步扩大到探讨在政治、安全、外交、经贸、人文等各个领域开展全面互利合作。由于首次会晤在上海举行，该机制被冠以"上海五国"称谓。

进入 21 世纪，面对全球化趋势，世界各国都在加快区域合作步伐，以更有效地把握和平与发展的历史机遇，抵御各种风险与挑战。与此同时，冷战结束后，本地区的恐怖主义、分裂主义和极端主义活动日益猖獗，严重威胁各国安全与稳定。中、俄、哈、吉、塔、乌六国都面临发展自身经济、实现民族振兴的艰巨任务，也有进一步加强区域合作的共同愿望和迫切需要。在此背景下，2001 年 6 月 14 日，"上海五国"成员国元首和乌兹别克斯坦总统在上海举行会晤，签署联合声明，吸收乌兹别克斯坦加入"上海五国"机制。15 日，六国元首共同发表《上海合作组织成立宣言》，宣布在"上海五国"机制基础上成立上海合作组织。自此，上海合作组织正式宣告诞生。

（二）上海合作组织成员

2015 年 7 月 10 日，上海合作组织成员国元首理事会第十五次会议在俄罗斯乌法举行，乌法峰会上通过了关于启动接收印度、巴基斯坦加入上合组织程序的决议，上合组织扩员的大门正式打开。2017 年 6 月 1 日外交部发言人华春莹在例行记者会上，表示印度和巴基斯坦将在阿斯塔纳上合组织峰会上成为正式成员。这是上合组织 2001 年成立以来首次扩大。至此，上海合作组织现成员及开展对话交流的国家包括：

（1）成员国：哈萨克斯坦、中国、吉尔吉斯斯坦、俄罗斯、塔吉克斯坦、乌兹别克斯坦、印度、巴基斯坦。

（2）观察员：阿富汗、白俄罗斯、伊朗、蒙古。

（3）对话伙伴国：阿塞拜疆、亚美尼亚、柬埔寨、尼泊尔、土耳其、斯里兰卡。

（三）上海合作组织的宗旨和任务

2001 年 6 月 15 日的《上海合作组织成立宣言》和 2002 年 6 月 7 日的《上海合作组织宪章》，规定了上海合作组织的宗旨和原则。上海合作组织的宗旨和任务主要是：

（1）加强成员国的相互信任与睦邻友好。

（2）维护和加强地区和平、安全与稳定，共同打击恐怖主义、分裂主义和极端主义、毒品走私、非法贩运武器和其他跨国犯罪。

（3）开展经贸、环保、文化、科技、教育、能源、交通、金融等领域的合作，促进地区经济、社会、文化的全面均衡发展，不断提高成员国人民的生活水平。

（4）推动建立民主、公正、合理的国际政治经济新秩序。

上海合作组织遵循的主要原则是：

·恪守《联合国宪章》的宗旨和原则；

·相互尊重独立、主权和领土完整，互不干涉内政，互不使用或威胁使用武力；

·所有成员国一律平等；

·平等互利，通过相互协商解决所有问题；

·奉行不结盟、不针对其他国家和组织及对外开放原则。

上海合作组织的宗旨和原则，集中体现在"上海精神"上，即"互信、互利、平等、协商、尊重多样文明、谋求共同发展"。"上海精神"已写入《上海合作组织成立宣言》。

第二节　国际贸易关系

导入案例

在叶卡捷琳堡举行的第三届中俄博览会取得丰硕成果，中俄务实合作走向深入

第三届中俄博览会于 2016 年 7 月 14 日在俄罗斯叶卡捷琳堡闭幕。本次博览会为期 4 天，展会框架下还举办了海关合作研讨会、计量合作研讨会、远东投资推介会等交流活动，博览会取得丰硕成果，进一步推动了中俄务实合作发展。

本届博览会共有来自 95 个国家的 700 多家企业参与，其中包括 190 家俄罗斯企业和 244 家中国企业。博览会分为装备制造和科技创新、日用消费、资源开发、农林、工程技术和投资、医药、金融文化旅游等 7 个主题板块，覆盖了中俄经济合作的各项重点。展会上不但能看到中国铁建、北斗导航、中车集团等大型企业，还能够看到食品、中医领域的中小企业。到展会闭幕时，仅哈尔滨市就签署了 28 个项目，涉及金融、物流、电子商务、食品加工、商贸、旅游、金融、科技等领域，总计 56.5 亿元人民币。其中，以中俄金融联盟成员哈尔滨银行为牵头行，联合郑州银行、包头银行等多家城市商业银行，与俄罗斯开发与对外经济银行签署银团贷款合作协议，银团款项主要用于中俄两国间的贸易和基础设施建设。俄罗斯博闻律师事务所合伙人霍赫洛夫表示：在这次展会上，他看到了两国在投资、咨询等高端金融、法律服务领域合作的广阔前景。

据悉，本届中俄博览会与俄罗斯"2016 创新工业展"同时举行。俄罗斯工业和贸易部长曼图罗夫说，俄方正为欧亚经济联盟建设和"一带一路"建设对接制订计划，希望中国的中小企业来俄罗斯参与工业和经济建设，俄联邦及地方政府将为此创造有利条件。

资料来源：2016 年 7 月 15 日《人民日报》

讨论：该案例中，中俄博览会涉及的是哪种国际关系？

一、国际贸易关系概述

就国际经济关系的主体而言，国际贸易关系可以分为国际双边关系和国际多边关系。

（一）双边关系

1. 双边关系的含义

所谓双边，是指两个国家或地区之间一对一的关系。双边关系即指两个主权国家为了最大限度保护或争取实现本国国家利益所采取的一对一的谈判、磋商、对话等一系列官方行为。而双边贸易关系则指两个主权国家之间包括货物、技术和服务等形式在内的贸易往来。

随着全球经济一体化进程的不断深入，以"工业4.0"、"互联网＋"为典型代表的新工业革命席卷全球，贸易自由化的趋势不可避免地还将扩大。世界各国从地缘政治和经济利益的实际出发，都将切实巩固和加强双边关系作为发展的关键，以推动其在经济、文化等各领域竞争力的提升。作为发展中国家的代表，中国历来都很重视同其他国家或地区的双边关系。以本案为例，中国和俄罗斯于1996年建立战略协作伙伴关系，并于2001年签署《中俄睦邻友好合作条约》。2011年，以条约签署10周年为契机，中俄平等信任、相互支持、共同繁荣、世代友好的全面战略协议伙伴关系提升至新阶段，形成元首年度互访惯例，建立了总理定期会晤、议会合作委员会以及能源、投资、人文、经贸、地方、执法安全、战略安全等完备的各级别交往与合作机制。

2. 双边关系的重要意义

从本案出发，全面战略协议伙伴关系的建立对中俄两国双边关系的发展起到了深刻的影响。首先，两国就"一带一路"建设同欧亚经济联盟对接等方面的合作，进一步推动了双方经贸领域的发展。其次，中俄两国人文交流的蓬勃发展，亦极大地增进了两国、两国人民之间的相互了解和友谊。中俄在国际和地区事务中保持密切战略协作，有力维护了地区及世界的和平稳定。

另一方面，中俄双边关系的持续健康发展，使其他国家可以用与以往不同的视角看待同中国的关系。作为一个极具潜力的合作伙伴，相互的投资与交流，可以使两国在科技、经贸、人文等方面的合作中达到共赢。

3. 双边自由贸易协定的发展

所谓的双边自由贸易协定，就是使协议双方之间的贸易尽可能的自由化。而国与国之间的贸易自由化程度可直接度量为关税的下降，非关税措施和其他贸易限制的减少。据世界贸易组织统计显示，为顺应全球经济区域一体化的新形势，双边自由贸易协定正受到越来越多国家的重视。现阶段已签署的区域贸易协定中，双边自由贸易协定占绝大多数比重。

到2015年底，中国已与22个国家和地区签署了14个自由贸易协定。这14个协定分别是中国与东盟、新西兰、新加坡、巴基斯坦、智利、秘鲁、哥斯达黎加、冰岛、瑞士、韩国和澳大利亚的自贸协定，中国内地与中国香港、澳门的更紧密经贸关系安排（CEPA），以及中国大陆与中国台湾的海峡两岸经济合作框架协议（ECFA）。

（1）中国与巴基斯坦的自由贸易协定

2003年11月3日，中国与巴基斯坦签订了《中国与巴基斯坦优惠贸易安排》。根据《中国与巴基斯坦优惠贸易安排》框架项下的特定商品，已于2004年1月1日起实施关税优惠。2006年11月24日正式签署《中国与巴基斯坦自由贸易协定》。根据协定，双方分两个阶段对全部货物产品实施关税减让。第一阶段在协定实施5年内，双方对占各自税目总数85%的产品按照不同幅度实施降税。第二阶段从协定实施第6年开始，目标是使零关税产品占双方税目数和贸易量的比例均达到90%。此外，协定就投资促进与保护等事项做出了规定。2009年中巴双方签署《中国—巴基斯坦自由贸易区服务贸易协定》，自此一个涵盖货物贸易、服务贸易和投资等内容全面的自贸区形成。

（2）中国与智利的自由贸易协定

智利是第一个就中国加入世界贸易组织与中国签署双边协议、承认中国完全市场经济地位、同中国签署双边自由贸易协定的拉美国家。2005年11月18日，中国和智利签署了《中国和智利自由贸易协定》，该协定2006年10月1日生效，双方通过削减关税和非关税措施，扩大了两国优势产品向对方的出口，10年内，占两国税目总数97%的产品都将降为零关税。2016年11月，双方宣布启动中智自由贸易协定升级谈判。两国建有政府间经贸混合委员会，迄今已举行20次会议。近年来，双边经贸关系保持快速增长势头。据中国海关统计，2016年双边贸易额318.59亿美元，其中中方出口129.37亿美元，进口189.22亿美元，同比分别增长-1.4%、-3.7%和0.3%。目前，中国是智利全球第一大贸易伙伴、第一大出口目的地国和第一大进口来源国，智利是中国在拉美第三大贸易伙伴和进口铜的最大供应国。

（3）中国与新西兰的自由贸易协定

2008年4月7日中国和新西兰签署《中华人民共和国政府和新西兰政府自由贸易协定》，《协定》涵盖了货物贸易、服务贸易、投资等诸多领域。根据《协定》，新方承诺将在2016年1月1日前取消全部自华进口产品关税，其中63.6%的产品从《协定》生效时起即实现零关税；中方承诺将在2019年1月1日前取消97.2%自新西兰进口产品关税，其中24.3%的产品从《协定》生效时起即实现零关税。此外，双方还就服务贸易做出了高于WTO的承诺，并对包括技术工人在内的人员流动做出了具体规定。2017年上半年，中国与新西兰已经启动自贸区升级谈判，两国合作将全面升级。

（4）中国与新加坡的自由贸易协定

2008年，中国与新加坡在北京签署《中华人民共和国政府和新加坡共和国政府自由贸易协定》。同时，双方还签署了《中华人民共和国政府和新加坡共和国政府关于双边劳务合作的谅解备忘录》。《协定》涵盖了货物贸易、服务贸易、人员流动、海关程序等诸多领域，是一份内容全面的自由贸易协定。根据《协定》，新方承诺将在2009年1月1日取消全部自华进口产品关税；中方承诺将在2012年1月1日前对97.1%的自新进口产品实现零关税。双方还在医疗、教育、会计等服务贸易领域做出了高于

WTO 的承诺。该协议的签署，不仅有利于维护两国经济与贸易的稳定和增长，也为维持世界经济稳定和促进贸易自由化做出了积极的贡献，在中新双边关系发展历史上具有里程碑式的意义。

（5）中国与秘鲁的自由贸易协定

《中国—秘鲁自由贸易协定》于 2010 年 3 月 1 日起实施。中秘自贸协定覆盖领域广、开放水平高。在货物贸易方面，中秘双方对各自 90% 以上的产品分阶段实施零关税，包括中国的轻工、电子、家电、机械、汽车、化工、蔬菜、水果和秘鲁的鱼粉、矿产品、水果、鱼类等在内的多项产品均在降税安排中。在服务贸易方面，双方在各自对世贸组织承诺的基础上，相互进一步开放服务部门。秘方将在包括研发、租赁、技术测试和分析、农业、采矿、快递、导游等 90 个部门进一步对我国开放，我国将在采矿、管理咨询、研发、翻译和口译、体育、旅游等 16 个部门进一步对秘开放。在投资方面，双方将相互给予对方投资者及其投资以准入后国民待遇、最惠国待遇和公平公正待遇，鼓励双向投资并为其提供便利等。与此同时，双方还在知识产权、贸易救济、原产地规则、海关程序、技术性贸易壁垒、卫生和植物卫生措施等众多领域达成广泛共识。

（6）中国与哥斯达黎加自由贸易协定

2008 年 11 月，中国与哥斯达黎加共同启动自由贸易协定谈判，并于 2010 年正式签署协议。中哥自贸协定是中国与中美洲国家签署的第一个一揽子自贸协定，是两国关系发展史上新的里程碑。在货物贸易方面，中哥双方对各自 90% 以上的产品分阶段实施零关税，中国的纺织原料及制品、轻工、机械、电器设备、蔬菜、水果、汽车、化工、生毛皮及皮革等产品和哥方的咖啡、牛肉、猪肉、菠萝汁、冷冻橙汁、果酱、鱼粉、矿产品、生皮等产品均可从降税安排中获益。在服务贸易方面，在各自对世贸组织承诺的基础上，哥方有 45 个服务部门进一步对中国开放，中国则在 7 个部门对哥方进一步开放。与此同时，双方还在原产地规则、海关程序、技术性贸易壁垒、卫生和植物卫生措施、贸易救济、知识产权、合作等众多领域达成广泛共识。

（7）中国与冰岛的自由贸易协定

2014 年 7 月 1 日，《中华人民共和国政府和冰岛政府自由贸易协定》正式生效。该协定是我国与欧洲国家签署的第一个自由贸易协定，涵盖货物贸易、服务贸易、投资等诸多领域，中国在北极国家的影响力进一步扩大。根据《协定》生效有关条款规定，中方对冰方实施关税减让的商品主要包括冻格陵兰鳎鲽鱼、冻海参、冻黑线鳕鱼等水产品及其他部分农产品和工业品。

（8）中国与瑞士的自由贸易协定

瑞士是中国在欧洲第 7 大贸易伙伴国，中国是瑞士在亚洲最大贸易伙伴国。2015 年，双边贸易额 442.7 亿美元，同比增长 1.7%，其中对瑞出口 31.7 亿美元，同比增长 2.5%，从瑞进口 411 亿美元，同比增长 1.6%。2016 年，中瑞贸易额 430.5 亿美元（−2.7%），其中对瑞出口 31.6 亿美元（−0.2%），从瑞进口 398.9 亿美元（−2.9%）。我进口以机电产品、化工医药产品、光学仪器、医疗设备和钟表为主；出口包括纺织品、机电产品、化工原料、玩具、体育器材和皮革制品为主。早在1974年，中国就同瑞士签订了《中瑞贸易协定》，并成立中瑞贸易混合委员会。1979年瑞士政府给予中国普惠制待遇。2013年7月，两国签订《中瑞自由贸易协定》，是中国与欧洲大陆国家和全球经济前20强国家签署的首个双边自贸协定。2014年7月1日，中瑞自贸协定正式生效，为推动中瑞经贸合作迈上新台阶创造了良好条件。2017年1月，中瑞双方正式启动自贸协定升级联合研究，共同探讨提升和丰富协定内容的可能性，为进一步深化两个经贸合作打下扎实基础。

（9）中国与韩国的自由贸易协定

中韩两国于2005年启动有关中韩自贸协定的民间共同研究，2012年5月正式启动谈判。3年后，中韩两国政府正式签署《中华人民共和国与大韩民国政府自由贸易协定》。该协定于2015年12月20日正式生效并第一次降税，2016年1月1日第二次降税。这是迄今为止，中国涉及国别贸易额最大、领域范围最为全面的一份自贸协定。根据规定，中韩双方大多数零关税产品将在10年内取消关税。中国71%的产品将在10年内取消关税，覆盖中国自韩国进口总额的66%；韩国79%的产品将在10年内取消关税，覆盖韩国自中国进口总额的77%。此外，中韩双方部分降税产品基本均在5年内完成协定规定的降税，关税配额产品的配额内税率将在协定生效后立即降为零。经过最长20年过渡期后，中国91%的产品将对韩国实现零关税，覆盖中国自韩国进口总额的91%。同时，韩国92%的产品将对中国实现零关税，覆盖韩国自中国进口总额的95%。

（10）中国与澳大利亚的自由贸易协定

中澳自由贸易协定于2015年正式签署生效，在内容上涵盖货物、服务、投资等十几个领域，实现了"全面、高质量和利益平衡"的目标，是我国与其他国家迄今已商签的贸易投资自由化整体水平最高的自贸协定之一。

根据规定，中澳两国于2015年12月20日、2016年1月1日和2017年1月1日分别实施三轮产品降税。在货物领域，双方各有占出口贸易额85.4%的产品将在协定生效时立即实现零关税。减税过渡期后，澳大利亚最终实现零关税的税目占比和贸易额占比将达到100%；中国实现零关税的税目占比和贸易额占比将分别达到96.8%和97%。这大大超过一般自贸协定中90%的降税水平。在服务领域，澳方承诺自协定生效时对中方以负面清单方式开放服务部门，成为世界上首个对我国以负面清单方式做出服务贸易承诺的国家。中方则以正面清单方式向澳方开放服务部门。此外，澳方还在假日工作机制等方面对中方做出专门安排。在投资领域，双方自协定生效时起就相互给予最惠国待遇；澳方同时将对中国企业赴澳投资降低审查门槛，并做出便利化安排。澳方最终实现零关税比例是税目100%，贸易额100%。除此之外，协定还在包括电子商务、政府采购、知识产权、竞争等"21世纪经贸议题"在内的十几个领域，就推进双方交流合作做了规定。

（11）内地与香港、澳门建立更紧密经贸关系安排

2003年6月29日和10月17日，中央政府分别与香港、澳门特别行政区签署《内

地与香港更紧密经贸关系安排》（CEPA）、《内地与澳门更紧密经贸关系安排》（CEPA），2004 年 1 月 1 日起实施，此后又各签署 4 个补充协议。在货物贸易方面，自 2006 年 1 月起，内地对港澳原产货物全面实行零关税；在服务贸易方面，内地在法律、会计等 38 个领域对港澳进一步放宽市场准入；在贸易投资便利化方面，在贸易投资促进、通关便利化等 8 个领域开展合作。CEPA 及其补充协议的实施，促进了港澳经济的稳定增长，增强了港澳同胞对祖国的向心力和凝聚力。

4. 双边投资协定的发展

双边投资协定（Bilateral Investment Treaty，简称 BIT）指两国之间订立的专门用于国际投资保护的双边条约。双边投资协定（Bilateral Investment Treaty，简称 BIT）可分为传统型与现代型两个大类。传统的双边投资协定内容主要在友好通商航海条约中体现。而现代型的双边投资协定则是指两国之间订立的专门用于国际投资保护的双边条约，包括双边投资保证协定和促进与保护投资协定。通过商签投资协定，一国政府为外国投资者提供了稳定、透明、可预期的投资环境，有利于促进跨国投资和经济发展。特别是，现在各国商签投资协定一般还会对投资市场开放做出安排，为境外投资者提供更广阔的市场和更多商机，从而能更有利于推动经济全球化。一个高水平的，可持续发展的双边投资协定不仅可以帮助缔约双方深化全面战略伙伴关系，提升双边合作水平，为两国企业跨国境外投资创造更好条件，提供更高水平保护，推动达成一个平衡、双赢的结果。

截止到 2016 年，中国已与全球 130 个国家和地区签订了双边投资协定，且已经先后启动了与美国和欧盟的双边投资协定谈判，力图就跨国投资保护、投资者之间的公平竞争以及市场开放问题达成高水平的协定，从而进一步改善各自的投资环境与市场准入，促进跨国投资、促进经济发展。同时，也有助于我国深化改革、扩大开放，构建开放型经济新体制。

（二）多边关系

1. 多边关系的含义

所谓多边关系，又称为多边外交，是指三个或三个以上的国际关系行为体在常设的或特别的全球性或地区性的国际组织、国际会议中的互动。

2. 国际多边贸易体系

在多边关系基础上发展形成的多边贸易体系，宗旨在于通过组织多边贸易谈判来增加参与国之间的贸易、规范贸易行为和解决贸易纠纷，从而使体系内的国际贸易变得更加自由、资源得到更有效的配置。诞生于 1947 年的关税与贸易总协定（GATT）以及其后的世界贸易组织（WTO）采用的就是多边贸易体系。

3. 国际多边关系的影响

健康、可持续发展的国际多边关系为经济、文化等各个领域带来了非常经济的影响。首先，多边关系的发展进一步推动了经济市场的对外开放，即有利于引入外资，也扩大了出口，为本国企业"走出去"提供便利条件，促进了贸易投资自由化整体水平的提高。其次，国与国之间的经贸合作关系的全面提升，为实现持久稳定与繁荣发挥积极的作用。

二、"一带一路"倡议

(一)"一带一路"的含义

"一带一路"是丝绸之路经济带和21世纪海上丝绸之路的简称，是党中央、国务院根据全球形势深刻变化，统筹国内国际两个大局做出的重大战略决策。对开创中国全方位开放新格局、促进地区及世界和平发展具有重大意义。2015年3月28日，国家发展改革委、外交部、商务部联合发布了《推动共建丝绸之路经济带和21世纪海上丝绸之路的愿景与行动》。秉承和平合作、开放包容、互学互鉴、互利共赢的理念，"一带一路"成为贯穿亚欧非大陆、推动沿线国家和地区共同发展、加强全方位交流的和平友谊之路和合作共赢之路。"一带一路"倡议以恪守联合国宪章的宗旨和原则、坚持开放合作、坚持和谐包容、坚持市场运作、坚持互利共赢为共建原则，积极致力于打造绿色丝绸之路、健康丝绸之路、智力丝绸之路和和平丝绸之路。

(二)"一带一路"的产生与发展

1."一带一路"的产生

2000多年前，亚欧大陆上勤劳勇敢的人民，探索出多条连接亚欧非几大文明的贸易和人文交流通路，后人将其统称为"丝绸之路"。广义上讲，丝绸之路包括陆上丝绸之路和海上丝绸之路这两条重要的古代商贸往来和文化传播通道。其中，古代丝绸之路最早是伴随西汉张骞出使西域而开辟的，是一条东起长安（现西安）西至地中海各国，连接亚欧大陆的陆上商贸文化通道。后受西域各国战乱因素影响，逐渐被海上丝绸之路取代。海上丝绸之路以南海为中心，是古代中国与外国交通贸易和文化交往的海上通道。它兴起于秦汉时期，发展于三国至隋朝时期，繁荣于唐宋时期，转变于明清时期，是已知的最为古老的海上航线。

2."一带一路"的发展

进入21世纪，在以和平、发展、合作、共赢为主题的新时代，面对复苏乏力的全球经济形势，纷繁复杂的国际和地区局势，传承和弘扬丝绸之路精神更显重要和珍贵。"一带一路"借用古代丝绸之路的历史符号，以和平发展、合作共赢为主旨，积极主动地发展与沿线国家和地区的经济伙伴关系，共同打造政治互信、经济融合、文化包容的利益共同体、责任共同体和命运共同体。

2013年9月7日，国家主席习近平在哈萨克斯坦纳扎尔巴耶夫大学发表题为《弘扬人民友谊共创美好未来》的重要演讲时提出，"为了使欧亚各国经济联系更加紧密、相互合作更加深入、发展空间更加广阔，我们可以用创新的合作模式，共同建设"丝绸之路经济带"，以点带面，从线到片，逐步形成区域大合作"。由此，中国首次提出建设"丝绸之路经济带"的战略构想。

同年10月，在出席亚太经济合作组织（APEC）领导人非正式会议期间，习近平主席在印度尼西亚国会以阐述中国对进一步促进与印尼关系和中国—东盟关系发展的构想以及中国的发展理念为主题的演讲中提出："东南亚地区自古以来就是"海上丝绸之路"的重要纽带，中国愿同东盟国家加强海上合作，使用好中国政府设立的中国—东盟海上合作基金，发展好海洋合作伙伴关系，共同建设 21 世纪海上丝绸之路"。该重大倡议得到了国际社会的高度关注。

2013 年 11 月，党的十八届三中全会审议并通过《中共中央关于全面深化改革若干重大问题的决定》明确提出推进丝绸之路经济带、海上丝绸之路建设，形成全方位开放新格局。

2013 年 12 月，习近平总书记在 2013 年中央经济工作会议上发表重要讲话时强调，"推进丝绸之路经济带建设，抓紧制定战略规划，加强基础设施互联互通建设。建设 21 世纪海上丝绸之路，加强海上通道互联互通建设，拉紧相互利益纽带"。

作为 2015 年中国区域发展的首要战略，"一带一路"倡议在 2014 年底的中央经济工作会议中再次被提出。其后，全国 20 个省份都将"一带一路"写入了政府报告中，部分省份虽然不在核心范畴之内也明确表态积极融入。

（三）"一带一路"倡议的框架思路

"一带一路"贯穿亚欧非大陆，一头是活跃的东亚经济圈，一头是发达的欧洲经济圈，中间广大腹地国家经济发展潜力巨大。

"一带一路"倡议中的丝绸之路经济带，是在古代丝绸之路的概念基础上形成的崭新的经济发展区域。依托国际大通道，经济带以沿线中心城市为支持，以重点经贸产业园区为合作平台，共同打造新亚欧大陆桥、中蒙俄、中国—中亚—西亚、中国—中南半岛等国际经济合作走廊，重点畅通中国经中亚、俄罗斯至欧洲（波罗的海）；中国经中亚、西亚至波斯湾、地中海；中国至东南亚、南亚、太平洋。其中：

（1）新亚欧大陆桥经济走廊，是从江苏省连云港市到荷兰鹿特丹港的国际化铁路交通干线，国内由陇海铁路和兰新铁路组成，中线与俄罗斯铁路网接轨，全程超过 10000 千米。经济走廊中国国内部分覆盖江苏、安徽、河南、陕西、甘肃、青海、新疆 7 个省区，在穿越我国东、中、西三大地带后，由阿拉山口口岸出国境进入哈萨克斯坦，后可经由 3 条主要铁路线路抵达荷兰的鹿特丹港，沿线交通运输网点辐射 30 多个国家和地区。因为其走向和古代丝绸之路一致，故又被称为"现代丝绸之路"。近年来，亚太地区与欧盟的双向辐射作用日益显现。亚太地区经济的迅速增长，越来越需要开拓欧洲市场；而欧盟为谋求发展，也迫切需要到亚太地区寻求贸易伙伴，选择投资对象。依托新亚欧大陆桥构建丝绸之路经济带，可促进我国向西开放，加强与中亚、南亚、西亚、东亚、东欧、中欧、西欧等国家之间经济、文化和科技的交流合作，促进我国的产业升级和发展方式转变。

（2）中蒙俄经济走廊，重点涵盖了我国的华北地区和东北地区。一方面，从京津冀出发、途径呼和浩特、到达蒙古国和俄罗斯。另一方面，从大连、沈阳、长春、哈尔滨到满洲里和俄罗斯的赤塔。建设中蒙俄经济走廊的倡议是在 2014 年 9 月中蒙俄三国元首会晤时，由中国国家主席习近平首先提出的。打造中蒙俄经济走廊，有利于加强三方在铁路、公路等基础设施建设方面的互联互通，推进通关和运输的便利化，促进过境运输合作，实现共同发展。

（3）中国—中亚—西亚经济走廊，主要涉及包括哈萨克斯坦、吉尔吉斯斯坦、塔吉克斯坦、乌兹别克斯坦、土库曼斯坦在内的中亚五国以及伊朗、土耳其等国。该经济走廊以新疆为起点，辐射连通波斯湾、地中海沿岸和阿拉伯半岛，是一条全新的横贯欧亚大陆中南部的经济大动脉。中国—中亚—西亚经济走廊的贯通，不仅有利于沿线各国经贸合作的可持续发展，更满足了我国在能源等方面的需求，为中西亚各国或地区的贸易发展与经济整合提供了新的契机。

2014年2月，作为"丝绸之路经济带"建设的首个实体平台，中国—哈萨克斯坦（连云港）物流合作基地正式启用。作为新亚欧大陆桥东桥头堡，连云港是亚欧大陆与太平洋的陆海运输转换点，是连接陆海丝绸之路的重要枢纽，也是丝绸之路经济带与太平洋经济区的交汇点，承担了中国新亚欧大陆桥过境运输60%以上的国际运量。由江苏连云港港口集团和哈萨克斯坦哈铁快运物流有限公司共同出资建设的中哈（连云港）物流合作基地，总投资6.06亿元，规划建设集装箱堆场22万平方米、1763个集装箱位，拆装箱库2.3万平方米；堆场铁路专用线3.8公里，日均装卸能力10.2列，年最大装卸能力41万标箱，主营国际多式联运、拆装箱托运、仓储等国际货物运输业务。它的正式启用标志着新丝绸之路建设向前迈出了实质性的重要一步，推动了新丝绸之路经济带"以点带面，从线到片"的全面发展。

而根据"一带一路"倡议走向，21世纪海上丝绸之路则以沿线重点港口为节点，以共同建设通畅、安全、高效的运输大通道为目标，进一步推动中巴、孟中印缅两个经济走廊的合作发展。其重点方向有两条，分别是：是从中国沿海港口过南海到印度洋，延伸至欧洲；从中国沿海港口过南海到南太平洋。

中巴经济走廊北接"丝绸之路经济带"、南连"21世纪海上丝绸之路"，是贯通南北丝绸之路的关键枢纽。以此为纽带，可以把中国、波斯湾和阿拉伯海连接起来，开辟一条绕过马六甲海峡的内陆能源通道。因此，从经贸地理上来看，该经济走廊呈现为一条连接新疆喀什和巴基斯坦瓜达尔港的贸易走廊。建设中巴经济走廊，不仅对中巴两国发展具有强大的推动作用。而且可以进一步优化巴基斯坦在南亚的区域优势，促进整个南亚的互联互通，把南亚、中亚、北非、海湾国家等在内的国家或地区通过经济、能源等领域的合作紧密连接在一起，达到经济意义上的共同发展、共同繁荣。

而孟中印缅陆路通道则将新欧亚大陆桥与环印度洋地区连接在了一起。建成后，将极大扭转中国西南地区经贸发展的区位劣势，缩短中国西部地区与环印度洋地区国家经贸王珞丹运距、成本和时间，从而推动该地区的经贸合作和经济发展，扩大我国大西南地区对南亚的开放力度。并在充分发挥各国比较优势的前提下，形成四国在能源、资源、原料和工业制成品等方面的合理国际分工，带动产业结构调整，最终实现各国经济实力的进一步提升。

此外，以珠三角经济区为起点，经南宁、凭祥、河内至新加坡形成的中国—中南半岛经济走廊，也为"海上丝绸之路"带来了新的战略通道和战略空间。该区域经济体以沿线中心城市为依托，以铁路、公路为载体和纽带，以人流、物流、资金流、信息流为基础，形成区域分工、优势互补、联动开发、共同发展的经贸合作新格局。

（四）"一带一路"倡议的合作机制

当前，世界经济融合加速发展，区域合作方兴未艾。积极利用现有双多边合作机制，推动"一带一路"建设，促进区域合作蓬勃发展。

加强双边合作，开展多层次、多渠道沟通磋商，推动双边关系全面发展。推动签署合作备忘录或合作规划，建设一批双边合作示范。建立完善双边联合工作机制，研究推进"一带一路"建设的实施方案、行动路线图。充分发挥现有联委会、混委会、协委会、指导委员会、管理委员会等双边机制作用，协调推动合作项目实施。

强化多边合作机制作用，发挥上海合作组织（SCO）、中国—东盟"10＋1"、亚太经合组织（APEC）、亚欧会议（ASEM）、亚洲合作对话（ACD）、亚信会议（CICA）、中阿合作论坛、中国—海合会战略对话、大湄公河次区域（GMS）经济合作、中亚区域经济合作（CAREC）等现有多边合作机制作用，相关国家加强沟通，让更多国家和地区参与"一带一路"建设。

继续发挥沿线各国区域、次区域相关国际论坛、展会以及博鳌亚洲论坛、中国—东盟博览会、中国—亚欧博览会、欧亚经济论坛、中国国际投资贸易洽谈会，以及中国—南亚博览会、中国—阿拉伯博览会、中国西部国际博览会、中国—俄罗斯博览会、前海合作论坛等平台的建设性作用。支持沿线国家地方、民间挖掘"一带一路"历史文化遗产，联合举办专项投资、贸易、文化交流活动，办好丝绸之路（敦煌）国际文化博览会、丝绸之路国际电影节和图书展。倡议建立"一带一路"国际高峰论坛。

（五）"一带一路"倡议的合作重点

除中国外，"一带一路"共包括 68 个国家。沿线各国资源禀赋各异，经济互补性较强，彼此合作的潜力和空间很大。共建"一带一路"，重点将体现在以下几个方面：

1. 政策沟通

加强政策沟通是"一带一路"建设的重要保障。加强政府间合作，积极构建多层次政府间宏观政策沟通交流机制，深化利益融合，促进政治互信，达成合作新公式。沿线各国可以就经济发展战略和对策进行充分交流对接，共同制定推进区域合作的规划和措施，协商解决合作中的问题，共同为务实合作及大型项目实施提供政策支持。

2. 设施联通

基础设施互联互通是"一带一路"建设的优先领域。在尊重相关国家主权和安全关切的基础上，沿线国家宜加强基础设施建设规划、技术标准体系的对接，共同推进国际骨干通道建设，逐步形成连接亚洲各次区域以及亚欧非之间的基础设施网络。强化基础设施绿色低碳化建设和运营管理，在建设中充分考虑天气变化影响。

抓住交通基础设施的关键通道、关键节点和重点工程，优先打通缺失路段，畅通瓶颈路段，配套完善道路安全防护设施和交通管理设施设备，提升道路通达水平。推进建立统一的全程运输协调机制，促进国际通关、换装、多式联运有机衔接，逐步形成兼容规范的运输规则，实现国际运输便利化。推动口岸基础设施建设，畅通陆水联运通道，推进港口合作建设，增加海上航线和班次，加强海上物流信息化合作。拓展建立民航全面合作的平台和机制，加快提升航空基础设施水平。

加强能源基础设施互联互通合作，共同维护输油、输气管道等运输通道安全，推进跨境电力与输电通道建设，积极开展区域电网升级改造合作。

共同推进跨境光缆等通信干线网络建设，提高国际通信互联互通水平，畅通信息丝绸之路。加快推进双边跨境光缆等建设，规划建设洲际海底光缆项目，完善空中（卫星）信息通道，扩大信息交流与合作。

3. 贸易畅通

投资贸易合作是"一带一路"建设的重点内容。宜着力研究解决投资贸易便利化问题，消除投资和贸易壁垒，构建区域内和各国良好的营商环境，积极同沿线国家和地区共同商建自由贸易区，激发释放合作潜力，做大做好合作"蛋糕"。

沿线国家宜加强信息互换、监管互认、执法互助的海关合作，以及检验检疫、认证认可、标准计量、统计信息等方面的双多边合作，推动世界贸易组织《贸易便利化协定》生效和实施。改善边境口岸通关设施条件，加快边境口岸"单一窗口"建设，降低通关成本，提升通关能力。加强供应链安全与便利化合作，推进跨境监管程序协调，推动检验检疫证书国际互联网核查，开展"经认证的经营者"（AEO）互认。降低非关税壁垒，共同提高技术性贸易措施透明度，提高贸易自由化便利化水平。

拓宽贸易领域，优化贸易结构，挖掘贸易新增长点，促进贸易平衡。创新贸易方式，发展跨境电子商务等新的商业业态。建立健全服务贸易促进体系，巩固和扩大传统贸易，大力发展现代服务贸易。把投资和贸易有机结合起来，以投资带动贸易发展。

加快投资便利化进程，消除投资壁垒。加强双边投资保护协定、避免双重征税协定磋商，保护投资者的合法权益。

拓展相互投资领域，开展农林牧渔业、农机及农产品生产加工等领域深度合作，积极推进海水养殖、远洋渔业、水产品加工、海水淡化、海洋生物制药、海洋工程技术、环保产业和海上旅游等领域合作。加大煤炭、油气、金属矿产等传统能源资源勘探开发合作，积极推动水电、核电、风电、太阳能等清洁、可再生能源合作，推进能源资源就地就近加工转化合作，形成能源资源合作上下游一体化产业链。加强能源资源深加工技术、装备与工程服务合作。

推动新兴产业合作，按照优势互补、互利共赢的原则，促进沿线国家加强在新一代信息技术、生物、新能源、新材料等新兴产业领域的深入合作，推动建立创业投资合作机制。

优化产业链分工布局，推动上下游产业链和关联产业协同发展，鼓励建立研发、生产和营销体系，提升区域产业配套能力和综合竞争力。扩大服务业相互开放，推动区域服务业加快发展。探索投资合作新模式，鼓励合作建设境外经贸合作区、跨境经济合作区等各类产业园区，促进产业集群发展。在投资贸易中突出生态文明理念，加强生态环境、生物多样性和应对气候变化合作，共建绿色丝绸之路。

中国欢迎各国企业来华投资。鼓励本国企业参与沿线国家基础设施建设和产业投资。促进企业按属地化原则经营管理，积极帮助当地发展经济、增加就业、改善民生，主动承担社会责任，严格保护生物多样性和生态环境。

4. 资金融通

资金融通是"一带一路"建设的重要支撑。深化金融合作，推进亚洲货币稳定体系、投融资体系和信用体系建设。扩大沿线国家双边本币互换、结算的范围和规模。推动亚洲债券市场的开放和发展。共同推进亚洲基础设施投资银行、金砖国家开发银行筹建，有关各方就建立上海合作组织融资机构开展磋商。加快丝路基金组建运营。深化中国—东盟银行联合体、上合组织银行联合体务实合作，以银团贷款、银行授信等方式开展多边金融合作。支持沿线国家政府和信用等级较高的企业以及金融机构在中国境内发行人民币债券。符合条件的中国境内金融机构和企业可以在境外发行人民币债券和外币债券，鼓励在沿线国家使用所筹资金。

加强金融监管合作，推动签署双边监管合作谅解备忘录，逐步在区域内建立高效监管协调机制。完善风险应对和危机处置制度安排，构建区域性金融风险预警系统，形成应对跨境风险和危机处置的交流合作机制。加强征信管理部门、征信机构和评级机构之间的跨境交流与合作。充分发挥丝路基金以及各国主权基金作用，引导商业性股权投资基金和社会资金共同参与"一带一路"重点项目建设。

5. 民心相通

民心相通是"一带一路"建设的社会根基。传承和弘扬丝绸之路友好合作精神，广泛开展文化交流、学术往来、人才交流合作、媒体合作、青年和妇女交往、志愿者服务等，为深化双多边合作奠定坚实的民意基础。

扩大相互间留学生规模，开展合作办学，中国每年向沿线国家提供1万个政府奖学金名额。沿线国家间互办文化年、艺术节、电影节、电视周和图书展等活动，合作开展广播影视剧精品创作及翻译，联合申请世界文化遗产，共同开展世界遗产的联合保护工作。深化沿线国家间人才交流合作。

加强旅游合作，扩大旅游规模，互办旅游推广周、宣传月等活动，联合打造具有丝绸之路特色的国际精品旅游线路和旅游产品，提高沿线各国游客签证便利化水平。推动21世纪海上丝绸之路邮轮旅游合作。积极开展体育交流活动，支持沿线国家申办重大国际体育赛事。

强化与周边国家在传染病疫情信息沟通、防治技术交流、专业人才培养等方面的合作，提高合作处理突发公共卫生事件的能力。为有关国家提供医疗援助和应急医疗救助，在妇幼健康、残疾人康复以及艾滋病、结核、疟疾等主要传染病领域开展务实合作，扩大在传统医药领域的合作。

加强科技合作，共建联合实验室（研究中心）、国际技术转移中心、海上合作中心，促进科技人员交流，合作开展重大科技攻关，共同提升科技创新能力。

整合现有资源，积极开拓和推进与沿线国家在青年就业、创业培训、职业技能开发、社会保障管理服务、公共行政管理等共同关心领域的务实合作。

充分发挥政党、议会交往的桥梁作用，加强沿线国家之间立法机构、主要党派和政治组织的友好往来。开展城市交流合作，欢迎沿线国家重要城市之间互结友好城市，以人文交流为重点，突出务实合作，形成更多鲜活的合作范例。欢迎沿线国家智库之间开展联合研究、合作举办论坛等。

加强沿线国家民间组织的交流合作，重点面向基层民众，广泛开展教育医疗、减贫开发、生物多样性和生态环保等各类公益慈善活动，促进沿线贫困地区生产生活条件改善。加强文化传媒的国际交流合作，积极利用网络平台，运用新媒体工具，塑造和谐友好的文化生态和舆论环境。

（六）"一带一路"倡议的影响

"一带一路"建设是沿线各国开放合作的宏大经济愿景。各国以互利互惠、共同安全为目标，努力实现区域基础设施的进一步完善，安全高效陆海空通道网络的形成，推动互联互通达到新水平。随着"一带一路"倡议的不断深入发展，投资贸易便利化水平进一步提升，高标准自由贸易区网络基本形成，经济联系更加紧密，政治互信更加深入。同时，"一带一路"建设也带来了沿线各国人文交流的深化，不同文明互鉴共荣、各国人民相知相交，和平友好。

"一带一路"倡议的建设顺应世界多极化、经济全球化、文化多样化、社会信息化的潮流，秉持开放的区域合作建设，致力于维护全球自由贸易体系和开放性世界经济。共建"一带一路"旨在促进经济要素的有序自由流动、资源的高效配置和市场的深入融合。通过"一带一路"倡议，可推动沿线各国开展更大范围、更高水平、更深层次的区域合作，实现经济政策协调，共同打造开放、包容、均衡、普惠的区域经济合作架构。

"一带一路"倡议的建设符合国际社会的根本利益，极大彰显了沿线各国或地区的共同理想和美好追求，是对国际合作新模式的又一积极探索。"一带一路"倡议的互联互通项目，以亚欧非大陆及附近海洋的互联互通为目标。通过全方位、多层次、复合型互联互通网络的构建，沿线各国互联互通的伙伴关系得到进一步加强，从而为沿线各国多元、自主、平衡、可持续的发展创造全新机遇。"一带一路"的互联互通，不仅可以推动沿线各国发展战略的对接与耦合，发掘区域内市场的巨大潜力，促进投资和消费，创造需求和就业。更可以增进沿线各国人民的人文交流与文明互鉴，让各国人民相逢相知、互信互敬，共享和谐、安宁、富裕的生活。

"一带一路"倡议的推进，是中国扩大和深化对外开放的需要。在经济全球化高速发展的当下，中国经济与世界经济高度关联。中国将一以贯之地坚持对外开放的基本国策，构建全方位开放新格局，深度融入世界经济体系。同时，"一带一路"倡议的推进，也是加强和亚欧非及世界各国互利合作的需要，中国愿意在力所能及的范围内承担更多责任义务，为人类和平发展做出更大的贡献。

课后练习

一、判断题

1. "反向一致原则"是指在全体成员中只要有一个成员不同意该裁决就可以否决。（　　）

2. 世界银行的成员国必须是 IMF 的成员国，但 IMF 的成员国不一定都参加世界银

行。（　　）

3. SCO 目前共有 6 个成员国。（　　）

二、单项选择题

1. 以下国家中，不属于亚投行成员国的是（　　）。

A. 阿根廷　　　　　B. 美国　　　　　C. 英国　　　　　D. 法国

2. 全球首个道德规范国际标准是（　　）。

A. ISO 9000　　　　B. SA 8000　　　　C. ISO 14000　　　　D. ISO 9001

三、简答题

1. WTO 包括哪些基本原则？

2. 什么是"一带一路"倡议？

3. "一带一路"有什么战略意义？

参 考 文 献

［1］章安平．进出口业务操作【M】．北京：高等教育出版社，2014

［2］刘一展．国际贸易法律法规【M】．北京：中国人民大学出版社，2013

［3］中国国际贸易学会商务专业培训考试办公室．外贸业务理论与实务【M】．北京：中国商务出版社，2012

［4］柯丽敏，王怀周．跨境电商基础、策略与实战【M】．北京：电子工业出版社，2016

［5］刘春田．知识产权法【M】．北京：中国人民大学出版社，2016

［6］李俊．美国产品责任法案例选评【M】．北京：对外经济贸易大学出版社，2007

［7］李平．国际贸易规则与进出口业务操作实务【M】．北京：北京大学出版社，中国林业大学出版社，2007

［8］陈伶俐，陈健．外贸客户开发与维护【M】．浙江工商大学出版社，2010

［9］中国进出口商品交易会网址 http：//www. cantonfair. org. cn

［10］阿里巴巴国际站规则网址 https：//rule. alibaba. com/rule

［11］林建煌．品读 UCP600：跟单信用证统一惯例【M】．厦门：厦门大学出版社，2012

［12］于强．国际贸易术语解释通则 INCOTERMS2010 深度解读与案例分析【M】．北京：中国海关出版社，2011

［13］王传丽．国际贸易法【M】．北京：中国政法大学出版社，2015

［14］吴国新．国际贸易实务【M】．北京：清华大学出版社，2014

［15］芦琦．WTO 概览【M】．上海：复旦大学出版社，2006

［16］王玲．WTO 基础知识【M】．北京：电子工业出版社，2007

［17］苑涛．WTO 概论【M】．北京：清华大学出版社，2008

［18］胡正塬．"一带一路"倡议【M】．北京：中共中央党校出版社，2017

［19］中国现代国际关系研究院．"一带一路"读本【M】．北京：时事出版社，2015

［20］厉以宁，林毅夫，郑永年等．读懂"一带一路"【M】．北京：中信出版集团股份有限公司，2015

［21］张羽．海宁专业市场试行市场采购贸易的问题及对策［J］，改革与开放，2016. 19

［22］马汉东．探索建立"市场采购"新型贸易方式［J］，今日浙江，2011. 10

［23］邓旭，陈晶莹．国际贸易术语解释与国际货物买卖合同：以 INCOTERMS2010 和 CISG 为视角【M】．北京：经济管理出版社，2012